Mitteilungen aus Israel sind hier zu empfangen. Savyon Liebrecht erzählt vom täglichen Leben, sie schreibt mit ihren Geschichten Geschichte. Geschichte, wie sie sich in einzelnen Schicksalen ereignet und in Geschichtsbüchern nicht findet. Sie erzählt mit der Durchdringungskraft einer Kriminalistin vom Leben in den Familien und von den Krankheiten, die es bestimmen: die jüdisch-arabische Misere, die Shoah, die jüdische Orthodoxie, die Kriege, die Spannungen zwischen den Geschlechtern und den Generationen.
Stilistische Präzision und Ökonomie, überraschende Pointen, ein ausgeprägter Sinn für das Komische und eine profunde Kenntnis der menschlichen Psyche und ihrer Abgründe schaffen Charaktere, die sich durch Unverwechselbarkeit und Glaubwürdigkeit auszeichnen, auch da, wo sie ganz unvorhersehbar handeln.
Savyon Liebrecht, Tochter polnischer Eltern, die den Vernichtungslagern entkamen und nie darüber sprachen, sagt über ihr Schreiben: Es ist das Ergebnis dieses Schweigens, das zwischen mir und meinen Eltern herrschte. Entstanden sind klassisch anmutende Erzählungen, die in nuce ein beziehungsreiches Bild des vielfältigen, affektgeladenen Alltags im heutigen Israel schaffen.

Savyon Liebrecht, geboren 1948 in München, seit 1950 in Israel, studierte Philosophie und Literatur. Während ihres Militärdienstes begann sie zu schreiben, und bereits ihr erstes Buch wurde 1986 mit dem renommierten Alterman-Preis ausgezeichnet. 1991 bekam sie den Literaturpreis des Premierministers.
Veröffentlicht wurden bisher drei Erzählungsbände, einen vierten hat sie soeben abgeschlossen. Savyon Liebrecht gehört einem Kreis israelischer und palästinensischer Schriftsteller an und setzt sich aktiv für die Vermittlung zwischen beiden Literaturen ein.

Savyon Liebrecht

Äpfel aus der Wüste

Erzählungen

Aus dem Hebräischen
von Stefan Siebers

Fischer Taschenbuch Verlag

Für meine Eltern

Veröffentlicht im Fischer Taschenbuch Verlag GmbH,
Frankfurt am Main, Juli 1995

Lizenzausgabe mit freundlicher Genehmigung
des persona verlags, Mannheim
Die hebräischen Originalausgaben (Die Erzählungen
dieses Bandes wurden aus zwei Bänden ausgewählt)
erschienen 1986 unter dem Titel ›Tapuchim min ha-midbar‹
und 1988 unter dem Titel ›Sussim el kwisch geha‹
bei Sifriat Poalim in Tel Aviv.

Druck und Bindung: Clausen & Bosse, Leck
Printed in Germany
ISBN 3-596-12590-1

Gedruckt auf chlor- und säurefreiem Papier

Chajutas Verlobungsfest

Vierzehn Tage vor Chajutas Verlobung, die in aller Eile anberaumt wurde, nachdem das junge Paar überraschend seine Pläne kundgetan hatte, ahnte niemand, welch beschämende Situation Großpapa Mendel der Familie bereiten würde. Alle waren damit beschäftigt, Listen aufzustellen mit den Namen der Gäste, der Musiker, der Speisen und Getränke, der Geschirrstücke, die geborgt werden mußten, und der Nachbarn, die sich bereit erklärt hatten, Stühle und Tische zur Verfügung zu stellen; und für alle, die sich danach erkundigen würden, wurden die Geschenkwünsche der zukünftigen Braut notiert. Als sich Bella, Chajutas Mutter, im Hause umsah, erschrak sie. Sie glaubte, die Flecken auf dem grünen Polster der Couch würden jedem sofort ins Auge springen; die Vorhänge waren am Saum zerschlissen; und an der Tapete in der Eßecke war ein Streifen zu sehen, der von den drei Stühlen herrührte. So kam zu den Listen, die bereits existierten, eine Aufstellung der Namen von Tapezierern und guten Polstergeschäften hinzu.

Mitten im Durcheinander fiel Bella ein, daß sie noch nicht endgültig entschieden hatte, welches Kleid sie für das Ereignis bereitlegen sollte. Nachdem sie ihren Schrank auf den Kopf gestellt und zwei Tage damit zugebracht hatte, in den Geschäften der Stadt Kleider anzuprobieren, wurde ihr klar, daß der Erfolg ihrer Garderobe vom Kleidungsstil der Mutter Rons, Chajutas Bräutigams, abhinge, von der sie wußte, daß sie schlank und schön war und in einflußreichen Kreisen verkehrte. Wenn sie, überlegte sie fieberhaft, ein elegantes Musselinkleid anzöge und die zukünftige Schwiegermutter ihrer Tochter etwas aus einfachem Stoff, könnte sie provinziell wirken, Rons Mutter aber erschiene wie eine Frau von Welt; und wenn sie sich für ein Kostüm entschiede, Rons Mutter jedoch für ein auffallendes Kleid, so erschiene sie selbst nicht festlich genug, während die andere in all ihrem Glanz erstrahlte. Auch das Farbproblem war nicht einfach zu lösen: Ginge sie in Rot und Chajutas Schwiegermutter in Schwarz, würde sie vulgär, die andere hingegen herrschaftlich wirken; ginge sie selbst in Schwarz und Rons Mutter in Rot, sähe sie trist, die andere hingegen jugendlich aus. Selbst die Größe der Knöpfe, die Länge des Kleides und die Breite des Gürtels stellten ein großes Problem dar. Je länger sie darüber nachsann, desto geringer schien die Aussicht, eine Lösung zu finden.

Die Beschäftigung mit dem Mobiliar, der Garderobe, dem Festmenü und der Gästeliste bewahrte Bella davor, über den Anlaß, dessentwegen der ganze Aufruhr entstanden war, nachzudenken: Chajuta war fast dreiundzwanzig, stand vor dem Hochschulexamen und hatte sich pünktlich wie der nahende Herbst – noch bevor sie die ersten Falten um die Augen bekäme – einen begabten, fleißigen Mann gesucht, dessen Familie, so sagte man ihr, wohlhabend und gebildet war. Wahrscheinlich würde ihr die Bedeutung von Chajutas Verlobung erst nach dem Ende des Festes aufgehen, wenn sich die Gäste zerstreut, die Musiker ihre Instrumente einpackt hätten und der Platz vor dem Haus leergefegt wäre.

Nach mehreren Tagen hektischen Treibens schien sich alles in die richtigen Bahnen zu fügen. Von den hilfsbereiten Nachbarn holte man Tische und Stühle und erfand ein System, sie im Garten hinter dem Haus anzuordnen: Einige wurden an die Mauer gestellt, andere aneinandergereiht, so daß sie zwei Diagonalen bildeten, die an weit geöffnete Arme erinnerten; die Mitte des Gartens blieb leer. Der Vertreter eines Unternehmens, das auf die Ausrichtung von Festen spezialisiert war, legte Farbfotos von verschiedenen Tischarrangements vor; nach langen Verhandlungen, in deren Verlauf man beschloß, das Geschirr, die Fleischgerichte und die Salate bei ihm zu bestellen, die Zubereitung der Torten aber der

Hausherrin, einer Meisterin dieses Fachs, zu überlassen, einigte man sich über den Preis. Auch die Arbeiten im Haus schritten zügig voran, und die düsteren Prophezeiungen, die Bellas Umgebung geäußert hatte, erfüllten sich nicht: die Handwerker arbeiteten zu einem Sondertarif; und obwohl Bella zuerst über die Wahl der Tapete unglücklich war – sie glaubte sich in der Eile für ein Modell, das nicht dem Stil der Stühle entsprach, entschieden zu haben –, entwickelte sich aus der kleinen Probe, die ihr im Geschäft gezeigt worden war, ein recht erfreulicher Anblick. Auch das Kleiderproblem wurde gelöst: Weil ihre Tochter sich weigerte, ihr zu helfen, indem sie herausfand, was die künftige Schwiegermutter am Abend des großen Ereignisses anzuziehen gedächte, war Bella gezwungen, einen Mittelweg einzuschlagen, und so entschied sie sich für ein Kleid, das gleichermaßen elegant und freundlich aussah: Es war aus dunkelblauer Seide und wirkte wegen der auffälligen weißen Nähte und des kleinen spitzen Kragens, der ebenfalls weiß war, wie ein Kostüm.

Danach erst hatte sie Zeit, an Mendel, ihren Vater, zu denken. Und durch einen seltsamen Zufall wurde während des Abschlußexamens in Jüdischer Geschichte auch Chajutas Aufmerksamkeit auf ihn gelenkt. Beide Frauen nahmen sich vor, nach dem Mittagessen über ihn zu sprechen.

»Wenn er mir die Verlobungsfeier kaputtmacht – das würde ich ihm nie verzeihen«, sagte Chajuta mit einem Radieschen im Mund.

»Du hast recht.«

»Das ist nicht irgendein Pessachabend oder Feiertagsessen«, sagte Chajuta, als spräche sie zu einem Widersacher, den sie überzeugen mußte. »Die ganze Familie weiß, wie er ist, man kennt seine Geschichte und entschuldigt ihn. Aber Rons Eltern kennen ihn nicht – auch Rons Schwester und gute Freunde von ihnen werden da sein. Ich will nicht, daß sie nach Hause gehen und sich fragen, welch merkwürdige Leute es in meiner Familie gibt! Das eine sag ich dir gleich: Wenn er mir das antut, vor all den Gästen, dann wär das mein Ende!«

»Um Himmels willen!« sagte Bella bestürzt. »Aber was sollen wir tun?«

»Wir müssen irgendeinen Ausweg finden«, sagte Chajuta und stocherte auf der Suche nach einem Radieschen in den Mixed Pickels.

»Aber man muß ihn doch einladen«, sagte Bella verzweifelt. »Immerhin handelt es sich um ein besonderes Fest: Die älteste Enkeltochter feiert Verlobung. Das bedeutet ihm viel. Es ist ein Traum, von dem er immer gesprochen hat – plötzlich eine große Familie zu haben. Wir müssen ihn einladen, ich sehe keinen anderen Weg. Wir würden es uns nie verzeihen. Er ist schon zweiundachtzig, vergiß das nicht. Überleg dir, wie viele Feste er noch wird feiern können. Was sollen wir also tun? Ist es überhaupt möglich, deine Verlobung vor ihm geheimzuhalten?«

»Wir könnten ihn zum Beispiel auf einen Ausflug schicken«, sagte Chajuta entschlossen.

Bella sah ihre Tochter entsetzt an. Schau her, sie schickt ihn fort, als wäre er eine Tasse, die man wegwirft, weil sie keiner mehr will. Mit der Kaltblütigkeit, die für die junge Generation typisch ist. Sie hat schon vergessen, daß sie in seinem Schoß groß wurde, daß er bereit war, sich um ihretwillen den letzten Bissen vom Munde abzusparen. All die Jahre, in denen Bella und ihr Mann in der Fabrik arbeiteten, hatte er seine Enkeltochter zu den Ballettstunden und Malkursen gebracht und, ob es regnete oder die Sonne schien, vor der Tür auf sie gewartet.

»Vielleicht können wir mit ihm reden, ihm erklären, daß er sich dieses eine Mal zurückhalten muß«, versuchte Bella ihre Tochter zu überzeugen. »Immerhin ist er noch nicht verkalkt. Im Gegenteil, er ist hellwach.«

»Reden nützt nichts, das weißt du doch selbst«, widersprach Chajuta entschieden. »Hast du Lust, den ganzen Abend nervös zu sein? Zu warten, bis er wieder loslegt?«

»Ich werde ihn überzeugen, du wirst sehen. Ich werd's ihm genau erklären. Paß auf, ich habe eine Idee: Wir setzen Schifra neben ihn, sie wird auf ihn aufpassen und ihm dazwischenreden, sobald er den Mund nur aufmacht. Schifra wird ihn nicht zu Wort kommen lassen, das kannst du mir glauben. Das scheint mir die passende Lösung. Was sagst du dazu?«

»Ich geh mich erkundigen, welche Ausflüge im Chaim-Brenner-Haus auf dem Programm stehen. Sie organisieren Spazierfahrten für alte Leute. Das wird ihm besser bekommen – und uns auch.«

Monster, dachte Bella mit einem Schaudern, als das Telefon klingelte und ihre Tochter abnehmen ging. Monster ziehen wir auf. Wie Säuglinge sehen sie aus und später wie Kinder, aber hinter ihrer Unschuld verbirgt sich ein Herz aus Stahl! Ich habe schon Geschichten gehört von Kindern, die ihre Eltern auf die Straße setzten und nur auf ihren Tod warteten. Einfach so – ohne die geringsten Skrupel wird der Großvater von der Verlobungsfeier ausgeschlossen!

Während Chajuta draußen war, beruhigte sich Bella; sie mußte ihrer Tochter insgeheim zustimmen: Er würde auf dem Fest gewiß eine Katastrophe auslösen. Angesichts des Überflusses an Speisen würde er sich nicht länger beherrschen können; die Worte gerieten ihm in solchen Momenten außer Kontrolle, sie platzten einfach heraus. In den vergangenen Jahren hatte sein Zustand sich sehr verschlechtert. Ferne Erinnerungen schienen die vom Vortag zu überdecken, so wie es bei alten Leuten öfter geschieht. Bis vor sechs Jahren war es ihm gut gegangen. Er hatte nie erwähnt, was ihm während des Krieges widerfahren war. Als er bei seiner Rückkehr aus dem Konzentrationslager bei der polnischen Bäuerin, der er vier Jahre zuvor seine beiden Kinder anvertraut hatte, erschienen war, hatte Bella, die Jüngere, nur noch eine vage Erinnerung an ihn. Sein Gesicht war ausgemergelt, er hatte vorstehende Wangenknochen und eine auffallend große Nase, sein Kopf war geschoren. Die Bäuerin bekreuzigte sich, als sie ihn sah, und sagte: »Herr Goldberg, ich habe die ganze Nacht geträumt, Sie würden zurückkommen. Ihre Kinder sind kein einziges Mal krank gewesen! So habe ich mich um sie gekümmert – als wären es meine eigenen!« Er beugte sich zu seinen Kindern, hob sie auf seine dürren Arme und sagte – der scharfe Geruch seines Körpers schlug ihnen entgegen: »Wir wollen alles vergessen, alles. Wir werden Mama suchen und nach Amerika fahren.«

Aber sie fanden die Mutter nicht wieder, und auch nach Amerika kamen sie nicht. Jahre später heiratete er eine in Palästina geborene Jüdin, die sie aufzog, als wären sie ihre eigenen Kinder; nur wenn sie krank waren, wurde sie ungeduldig und trieb sie an, rasch wieder gesund zu werden. Bis vor sechs Jahren hatte er den Krieg nie erwähnt. Einmal hatte sie in seinem Zimmer einen Gedenkband der Gemeinde einer polnischen Kleinstadt gefunden, zwischen den Seiten lagen Zeitungsausschnitte, die Gedächtnisfeiern ankündigten. Doch fragten sie und ihr Bruder ihn nie, was in all den Jahren, in denen sie auf dem polnischen Bauernhof durch Schweinemist wateten, mit ihm geschehen war. Als hätten sie sich geschworen, das Vergangene in die Vergessenheit abzudrängen. Als ihm, viele Jahre nachdem seine Enkel geboren waren, die Frau starb, wollte er weder allein noch bei den Kindern wohnen. Er machte sich auf und fand ein Zimmer in einem Altenheim. Den Sabbat und die Feiertage verbrachte er mit seiner Familie, aber er lehnte es ab, sich von ihnen fahren zu lassen, und nahm stets den Autobus. Über die wirtschaftliche Lage, Rußland und Amerika, über die Nachrichten, die er in der Zeitung las, redete er lebhaft und voller Humor. Den Krieg aber erwähnte er mit keinem Wort – als habe ein Teil von ihm jene Jahre schlafend verbracht.

Vor sechs Jahren, rechnete Bella aus, hatte ein Wandel stattgefunden. Mit Fleisch und Fisch, Schüsseln voll Leberpüree, glasierten Möhren und Pflaumenpudding beladene Festtagstische öffneten von da an wie ein Geheimkode eine verborgene Tür zu den Erinnerungen an jenen Krieg, und alles, was während Jahrzehnten vergessen war, brach gewaltsam aus ihm hervor. Am Neujahrsabend hatte es angefangen. An der reich gedeckten Tafel wurden die Gläser gehoben, und Mordechai, Bellas Bruder, sagte: »Nun, Papa, sprich einen Segen, damit es ein gutes Jahr wird.«

Der alte Mann wurde ein wenig blaß im Gesicht, er fühlte bereits, was in ihm vorging. Von erwartungsvollen Augen fixiert, hob er sein Glas und sagte auf jiddisch: »Mögen wir ein glückliches Jahr haben. Voll Frieden und im Kreise unserer Familie. Und mit vielen guten Mahlzeiten. Ich möchte euch etwas erzählen, und da trifft es sich gut, daß wir alle beisammen sind und auch die Kinder zuhören: Im Krieg habe ich vier Jahre kein Fleisch gegessen. Wir waren Skelette. Man konnte die Knochen an unseren Körpern zählen. Irgendwann kamen Gerüchte auf, die Amerikaner befänden sich auf dem Vormarsch. Da wurden die Deutschen nervös und gaben uns noch weniger zu essen. Als Moische Bermanski und ich sahen, wie ein Deutscher davonlief, schnappten wir uns die Wurst, die an seinem Gürtel hing. Ich roch an der Wurst und mußte mich übergeben, aber Moische fraß wie ein Schwein. Er verschlang die Wurst, und eine halbe Stunde später quollen ihm die Augen aus den Augenhöhlen, und er fiel tot um, noch ehe die amerikanischen Soldaten da waren.«

Alle am Tisch schauten konsterniert auf den alten Mann. Voller Entsetzen warfen Bella und ihr Bruder einander Blicke zu. Jechiel, der mit seiner Frau und seinen beiden Kindern aus Natanja angereist war, konnte vor Unbehagen nicht länger stillsitzen. Schifra blickte schaudernd umher, als schwebe ein böses Omen über der Festtagsgesellschaft. Der alte Mann aber bemerkte die plötzlich eingetretene Stille nicht; er hob sein Glas und fuhr fort: »Mögen wir also ein glückliches Jahr haben. Und mögen die Kinder gedeihen – das ist die Hauptsache. Zum Wohl!«

Die anderen erwiderten leise: »Zum Wohl«, und führten die Gläser an ihre Lippen. Eine Weile noch dauerte die dem Entsetzen folgende Verlegenheit an, doch je weiter der Abend voranschritt und je näher das Pflaumendessert rückte, desto entspannter war die Atmosphäre. Als der Gastgeber von dem frisch verheirateten Ehemann erzählte, der in der Hochzeitsnacht zu den Nachbarn ging, um eine Zeitung zu holen, und erst gegen Morgen zurückkam, lachten alle Anwesenden laut auf. Und als der Nachtisch serviert wurde, war der peinliche Augenblick, den Großpapa Mendel verursacht hatte, bereits vergessen. Jechiel und seine Frau stimmten ein polnisches Lied an von einem Mädchen mit einem langen Zopf, das zum Fluß hinabsteigt und sein Haar wäscht, und von einem Jungen, der es durch die Zweige eines Preiselbeerstrauchs beobachtet und nicht den Mut hat, um seine Liebe zu werben.

Vielleicht lag es am Pudding oder am Preiselbeerstrauch aus dem Lied, vielleicht auch an etwas ganz anderem, daß Großpapa Mendel abermals aufstand, seinen rechten Arm hob, wie er es zuvor, mit dem Weinglas in der Hand, getan hatte, und sagte: »Im Lager starben in jeder Baracke zwei, drei Leute am Tag. Wir schleppten die Körper der Toten in eine Ecke. Wer nachts gestorben war, war schon kalt, wer morgens starb, war noch warm. Aber wer seit dem Abend des Vortages tot war, fing morgens bereits zu stinken an – «

Schifra sprang auf und stand ihm einen Augenblick herausfordernd gegenüber; sodann verließ sie demonstrativ den Tisch und zog sich ins Nachbarzimmer zurück. Die Augen des alten Mannes blickten ihr hinterher, und sein Mund begann von neuem zu sprechen: »Einmal fand ich eine Kartoffel in der Tasche eines Toten. Wir durchsuchten nämlich ihre Taschen oder zogen ihnen die Pullover oder Strümpfe aus. Wozu brauchten sie noch Strümpfe? Woher er die Kartoffel hatte, weiß ich bis heute nicht. Er arbeitete nicht in der Küche. Ich versuchte es herauszubekommen, aber niemand konnte es mir sagen. So aß ich die Kartoffel und wußte nicht, wo er sie herhatte.«

Mordechai versuchte ihn zum Schweigen zu bringen. Seine anfängliche Verwunderung war vorüber, und er fand ohne Schwierigkeiten die richtigen Worte: »Papa, heute ist ein Festtag. Wir wollen uns freuen und essen und uns nicht an solche Dinge erinnern. An Feiertagen soll man an schöne Dinge denken.«

»Aber woher hatte er die Kartoffel, frage ich dich. Hast du irgend etwas darüber gelesen? Vielleicht hast du eine Idee.«

»Nein, keine Ahnung. Schau, Bella bringt die Torte herein. Und was für eine Torte! Das ist ein gutes Zeichen: Das ganze Jahr wird es solche Genüsse geben.« Er beugte sich vor und sagte in fröhlichem Ton zu Chajuta, die damals die letzte Klasse des

Gymnasiums besuchte: »Stimmt's? Das ist ein gutes Zeichen: das ganze Jahr solche Torten!«

Aber eine bedrohliche dunkle Wolke hing über ihnen, selbst die Kinder bemerkten sie.

Die folgenden Jahre ließen die Familie immer unempfindlicher werden. Sie hatten sich an Großpapa Mendels Benehmen gewöhnt: Am Sabbat, den Feiertagen und Geburtstagen erzählte er, wenn sie zu Tisch saßen, von Leuten, die in den Straßen des Ghettos tot zusammenbrachen, auf die man trat, deren Schuhe man stahl, die man an den Füßen beiseite zog und mit Zeitungspapier zudeckte; von Leichen mit geblähten Bäuchen und eingefallenen Augen; von einem Mann, der, als er genug gelitten hatte, in den elektrischen Zaun lief und sich innerhalb von Sekunden in einen Kohleklumpen verwandelte; von einem anderen, der bei seiner Ankunft im Lager seinen jüngeren Bruder am Eingangstor hängen sah; von einem Jungen, der zwischen den Leichen, die er in die Krematorien schleppte, seine Mutter entdeckte; und von einem Mann, der, während er die Kleider der Toten sortierte, das Kleid seiner Frau fand, auf dessen Vorderseite Perlen in Form von Blumen aufgestickt waren. Der mit einem roten Faden nachgenähte Saum ließ keinen Zweifel, es war das Kleid, das er seiner Frau zur Geburt ihres Sohnes gekauft hatte – als der Deutsche sah, daß er innehielt, verdächtigte er ihn, die Perlen stehlen zu wollen, und ließ die Peitsche auf seinen Rücken knallen.

Sie hinderten ihn nicht zu reden, doch ließen sie seine Worte nicht in ihre Ohren dringen. Wenn er aufstand und mit der Rechten sein Glas schwenkte, wußten alle: Der Augenblick war gekommen. Die Kinder gingen draußen spielen, die Gastgeberin erhob sich und räumte, um keine Zeit zu vergeuden, das Geschirr vom Tisch. Andere begannen sich leise zu unterhalten oder saßen gedankenversunken da und warteten ab wie bei einem Unwetter, das in wenigen Minuten weiterziehen würde, oder einem Flugzeug, das kreischend vorüberfliegt, um kurz darauf samt seinem Lärm zu verschwinden.

Neben den anderen Familienmitgliedern, die sich mit den Berichten von Hunger, Tod und Fäulnis als festem Bestandteil der Feiertagsmahle abgefunden hatten, erschien seine Schwiegertochter Schifra wie eine Rebellin. »Er verdirbt mir das ganze Fest«, nörgelte sie, wohl wissend, daß er sie hören konnte. »Wir haben genug gelitten und genug darüber gehört. Gottseidank gibt es für den Holocaust einen Gedenktag, Gedächtnisfeiern und vieles mehr. Nichts wird vergessen. Da muß ich nicht noch bei jedem Essen daran erinnert werden! Ich begreife nicht, wie ihr genüßlich weiteressen könnt, während er von Eiterbeulen, Blut und Erbrochenem spricht – aber das ist eure Sache. Für mich ist die Feier beendet, sobald er den Mund aufmacht!« rief sie und schlug mit der Faust auf den Tisch.

Von allen Familienmitgliedern schenkte ihm Bella am meisten Aufmerksamkeit. Wenn sie das Festessen vorbereitete, hörte sie ihm von der Küche aus zu; waren sie bei den anderen zu Gast, lauschte sie seinen Erzählungen bei Tisch. Mit einemmal hatte sich eine Luke vor ihr geöffnet und einen Spalt breit den Blick freigegeben auf die Lösung des Rätsels, das sie seit vielen Jahren beschäftigte: Hatte er vergessen, was ihm in den vier Jahren, die sie und ihr Bruder im Schweinestall der polnischen Bäuerin verbracht hatten, widerfahren war? Sie kehrte für Augenblicke auf die Pfade des Dorfes zurück und atmete den Stallgeruch, als wäre er wirklich und keine Erinnerung aus ferner Zeit. In ihrer Hand fühlte sie die feuchten Rüssel der Ferkel und ihre vom Lehm verkrustete Haut. Dachte ihr Vater nie mehr an den Hunger, den Tod und die Furcht? Wie war es möglich, daß er die Erinnerungen in sich verborgen gehalten und während vierzig Jahren niemals erwähnt hatte? Und weshalb erwachten sie gerade jetzt, angesichts des Überflusses, der Lieder und der friedlichen Stimmung, die an den Festtagen in den hell erleuchteten Zimmern herrschte? Nur in Momenten, in denen der Mensch völlig nackt ist, wird sein Geheimnis sichtbar, überlegte Bella; Vater wird es mit ins Grab nehmen.

Aber diesmal, das gestand sie sich ein, war die Situation ernst. Man konnte ihn von der Verlobung seiner Enkelin, die er so liebte und die nach seiner Frau Chaja genannt worden war, nicht einfach ausschließen! Sollten andererseits aber das Fest und womöglich Chajutas Zukunft aufs Spiel gesetzt und sollte der Familie in Anwesenheit des Bräutigams und seiner Angehörigen eine unvergeßliche Schande bereitet werden?

Am Abend hatte sie eine Idee. Sie wollte sie ihrer Tochter mitteilen, doch Chajuta kam ihr zuvor.

»Ich habe mit Ron gesprochen«, sagte Chajuta zielstrebig. »Er meint, wir müßten ihn einladen.«

»Hast du ihm das Problem erklärt?«

»Ja. Er sagt, es wäre unfair, ihn nicht einzuladen.«

»Und was passiert, wenn – «

»Ich habe mit ihm gesprochen.«

»Mit Ron?«

»Nein, mit Großpapa.«

»Du hast mit Großpapa gesprochen? Wann?«

»Heute nachmittag.«

»Und?«

»Ich habe ihm erklärt, wieviel mir daran liegt, daß alles glatt über die Bühne geht.«

»Ja, und?«

»Er hat versprochen, außer ›zum Wohl‹ und ›alles Gute‹ kein Wort zu sagen.«

Bella atmete erleichtert auf und lehnte sich in ihrem Stuhl zurück. »Ich glaube wirklich, daß das die beste Lösung ist. Wir würden uns schrecklich fühlen, wenn wir ihn an einem solchen Tag wegschicken würden. Und das hat er tatsächlich gesagt – nur ›zum Wohl‹ und ›alles Gute‹? Eins kann man wirklich nicht behaupten: er habe keinen Humor. Den hat er, hat er schon immer gehabt.«

»Und von seiner Enkeltochter soll keiner sagen, sie sei feige! Ich lasse ihn nicht aus den Augen und bewege mich den ganzen Abend keinen Schritt von ihm fort, das ist sicher.«

»Es wird gutgehen. Das sagt mir mein Herz«, sagte Bella lächelnd, die Faust an ihre Brust gedrückt.

Am Abend des Festes lag eine ungewöhnliche Milde in der Luft. Zwar war der Sommer vorüber, aber der Herbst hatte noch nicht begonnen – es waren unglaublich schöne, klare Stunden des Übergangs. Bella, die die Bedeutung des Ereignisses allmählich begriff, wandelte wie eine Mondsüchtige zwischen den elegant gekleideten Gästen, die mit Weingläsern in den Händen im sanften Schein der von Lampions über die Rasenfläche verstreuten Lichtkegel umhergingen. Die grellen Blitze des Fotoapparats ließen die Szene noch bedeutsamer erscheinen. Mit verstohlenen Blicken inspizierte sie Chajutas Schwiegermutter und genoß die Erkenntnis, daß sie zwar groß, aber unerhört mager war und daß ihr Kleid, das, um ihre flache Knabenbrust zu kaschieren, vorne gerafft war, seinen Zweck nicht erfüllte. Und auch alles andere entpuppte sich als leere Drohung: Der Roséton des Stoffes war viel zu blaß, und der komplizierte Knoten des Gürtels zwang sie, ihn immer wieder zu lösen und neu zu binden.

Obwohl sie durch den Garten ging wie in einem Traum, spürte sie, daß das Glück, das sie empfand, Wirklichkeit war. Alles schien so vollkommen: Der Tisch war meisterhaft gedeckt, und die Schüsseln wurden wie von unsichtbarer Hand nachgefüllt, so daß die Tafel stets aussah, als sei eben erst angerichtet worden; das Spiel des kleinen Orchesters war angenehm, gerade laut genug, um gehört zu werden, ohne das Gespräch zu ersticken. Chajuta beobachtete den ganzen Abend wie ein erfahrener Jäger ihren Großvater; selbst wenn sie sich abwandte, um die Glückwünsche der Gäste entgegenzunehmen, entging ihr keine seiner Bewegungen. Feierlich und mit strahlendem Gesicht dankte er jedem, der ihn beglückwünschte, und strich den Kindern über den Kopf. Wenn es ihr schien, als führe er ein längeres Gespräch, näherte sie sich ihm wie zufällig und ging lauschend hinter ihm vorbei. Einmal glaubte sie Anzeichen einer Gefahr zu erkennen, und sie wurde nervös. Er stand vor der Tafel und beobachtete, wie die Gäste ihre Teller beluden. Sie erinnerte sich an den Ausdruck der Augen, an das Heben der Hand, das den Worten vorausging. Als er den Mund zum Sprechen öffnete, traf ihn ihr strenger Blick. So als fühle er sich ertappt, lächelte er ihr schalkhaft zu und rief: »Zum Wohl, Chajale! Zum Wohl!« – »Und alles Gute!« schickte er hinterher, als sei es ihm eben erst wieder eingefallen; dabei lachte er wie ein Kind, das die Erwachsenen an der Nase herumführt.

Chajuta ließ sich von seinem Lachen mitreißen; es löste die Spannung, die sie seit der Ankunft des ersten Gastes verspürte. Als halte sie ein Glas in der Hand, prostete sie ihm zu und rief: »Zum Wohl, Großpapa, und alles Gute!«

Der Fotograf, der in der Nähe des Eingangs stand, fing diesen Augenblick, in dem sie sich über die Tafel hinweg zuprosteten, mit seiner Kamera ein; er ließ den Blitz aufflackern und lächelte zufrieden, während er sich das fertige Foto vorstellte.

Fortan fühlte Chajuta sich leicht und unbeschwert unter den Gästen und richtete ihren Blick nur noch beiläufig auf ihren Großvater. Der Fotograf nahm sie und Ron einen Augenblick zur Seite, um sie auf das schräg abfallende, efeuumrankte Garagendach zu führen, wo er sie – zuerst sich gegenüberstehend, dann Arm in Arm – fotografierte, bis Chajuta wütend rief: »Schluß mit dem Kitsch! Das ist so banal!«, zum Protest mit der Hand vor der Kamera wedelte und schließlich den Arm ihres Verlobten griff und ihn fortzerrte.

Vom Dach aus fiel ihr Blick unvermittelt auf ihren Großvater, der dastand und beobachtete, wie die Gäste sich um den Tisch drängten; offenbar waren die Fleischplatten abgeräumt und die Torten aufgetragen worden. Während die Gäste ein Stück nach dem anderen auf ihre Teller legten, erkannte sie aus der Ferne die Aufregung, die sich unter dem Eindruck des Lärms und des scheinbar unerschöpflichen Überflusses auf seinem Gesicht abzeichnete. Ein Leuchten, das ihr vertraut war, lag in seinen Augen, und seine Hand hob sich, obwohl sie kein Glas hielt. Die andere Hand schlug auf den Tisch und lenkte die Aufmerksamkeit der Gäste auf ihn. Aus allen Ecken des Gartens schauten sie zu ihm hin, manche kamen näher und warteten respektvoll auf das, was er sagen würde. Nachdem er wie ein geübter Redner einen Augenblick hatte verstreichen lassen, bis der Gesprächslärm verebbt war, hob er zum Sprechen an. Vollkommene Stille herrschte im Garten, so als harre man einer bedeutsamen Botschaft.

»Großpapa, nein!« schrie Chajuta aus der dämmrigen Ecke, in der sie stand. Er hob den Blick und bemühte sich, sie über die Köpfe der Gäste hinweg im schwarzen Efeu zu erkennen.

Auf einmal beugte er sich vornüber und verschwand aus ihrem Blickfeld; sie sah nur den plötzlichen Aufruhr und wie die Köpfe zusammenrückten und an die Stelle drängten, an der er gestanden hatte. Sie befreite sich aus Rons Umarmung, stürzte zum Ort des Geschehens und bahnte sich einen Weg durch die Menge, die eine Barriere um ihren Großvater bildete. Doch als sie ihr Ziel erreichte, war der Tisch bereits umgestürzt, und ihr Großvater rollte mit den zerkrümelnden Erdbeer-, Käse- und Schokoladenkuchen und der turmähnlichen Verlobungstorte über den Rasen, sein Gesicht und sein Anzug waren mit Sahne beschmiert wie in einer alten Komödie, in der die Schauspieler einander mit Torten bewerfen.

Durch die Schlafzimmertür hörten alle, die sich nach dem Befinden des alten Mannes erkundigten, Mordechais Stimme, die sie fortschickte und aufforderte, an den Tisch, den man hastig wieder aufgerichtet hatte, und zur Musik, die wieder spielte, zurückzukehren: »Er hat sich sehr aufgeregt. Jetzt ruht er sich aus ... Nein, bitte nicht stören. Ich werde es ihm ausrichten. Er braucht Ruhe. Bald wird er sich besser fühlen... Bitte geht wieder tanzen.«

Seine Stimme, der Klang der Musik und das Rumoren der Gäste schienen aus weiter Ferne zu kommen.

Große Stille herrschte im Zimmer. Chajuta, die den Blumenkranz noch in ihrem gelockten Haar trug und deren Gesicht sehr blaß war, zog ineinandergefaltete Papiertaschentücher aus einem Pappkarton und reichte sie ihrer Mutter. Bella trocknete sich das feuchte Gesicht und entfernte die Marmelade und die Schokoladenkrümel, die vorne an ihrem Kleid und ihrem weißen Kragen festgeklebt waren, als sie ihrem Vater, während er ins Zimmer getragen wurde, den Kopf hielt. Danach nahm sie ein neues Taschentuch und wischte ihm mit großer Behutsamkeit, als könnte sie ihm wehtun, über das gequälte Gesicht, das sich noch nicht entspannt hatte, über den schönen Schnauzbart, die Augen, die er geschlossen hielt, und die Lippen, die, unter einer süßen Cremeschicht fest zusammengepreßt, mit aller Macht die Worte zurückhielten, die keine Erlösung und keine Versöhnung mehr brächten, nicht einmal für kurze Momente Erleichterung.

Auf der Linie des Kreises

Später sollte ich verstehen: Wenn ein Mann dich verläßt, stell dich ihm nicht in den Weg. Zieh dein Wanderkleid an, schnür deine Schuhe und kehr ihm den Rücken. Geh fort von ihm, immer weiter und weiter, gegen den Wind. Schau nicht zurück. Geh an den Felsen und Schlangenhöhlen vorüber – nur wenn du an einen Brunnen kommst, bleib stehen. Versuche nicht, die Zeichen zu deuten. Führe die Kämpfe nicht unnötig fort und laß die Bilder ins Vergessen eintauchen. Denn eines Tages wird alles, so wie es einst war, von neuem erstehen. Und mit der Distanz der Jahre wirst du nicht mehr sein, die du warst. Du wirst dich sehen wie eine Fremde und auf die schwierigen Fragen weise Antworten wissen. Nur die Zeit steht hinter dir und lacht: Was gewesen ist, wird wieder geschehen. Zu spät, dich vor dir selbst zu bewahren!

Aber als Amos seine Sachen packte – sein Gesicht war verschlossen, und seine Hände ordneten den Inhalt des alten Militärrucksacks –, war ich zu jung. Ich weinte gleich zu Beginn all die Tränen, die ich zu späterer Zeit nicht mehr fand – anfangs leise, in einem tonlosen Jaulen, danach in einem lauten Geschluchze. Er aber war mit dem Zuschnallen der Riemen beschäftigt. Mit flüsternder Stimme begann ich zu reden, staunend und als seien meine Fragen an mich selbst gerichtet. Dann schrie ich; angesichts der Lippen meines Geliebten brachen die Worte mit aller Macht aus mir hervor.

»Erklär es mir. Ich habe ein Recht, es erklärt zu bekommen«, brüllte ich ihn an und vergaß plötzlich die lauschenden Ohren in den übrigen Zimmern des Studentenwohnheims.

»Erklär es dir selbst«, gab er zurück, nahm die restlichen Bücher aus dem Regal und stopfte sie in die Umhängetasche, die ich ihm vier Jahre zuvor von meinem ersten Gehalt zum Geburtstag geschenkt hatte.

Noch am selben Abend, und auch später, in den folgenden Monaten, tat ich Dinge, die mein Stolz mir eigentlich verbot. Menschen, die mich kannten, glaubten, ich sei verrückt geworden. Und ich selbst, Studentin der Philosophie und Literatur, entdeckte in mir unbekannte Gefühle, die Neugier und Schrecken in meinem Innern pochen ließen. An jenem Abend stellte ich mich vor ihn hin, den Rücken der Tür zugewandt, und versuchte ihm den Weg zu versperren, ich zog an seinen Armen, die ich, ihm hinterhereilend, erfaßt hatte, ich schrie in den käfigartigen Schlauch des Treppenhauses hinaus, und als das Echo seiner Stimme verhallt war (»Du wolltest frei sein, nun sei frei«, glaubte ich zu hören), riß ich das Fenster auf und rief seinen Namen in den fallenden Regen, in die zuckenden Blitze. Und ich bemerkte nicht, daß mein Haar triefend naß wurde.

Später klopfte ich bei seinen Freunden an und lauerte ihm hinter der Hibiscushecke gegenüber dem Labor des naturwissenschaftlichen Gebäudes auf, rief seine Dozenten an und fuhr seinen verwitweten Vater in Naharija besuchen, bis mir ein Freund von ihm am Telefon sagte: »Hör auf damit, Nira. Das paßt nicht zu dir. Du machst dich lächerlich«, und ich erschrak, so als sei ich plötzlich in einem fremden Zimmer erwacht.

Danach kamen die flüchtigen Begegnungen, die Ausreden, sogar ein Versöhnungsversuch, der mißlang. Doch fehlte zu dieser Zeit bereits jener Teil von mir, der am Fenster zurückgeblieben war, als ich sah, wie sich sein Rücken entfernte.

Ich hätte dich auf der Straße nicht wiedererkannt. Dein Nacken ein wenig gekrümmt, wie der des geschundenen Häftlings, den ich gestern im Film sah. Beinahe verloren, dort in der Eingangstür – wie ein Mensch, der nicht am richtigen Platz ist. Bist du wirklich der Mann, der seinen Rucksack schnallte und fortging?

»Nira?«

»Guten Tag, Amos.«

Als ich mich fertig machte, um dich zu treffen, habe ich versucht mich zu entsinnen, welche meiner Kleider du mochtest, doch sind sie längst aus der Mode. Schließlich zog ich ein graues Kostüm an. Du mochtest kein Grau, fällt mir ein. Du siehst mich merkwürdig an. Ich habe den Schlüssel zum geheimen Kode deiner Blicke verloren. Dein Händedruck aber scheint mir vertraut, er weckt Verborgenes in mir. Erstaunlich, daß das Herz rascher vergißt als der Körper.

»Es tut mir leid, daß ich zu spät bin. Ich hab mich in der Straße geirrt. Alles hier ist so verändert. Ich bin mindestens fünf Jahre nicht mehr in der Gegend gewesen.«

Deine Stimme klingt anders, matt, wie die eines Besiegten. So schien es mir auch am Telefon, als du anriefst. Du bist verlegen. Ich auch. Und doch ist es, als hätte etwas in mir all die Jahre gewußt, daß es so kommen würde. So als wiederholten wir in einem fremdartigen Ritus, was schon einmal gewesen.

»Das macht nichts. Ich habe es nicht eilig.«

Auch meine Stimme klingt fremd. Vielleicht ist jene Frau in meinem Innern, die ich damals nicht kannte, die ich, wie eine Mutter ihr Kind wiegt, im Zustand des Schlafs hielt, die brüllte und hinter dir herlief, die mitten in der Nacht deine Freunde anrief, zu neuem Leben erstanden, einer Hypnotisierten gleich, die das Zeichen zu erwachen begreift.

»Du siehst hervorragend aus.«

»Danke.«

Du siehst schrecklich aus. Was haben die vorbeiziehenden Tage aus dir gemacht? Deine Augen scheinen verblaßt, die Kraft, die in deinem Gesicht stand, gebrochen.

»Es ist Jahre her.«

»Ja. Wir wollen sie nicht zählen.«

Werden wir von jener Nacht sprechen? Wahrscheinlich wirst du das Thema aus Höflichkeit meiden. Ich will dir etwas sagen: Ich bin schon lange nicht mehr das Mädchen, das weinte, als es sah, wie sich dein Rücken entfernte. Und doch lebt die alte Wut wieder auf, jetzt, da ich dir gegenübersitze.

»Du siehst hervorragend aus.«

»Vielen Dank.«

Du wirkst verwirrt. Eigenartig, nur selten habe ich dich so gesehen, nur in Gegenwart deines Vaters und deiner Dozenten. Einmal begegneten wir uns zufällig in der Nähe des Vorplatzes der Bibliothek, und du stelltest mich deinem Professor vor. Am Abend schimpftest du, mein Haar sei zerzaust und meine Bluse zerknittert gewesen. Du habest dich meinetwegen geschämt, sagtest du, und ich war gekränkt. Ich müsse etwas für mein Aussehen tun. Das hast du bestimmt nicht vergessen. Woran denkst du?

»Ein bißchen merkwürdig, wieder hier zu sein.«

»Ja.«

Die Holzdielen sind abgewetzt wie eh und je, nur die Tapeten und Tische sind neu. Der ungarische Kellner ist von ein paar flinken jungen Mädchen abgelöst worden. Ich habe diesen Ort, an dem wir unsere Prüfungsergebnisse feierten, seit unserem letzten Besuch nie mehr betreten. Selbst wenn ich zufällig vorbeikam, schaute ich nicht hinein. Ich fürchtete, vielleicht ein lachendes junges Paar in einer Ecke des Raumes zu sehen. Ihre Finger umklammern die hohen Kakaotassen, nur ihre Knie berühren sich unter dem Tisch.

»Und wie geht es dir?«

»Danke, sehr gut.«

Hast du geglaubt, ich würde etwas anderes sagen? Sehr gut, wirklich sehr gut.

»Ich habe gehört, daß du geheiratet hast. Etwas verspätet: herzlichen Glückwunsch.«

»Danke.«

Fünf Jahre habe ich auf dich gewartet. Geduldig unsichtbare Fäden geknüpft zu jedem, der vielleicht von dir hörte. Ich weiß, du hast eine große hagere Frau geheiratet, eine Engländerin mit dünnem Haar. Du hast drei Kinder. Dana ist bereits Offizierin. Daniel büffelt wahrscheinlich für die letzten Klausuren. Und

Schlomit muß nach meinen Berechnungen zehn sein. Als ich von der Geburt deines Sohnes erfuhr, weinte ich. Jahrelang hatte ich mir ein Kind von dir gewünscht. »Wenn wir ein Kind bekommen, heiraten wir«, antworteten wir den Leuten, die Fragen stellten.

»Hast du Kinder?«

»Einen Jungen und ein Mädchen.«

Jeden Morgen, wenn ich erwacht war, hatte ich mir das Fieberthermometer in den Mund gesteckt und einmal im Monat die Aufzeichnungen zum Gynäkologen gebracht. Und eines Tages waren wir glücklich: Meine Temperatur war auf wunderbare Weise gestiegen. »Zweifelsohne ein Eisprung«, sagte der Arzt mir, als ich mich vor Freude nicht länger zurückhalten konnte und beschloß, zu so früher Stunde bei ihm daheim anzurufen. Doch am Ende sollte ich feststellen: Ich hatte nur einen entzündeten Hals.

»Wer hat dir von meiner Heirat erzählt?«

»Jaron Epstein. Wir haben eine Weile gemeinsam an einer Untersuchung über die Zellteilung bei alten Leuten gearbeitet. Das war Teil meiner Dissertation.«

»Ja, er hat mich besucht. Wann hast du das Doktorat abgeschlossen?«

Hohles Gerede. Wie zwei Fremde, die höflich Konversation machen.

»Sieben Jahre danach.«

Nach jener Nacht, meinst du? »Ja?«

»Ja, in England.«

Ich weiß. Deine englische Frau hatte dich überredet, zu ihr zu ziehen, in ihre Heimatstadt, und ist während deines Studiums für deinen Unterhalt aufgekommen – auch das ist mir bekannt, du würdest dich wundern. Danach aber, während der vier Jahre deiner Abwesenheit, brachte ich kaum etwas über dich in Erfahrung. Außer dem Thema deiner Doktorarbeit, die in einer Fachzeitschrift publiziert wurde.

»Und heute bist du in Haifa?«

»Ja, in der Forschung.«

»Das hast du dir immer gewünscht.«

Als wir ungefähr zwei Jahre zusammen waren, verkleideten wir uns an Purim als Universitätsprofessoren. Wir zogen Talare an aus Vorhängen, die Mutter während des Sinai-Krieges zur Verdunklung benutzt hatte, und setzten uns flache Papphüte auf den Kopf, füllten Teetassen mit Sabbatwein, hoben sie in die Höhe und stießen an. Dann verliehen wir einander Zeugnisse und warfen uns, prustend vor Lachen, auf die Kissen, so daß eins zerriß und kleine Federn um uns herumwirbelten. Du sagtest: »Herzlichen Glückwunsch! Ihr seid geboren. Wollen wir einen Ausflug in die große weite Welt machen, ihr kleinen Süßen?« Und während du die Federn einsammeltest, sie auf dem Tisch aufreihtest und mit dem Daumen hin- und herschnipptest, wälzte ich mich vor Lachen auf dem Araberteppich. Wir waren wohl schon betrunken.

»Du lebst in Tel Aviv, nicht wahr, Nira? Ich hab gelesen, daß du den Preis bekommen hast.«

»Ja?«

»Ja. Ich wollte dich anrufen und dir gratulieren. Wenn man so will, war ich drauf und dran, es zu tun ...«

»Und weshalb hast du's nicht getan?«

Plötzlich wird mir klar, wie entschlossen ich im Vergleich zu dir wirke. Wie kommt es, daß du so sanft scheinst? Du, der du immer hart und unbeugsam warst. »Ich dachte ... Es war schon so lange her. Du hattest in der Zwischenzeit ein neues Leben begonnen.«

»Auch Leute, die ein neues Leben begonnen haben, erinnern sich.«

Hast du wirklich geglaubt, ich würde jene Nacht vergessen? Selbst in diesem Moment fühle ich in meinem Innern die Schmach, so als sei sie noch immer lebendig. Ich stand am Fenster – der Regen wusch mein Gesicht – und rief deinen Namen ins Dunkel hinaus. Im Gebäude gegenüber, wurde mir später erzählt, habe man meine Schreie gehört – du aber hast dich nicht umgedreht.

»Das ist wahr. Auf dem Weg hierher habe ich plötzlich an das Zimmer im Studentenwohnheim gedacht. Was für ein Zimmer!«

Ich weiß, was du meinst. Im ganzen Raum herrschte Chaos, vor allem wenn Prüfungen waren. Klebrige Tassen im Spülstein, Krümel auf der Ablage daneben, auf den Stühlen Kleiderberge und die Erde in den Blumentöpfen so trocken, daß die Pflanzen verwelkten. Später lachte ich, wenn mich jemand fragte, und sagte: »Er hat mich verlassen, weil ich die Blumen nicht goß.« Und manchmal bildete ich mir ein, so sei es tatsächlich gewesen.

»Ja. Ich wohne heute ganz in der Nähe. Hin und wieder komme ich an dem Gebäude vorbei und sehe dort die jungen Leute.«

Als ich letzten Monat am Studentenwohnheim vorüberging, bin ich erschrocken: Ein Mädchen mit langem Haar goß den Blumentopf in meinem Fenster, mit dem Zeigefinger prüfte sie, ob er feucht genug war. Und mit einemmal schien mir, als wäre ich sie. Seit dreiundzwanzig Jahren stand ich am Fenster und nötigte das bißchen Erde, grüne Blätter zu produzieren.

»Du wohnst in Ramat Aviv?«

»Ja.«

Wenn du sehen könntest, wie sauber meine Wohnung jetzt ist und wie es in den Fenstern blüht und gedeiht. Die Jahre nach deinem Fortgehen haben es mich gelehrt. Jeden Morgen, ehe ich das Zimmer im Wohnheim verließ, räumte ich auf und legte den Schlüssel an den vereinbarten Ort – vielleicht kämst du ja zurück.

»Du fragst dich gewiß, weshalb ich mich plötzlich, nach all den Jahren, bei dir gemeldet habe.«

»Um die Wahrheit zu sagen, ja.«

Etwas in deiner Stimme erinnert mich an deine altbekannte Direktheit, einem fernen Echo gleich läßt es mich tief in meinem Innern erschaudern.

»Es hat mit deiner Arbeit zu tun.«

»Mit meiner Arbeit?«

»Ja. Bis vor einem Monat wußte ich nicht, daß du Ärztin geworden bist. Als jemand deinen Namen erwähnte, war ich überzeugt, daß es sich um eine andere Person handelte. Du hast deinen alten Namen behalten.«

»Als ich heiratete, war ich unter diesem Namen bereits bekannt.«

»Man sagte mir, du seist Professorin. Und später erinnerte ich mich, daß mir tatsächlich einmal jemand erzählt hatte, du hättest auf Medizin umgesattelt. Damals wunderte ich mich auch schon.«

»Du hast doch gesagt, du hättest von meiner Auszeichnung gehört.« Ich bin nicht mehr so naiv, siehst du?

»Ich dachte, du hättest sie für eine literarische Arbeit bekommen. Ich hatte dich nie vom Arztberuf reden hören.«

»Ich hatte diese Möglichkeit erwogen.«

Und davon auch gesprochen. Doch hörtest du mir damals schon nicht mehr zu. Und drei Monate später schrieb ich mich an der medizinischen Fakultät ein. All meine alten Hefte wanderten in den Müll. Ich zündete sie nicht einmal an, wie es eine Filmheldin getan hätte. Ich warf sie zwischen abgegessene Maiskolben und Apfelschalen, wie ein Kind, das sich der Spielsachen, für die es zu groß geworden ist, einfach entledigt.

»Und die vielen Gedichte, die du zu den unmöglichsten Zeiten, in der Nacht und am frühen Morgen, geschrieben hast?«

»Damit habe ich vor langer Zeit aufgehört.«

Manchmal gehen mir ein paar Zeilen durch den Kopf, sie leben auf, als würde ein langsamer Film abgespult, in dem ein Tier sich von seinem Lager erhebt und dicke Staubwolken aufwirbelt. Schließlich wird seine Gestalt deutlich erkennbar: ein Rücken, Hörner, Flanken und Hufe. Mit Peitschenhieben gehe ich gegen es vor, bringe es dazu, sich wieder zur Ruhe zu legen: Hufe, Flanken, Hörner und ein Rücken. Ich decke es wieder mit Staub zu.

»Medizin ... ein vollkommen anderes Gebiet.«

»Ja, völlig anders.« Auch darüber habe ich gesprochen. Woran erinnerst du dich überhaupt? »Du hast gesagt, du wollest mich beruflich sprechen.«

»Ja ... es handelt sich um meine Tochter.«

Das ist es also: Du brauchst meine Hilfe. Die Süße, die in mir aufsteigt – fremdartig und neu ihr Geschmack, und doch so bekannt und vorhersehbar –, ist abgestanden, als habe sie lange im verborgenen gewartet.

»Wie alt ist sie denn?«

»Zwölf.«

Schlomit also. Sie ist schon zwölf? Ach ja, natürlich. Als ich von ihrer Geburt hörte, war ich selbst schwanger.

»Was ist los mit deiner Tochter?«

»Sie macht uns schon seit einiger Zeit Sorgen …«

»Weshalb macht sie dir Sorgen?«

Rede in der Einzahl, wenn du hier mit mir sprichst. An diesem Ort ist alles anders als einst, und doch sitzen wir beide, du und ich, gemeinsam an einem Tisch, Tassen in unseren Händen.

»Es fing an, als sie ungefähr zehn war, vor zwei Jahren. Es begann mit einem Zucken der Lider. Als sich das Zucken nach ein paar Monaten verstärkte, schickte man uns zu einem Facharzt, der uns erklärte, es handle sich möglicherweise um eine Allergie gegen bestimmte Blüten. Aber nach einem weiteren Jahr fingen ihr Mund und ihre Hände zu zucken an. Und dann, kurz darauf, zeigten sich andere Symptome …«

Diesen Ausdruck auf deinem Gesicht habe ich schon tausendfach gesehen, wenn Leute mit mir sprachen: die Augen, die sich verfinstern, die Gesichtszüge, die sich in die Länge ziehen, und die verzweifelten Finger, deren Bewegung die Worte begleitet. Zugleich aber sehe ich auch deinen Rücken. Zwei Frauen sitzen hier vor dir: Eine erinnert sich an das, was einst war, eine weiß, was geschehen wird. Du schilderst die Entwicklung der Symptome bei deiner Tochter, als läsest du die Darstellung einer Krankheit aus einem meiner Bücher vor: die Bewegungen des Kopfes, das Zittern des Mundes, die Laute – Husten, Bellen, Gurgeln, schließlich Wörter, vor allem Flüche – und das Laufen im Kreis, das Hüpfen, das Wippen des Knies. Im Geiste sehe ich dich, wie du sie während des Essens anschaust und plötzlich die zuckenden Lider bemerkst, die verdrehten Augen und die zitternden Lippen. Noch machst du dir keine Sorgen. Du sagst dir, das Mädchen ist müde, in den letzten Tagen hast du nicht darauf geachtet, daß sie zeitig im Bett liegt. Und dann kommen die Laute hinzu. Durch die Tür ihres Zimmers hörst du sie bellen, lallen, gurgeln und plötzlich schreien. Du bist ein wenig erschrocken, doch vertreibst du deine Besorgnis mit einem liebenswürdigen Einfall: Sie studiert eine Vorstellung ein, sie ist ja so begabt.

Aber ihre Lehrerin, die dich in ihre Sprechstunde bestellt, ist außer sich vor Hilflosigkeit. Sie erzählt dir, wie sich deine Tochter während des Unterrichts aufführt: Sie stellt dieselbe Frage mehrere Male, bringt die Kinder mit seltsamen Grimassen zum Lachen und gibt merkwürdige Laute von sich. Gestern hat sie den Kopf in das Fach unter ihrem Pult gesteckt und zu bellen begonnen. Ihre Freunde haben anfangs gelacht, aus Freude über den neuen Streich, doch einige spürten bereits, daß dies kein gewöhnlicher Scherz war. Die Tischnachbarin deiner Tochter sprang kreischend auf, um sich in Sicherheit zu bringen. Auch die pädagogische Leiterin ist außerstande, dir weiterzuhelfen. Sie empfiehlt dir, zu einer Psychologin zu gehen, erklärt, in diesem Falle sei die Hinzuziehung eines Fachmanns vonnöten. Die Schilderungen der Lehrerin haben deine Besorgnis geweckt, aber auf dem Heimweg versuchst du krampfhaft, dich zu beruhigen, du ziehst ihre Kompetenz und Erfahrung in Zweifel. Trotzdem findest du nachts keine Ruhe. Du stehst auf und gehst zu ihr. Das Mädchen schläft, still und mit einem Engelsgesicht, sie atmet ganz ruhig. Noch weißt du nicht, daß die Symptome nie während des Schlafes auftreten. Deine Besorgnis verflüchtigt sich für eine Weile.

Ich muß dir wohl eine Frage gestellt haben, denn du entgegnest mir: »Ja. In der Familie wurde sie immer *meine* Kleine genannt.«

Habe ich gefragt, ob du sie sehr gern gehabt hast? Vielleicht ist es kein Zufall, daß wir beide die Vergangenheitsform wählen. Die Tochter, die du einst hattest, ist tot, wußtest du das? Wir alle nähern uns dem Rande des Abgrunds, sie aber war schneller als du.

Eine Zeitlang bist du also beruhigt. Bis du vom Fenster aus siehst, wie sie allein im Garten spielt. Als vollziehe sie eine seltsame Zeremonie, führt sie wieder und wieder die gleichen Bewegungen aus: Sie geht zwei Schritte vor und zwei zurück, beschreibt einen großen Kreis, wippt zweimal mit den Knien und steht einen langen Augenblick still, aufrecht, das Gesicht zur Sonne gewandt, die Augen geschlossen. Danach macht sie von neuem zwei Schritte vor, zwei zurück und beschreitet langsam die Linie des Kreises. Du bist entsetzt, versuchst jedoch abermals, dich in Illusionen zu wiegen: Das gehört zu dem Auftritt, für den sie probt, deine begabte Tochter. Etwas in dir aber spürt bereits: Sie entgleitet dir immer mehr, deine Hände können ihr neues Gewicht nicht mehr halten. Du fängst an, dich an Ärzte zu wenden. Man schickt dich von einem Spezialisten zum nächsten, und schließlich vernimmst du das unbarmherzige Wort: geistesgestört. Dann nennt jemand dir meinen Namen. Du zögerst. Die vergangenen Jahre und ein paar Erinnerungen stehen zwischen uns beiden. Dann aber verschärfen sich die Zuckungen im Gesicht deiner hübschen Tochter. Abends hörst du sie durch die Tür: Sie redet mit sich selbst in zwei unterschiedlichen Stimmlagen. Du bekommst Angst, wählst meine Nummer, die du schon seit vierzehn Tagen mit dir herumträgst. Du bittest, mich sehen zu dürfen.

Ein neues Gefühl für dich, ehemaliger Geliebter, wird in meinem Innern geboren. Klänge einer traurigen Melodie, die ich von woandersher kenne. Ich verstehe jetzt: Sturm war in allem, was uns verband. Die Stille des zärtlichen Schmerzes, die nun von mir zu dir hinüberweht, hat es früher zwischen uns nicht gegeben. Leise stelle ich dir fachmännische Fragen, du antwortest flüsternd. Unsere Köpfe dicht beieinander, gleichen wir zwei Verschwörern.

»Imitiert sie die Mundbewegungen von Personen, die mit ihr sprechen?«

»Ja.«

»Und wiederholt sie dasselbe Wort mehrere Male?«

»Ja.«

»Stammelt sie manchmal?«

»Ja.«

»Benutzt sie unanständige Wörter, die sie früher nicht sagte?«

»Ja.«

»Sie ist in der Lage, ihre Krämpfe ein paar Minuten zurückzuhalten, nicht wahr?«

»Ja, das hat sie eine Zeitlang versucht.«

Du siehst mich überrascht an. Dir wird leichter ums Herz. Als hättest du die Lösung eines alten Rätsels gefunden. Du weißt noch nicht, was dich erwartet. Nun bist *du* an der Reihe, Fragen zu stellen.

»Ist das dein Fachgebiet?«

»Ja. Ich bin auf Geisteskrankheiten bei Heranwachsenden spezialisiert.«

»Und du weißt, um welches Leiden es sich handelt?«

»Ich glaube, ja. Aber ich muß deine Tochter sehen. Wenn es das ist, woran ich denke, dann leidet sie an einer äußerst seltenen Krankheit, die vornehmlich bei Jungen, nicht aber bei Mädchen auftritt.«

»Kann man sie heilen?«

»Manchmal vergeht sie von selbst, stets vor dem dreizehnten Lebensjahr. In den meisten Fällen verschwindet sie immer wieder für eine gewisse Zeit, dauert aber ein Leben lang an.«

»Ist sie erblich bedingt?«

»Nein, ganz und gar nicht.«

»Und was ist die Ursache?«

»Das weiß niemand.«

»Wie heißt diese Krankheit?«

»Gilles-de-la-Tourette-Syndrom.«

»Wie?«

»Gilles-de-la-Tourette-Syndrom, nach dem Franzosen, der die Krankheit beschrieben hat.«

»Entschuldige, wenn ich frage ... Kann es sein, daß du dich irrst?«

»Das ist durchaus möglich. Das Mädchen muß untersucht werden.«

»Wirst du sie dir ansehen?«

»Ja.«
»Wann?«
»Ich kann mir jederzeit frei nehmen. Gleich morgen.«

Wieder sehe ich deinen Rücken: Von grünen Neonlichtern beleuchtet näherst du dich dem Bürgersteig der gegenüberliegenden Straßenseite. Dein Name steigt wie von selbst, kraft seines vertrauten Klangs, in meiner Kehle auf: Amos, Amos. Plötzlich bleibst du stehen, fischst Münzen aus deiner Hosentasche, und als sie auf deiner Handfläche liegen, zählst du sie mit dem Finger. Hast du den Namen, der in meiner Kehle ist, gehört? Das Neonlicht färbt sich rot, und deine Kleider scheinen wunderbar dunkel. Eine Münze rutscht aus deiner Hand, du beugst dich über den Gehsteig, siehst mit einemmal wie ein Greis aus. Du hebst sie auf, trittst unter eine Laterne, die dir wieder Farbe verleiht, und verschwindest am Rande des Fensters wie ein Schauspieler, der das Blickfeld der Kamera verläßt. Die junge Frau, die in mir wohnt, geht an deiner Seite. Wenn du deinen Arm nach ihr ausstreckst, wird sie über deine zitternde Hand, dein ergrauendes Haar und die bleichen Furchen deines Gesichts streichen. Ich werde ihr nicht verraten, daß du nicht mehr der Mann bist, den ich liebte, und nicht der Mann, der mich verließ. Du bist ein anderer, nur dein Rücken erinnert an dich. Zwei Schauspieler, die die gleiche Maske tragen und deren Wege sich am Ende der Vorstellung trennen.

Morgen wirst du mir deine Tochter vorführen, du hast sie geliebt. Und noch immer verfolgt mich die Nacht, deren Schatten wir nicht vertrieben und in der ich versuchte, dir, ehe du in das Unwetter hinaustratest, den Weg zu versperren. Doch fehlte mir damals das Wissen, das ich erst später erwarb: Alles bewegt sich auf der Linie des Kreises. Und was geschehen ist, wird wieder geschehen. Strecke deine Hand nicht aus nach der Zeit, denn sie bleibt nicht stehen. Führe die Kämpfe nicht unnötig fort – niemand wird siegen. Und laß ihn gehen, wenn die Straße ihn ruft. Er weiß nicht, wohin. Und kehrt immer zurück.

Äpfel aus der Wüste

Den ganzen Weg von Scha'are Chessed in Jerusalem bis hin zur großen sandigen Ebene, wo der Fahrer, sie im Rückspiegel suchend, »Newe Midbar« verkündete, konnte Victoria Abravanel an nichts anderes denken; ihr Herz war aufgewühlt, ihre Hände waren zu Fäusten geballt. Viermal stieg sie um, in Autobusse, die in Stationen einfuhren und sie wieder verließen; immer wieder löste sie ihr Kopftuch, das wild im Wind flatterte, und band es von neuem; aus ihrem Korb holte sie in braunes Papier eingewickelte Brote und einen Apfel hervor, dessen Inneres verdorben war; sie sprach, wie die Gebote es vorschreiben, ein Gebet für die Reise und eins über das Obst und ärgerte sich über die Leute neben ihr, die sie unentwegt anstießen. Ihr Blick war auf die sich gelb färbende Landschaft gerichtet, die vor ihr lag, und ihr Herz auf Rivka, ihre widerspenstige Tochter, die vor einem halben Jahr das Viertel verlassen hatte, um in einen atheistischen Kibbuz zu ziehen. Erst vor kurzem hatte sie von ihrer Schwester Sara erfahren, daß Rivka das Zimmer mit einem jungen Mann teile, in dessen Bett sie schlafe und mit dem sie umgehe, als wären sie Mann und Frau.

Während der achtstündigen Reise überlegte sie, wie sie sich verhalten sollte, wenn sie ihrer Tochter gegenüberträte: Vielleicht würde sie ihr gut zureden, mit ihr sprechen, so als sei sie ihr nicht mehr gram, ihr die Augen öffnen, wieviel einem Mann die Ehre eines jungen Mädchens bedeutet, und ihr von Frau zu Frau erklären, was Anstand ist. Oder sie würde sie anschreien, ihr von ihrem Kummer erzählen und von der ewigen Schande, die sie über ihre vornehme Familie bringe, sie würde heulen und klagen, bis die Nachbarn zusammenliefen und alles mit anhörten. Doch könnte sie ihre Mission auch mit List ausführen, ihre Tochter mit einer fingierten Nachricht fortlocken, sie daheim in ihr Zimmer einsperren und ihre Spuren verwischen. Oder sie in Angst und Schrecken versetzen und ihr von Flora erzählen, der Tochter von Josef Alaluf, die einem jungen Mann verfiel und ihm ihre Jungfräulichkeit opferte – nachdem er sie verlassen hatte, war sie wie eine Irre durch die Straßen gelaufen und hatte die Kinder an den Ohren gezogen. Als der Bus aus Beer Schewa hinausfuhr, tat sich noch ein anderer Weg vor ihr auf: Sie würde sich auf ihn stürzen, ihm mit den Nägeln die Haut vom Leib reißen und die Augen ausstechen für das, was er Rivka, der Frucht ihres Alters, angetan hatte. Beschämt würde man ihn aus dem Kibbuz jagen, und ihre Tochter käme mit ihr zurück nach Jerusalem. So wie sie es ihrer Schwester prophezeit hatte: »Ich werde sie an den Haaren hierherschleifen.«

Von Sara, die ihre Nichte zu Beginn jedes Monats besucht hatte, wußte sie, daß Rivka ihn seit ihrem sechzehnten Lebensjahr kannte. Er war Offizier und zu den orthodoxen Mädchen geschickt worden, um sie über die Möglichkeit zu informieren, in die Armee einzutreten. Die Tatsache, daß man einem Militär den Zutritt gestattet und ihm erlaubt hatte, sein Gift in die Herzen der jungen Frauen zu spritzen, hatte ein großes Geschrei ausgelöst. Rivka war fortan mit einem Makel behaftet. Durch einen Freund ließ er ihr heimlich Briefe überbringen und hielt auch nach seiner Rückkehr in den Kibbuz den Kontakt zu ihr aufrecht. Und sie, die Törin, die weder außergewöhnlich schön noch anmutig und als Kind immer für einen Jungen gehalten worden war, war gefangen von ihm und zog, als sie achtzehn Jahre alt wurde, zu ihm in die Wüste.

Je weiter sie sich von Beer Schewa entfernte, desto tiefer sank ihr Mut. Die Bilder, die sie in ihrer Vorstellung sah, machten sie seufzen: Was würde sie tun, wenn Rivka ihr einfach den Rücken kehrte und sie hinauswürfe? Oder wenn der junge Mann sie zu schlagen versuchte? Wo würde sie übernachten, wenn sie ihr die

Tür vor der Nase zuschlügen? Der nächste Autobus ginge erst am Morgen des folgenden Tages. Und wenn die Nachricht, die Chaim, der Kioskbesitzer, telefonisch durchgeben sollte, nicht angekommen war ...? Eine Analphabetin war sie in allem, was das Reisen betraf; vor vier Jahren – als Schifra Ben Sasson aus Tiberias nach vielen Jahren des Wartens ein Kind bekam – hatte sie das Viertel zum letztenmal verlassen.

Der Fahrer verkündete abermals: »Newe Midbar« und erspähte sie in seinem Spiegel, während sie, ihren Korb hinter sich her zerrend, aus dem Autobus ausstieg. Schließlich stand sie mit beiden Beinen fest auf dem Sand. Der dörrende Wind benahm ihr den Atem; ihre Glieder waren vom Sitzen schwer, ihre Augen von der Sonne geblendet. Sie stellte ihr Gepäck ab und blieb einen Augenblick stehen, um die Natur zu betrachten. Als sei sie in einem fremden Land: so weit das Auge reichte, dehnte sich die Ebene, gelb und kahl; die Bäume standen von einer Staubwolke umgeben, ihre Farbe war verblaßt. Wie konnte jemand die reine Luft und die lieblichen Hügel Jerusalems aufgeben, um an diesen Ort zu ziehen?

Als sie zu einem planierten Weg kam und eine Frau traf, die sie nach Rivka fragen konnte, rannen die Schweißtropfen schon unter ihrem Kopftuch hervor. Victoria folgte dem Weg und schaute mit schwindelndem Kopf auf die Frau, die einen riesigen Stapel ineinandergesetzter Töpfe in ihren Armen trug und deren nackte Beine in Männerschuhen und umgekrempelten Armeesocken steckten. Ein junges Mädchen kam ihnen entgegen, das ebenfalls Hosen trug und kurzgeschnittenes Haar hatte.

»Da kommt Rivka«, sagte die Frau.

Und Victoria, die bereits sagen wollte: »Nein, ich meine eine andere«, erkannte, als sie näher kam, ihre Tochter und begann laut zu schluchzen. Das Mädchen hatte den Wäschekorb abgestellt und rannte auf sie zu. Als es seinen Kopf an ihre Wange drückte, schossen ihr Tränen in die Augen.

»Wie siehst du nur aus? Wie siehst du nur aus?« jammerte sie und schneuzte sich. »Was hast du mit deinen Zöpfen gemacht?

Und die Hosen ... So läufst du herum? Was für ein schmerzlicher Anblick!«

Rivka lachte ihr ins Gesicht: »Ich wußte, daß du das sagen würdest. Ich wollte mich umziehen, aber ich hatte noch keine Zeit dazu. Ich dachte, du kämst mit dem Bus um vier Uhr. Wann bist du losgefahren? Um sechs? ... Komm, komm rein. Hör auf zu weinen. Das ist unser Zimmer, und da ist Dubi.«

Sprachlos vom Anblick seines kurzgeschorenen Haares, der ausgefransten Hose mit dem Flicken am Hinterteil und der von Hühnerkot verschmierten Schuhe, wurde Victoria abermals von kräftigen Armen umfangen – ein strahlendes Gesicht war dicht bei dem ihren, und eine Männerstimme sagte: »Guten Tag, Mutter.«

Schon befand ihr Korb sich in seiner Hand, und noch ehe sie begriff, wie ihr geschah, fühlte sie, wie leicht ihre Hände mit einemmal waren; sie ließ sich von ihrer Tochter in einen schattigen Raum ziehen und zu einem Stuhl führen. Unversehens hielten ihre Finger ein Wasserglas; ihre Augen schauten, doch sie erfaßten nicht, was sie sahen – später würde sie sich nur an das große, mit gestickten Karos überzogene Bett erinnern. »Herzlich willkommen, Mutter«, sagte die Stimme des rotblonden Riesen.

Wieder hörte sie nur ein deutliches »Mutter«. Im selben Moment verschluckte sie sich am Saft, so daß sie keuchte und hustete; beide stürzten auf sie zu und klopften ihr auf den Rücken, wie einem Säugling, der nicht heruntergeschluckt hat.

»Geht weg«, flüsterte sie und schob sie mit ausgestreckten Armen von sich fort. Doch schon wenige Sekunden später sagte sie: »Laß mich dich ansehen«, und schimpfte sogleich wieder los: »Was trägst du für Schuhe! Sind das deine Sabbatschuhe?!«

»Ich arbeite die ganze Woche im Hühnerstall«, sagte Rivka lachend. »Gewöhnlich bin ich im Gemüsegarten, nur diese Woche kümmere ich mich um das Geflügel.«

Die Reise hatte sie erschöpft, und der Anblick, der sich ihr bot, verwirrte sie. Sie war aufgewühlt von der Erregung, die der Tag ihr gebracht hatte. Doch obwohl sie sich mühte, an ihre

Mission zu denken und den Zorn, der allmählich aus ihrem Herzen verschwand, zu bewahren, saß sie bei ihrer Tochter und sprach mit ihr, wie sie nie zuvor mit ihren Kindern gesprochen hatte. Sie behielt nichts von dem, was sie sagte, und vergaß, wann der Junge, der sie Mutter nannte, hinausgegangen war. Nur ihre Augen sahen und verstanden: Das Gesicht ihrer Tochter war schön. Seit ihrer Kindheit hatte sie nie mehr ein solches Blitzen in Rivkas Augen gesehen. Auch das kurzgeschnittene Haar, gestand sie sich ein, verlieh ihren Zügen Anmut. Diese Erscheinung war wirklich sie – sie wirkte ganz anders als früher, da sie, wie ein Mann, der sich als Frau verkleidet hat, zu weite Röcke, Mäntel und Wollstrümpfe getragen hatte.

»Sehnst du dich nicht nach unserem Viertel?«

»Manchmal schon ... an den Festtagen. Dann denke ich an unser Sabbatmahl und Tante Saras Lieder und Scherze. Aber es geht mir gut hier. Ich arbeite gern draußen und hab gern mit Tieren zu tun ... Auch du fehlst mir sehr.«

»Und Vater nicht?« flüsterte Victoria in das dämmrige Abendlicht.

»Vater hat sich nie um jemanden gekümmert. Am allerwenigsten um mich. Er hatte den ganzen Tag mit seinem Laden, seinen frommen Büchern und Gebeten zu tun. So als hätte er keine Tochter.«

»Der Herr sei uns gnädig! So etwas darfst du nicht sagen!« sagte Victoria entsetzt. Doch es war die Wahrheit, vor der sie erschrak.

»Mit Jekutiels Sohn hat er mich verheiraten wollen! Ich bin doch keine Witwe, und ich hinke auch nicht!«

»Ist das wahr?«

»Mach mir nichts vor. Du wußtest Bescheid.«

»Ja, wir haben davon gesprochen. Und du hast es aufgeschnappt. Aber bei uns wird niemand gegen seinen Willen verheiratet. Außerdem ist Jekutiels Sohn ein Genie.«

»Ein blasses, kränkliches Genie ... als käme er nie aus seiner Höhle heraus. Außerdem liebe ich ihn nicht.«

»Glaubst du, daß Liebe alles ist?«

»Was weißt du schon von Liebe?«

»Was meinst du damit?« entgegnete Victoria gekränkt und richtete sich auf ihrem Stuhl auf. »Spricht man hier so mit seiner Mutter?«

»Du hast Vater ebensowenig geliebt wie er dich«, setzte Rivka unnachgiebig hinzu. Und nach einer kurzen Pause sagte sie in die Stille hinein: »Zu Hause war ich nichts wert.«

»Und hier?« sagte Victoria leise.

»Hier ist es anders.«

In Victorias Gedanken nahm eine Frage Gestalt an, die Dubi, den blonden Riesen, betraf. Doch im selben Moment ging die Tür auf, so daß es überraschend hell wurde im Raum, und sie hörte Dubi sagen: »Schön, daß ihr Strom spart. Ich bring euch etwas zu essen: Sahnejoghurt und Salat auf einem funkelnagelneuen Plastikteller – das ist doch fein, oder? Nach dem Essen führst du Mutter am besten in Osnats Zimmer. Es ist frei. Sie ist bestimmt müde.«

Als sie in Osnats Zimmer war, das auf graue Felder hinausging, versuchte Victoria ihre Gedanken zu ordnen, aber die Jahre der Eintönigkeit hatten ihre Sinne stumpf werden lassen. Trotzdem war ihr in diesem Augenblick bereits klar, daß sie ihre Tochter nicht mit Gewalt nach Jerusalem zurückbringen würde. Alles hatte sich plötzlich verkehrt: Auf dem Weg hierher lauerte noch ein Brüllen in ihrer Kehle, doch dann, als sie vor Rivkas Tür stand, war ihr Mund trocken und stumm. »Ein halbes Jahr hast du gebraucht, um endlich einmal zu kommen!« hatte sich Rivka beschwert.

»Dein Vater wollte nicht, daß ich hierher fahre.«

»Hast du denn keinen eigenen Willen?«

Sie hatte nicht gewußt, was sie antworten sollte.

Als Dubi sie am Abend abholen kam, um sie in den Speisesaal zu begleiten, schüttete sie all ihren Zorn über ihn aus. In Wahrheit hatte sie ihn bereits liebgewonnen; doch machte dies ihren Zorn nur noch größer.

»Was ist das bloß für ein Name – Dubi?«

»Eigentlich heiße ich Dov, nach dem Vater meiner Mutter. Die Deutschen haben ihn während des Krieges getötet.«

»Gibt man einem Kind solch einen Namen?!«

»Er stört mich nicht weiter.«

Er zuckte die Achseln, dann blieb er stehen und sagte mit gespielter Ernsthaftigkeit: »Aber wenn er dir nicht gefällt, werde ich mir gleich morgen einen neuen zulegen.«

Nur mühsam konnte sie ihr Lachen unterdrücken.

Kurz darauf saßen sie gemeinsam an einem Tisch, den Blick unentwegt auf Rivka gerichtet, als sei sie allein in dem riesigen Raum: Sie ging mit dem Servierwagen umher und fragte die Anwesenden, was sie essen wollten.

»Möchtest du noch etwas trinken, Mutter?« hörte sie ihn fragen.

»Du nennst mich Mutter?« sagte sie wütend. »Weshalb Mutter?«

»Weil ich alles tun würde, um dich zur Mutter zu haben.«

»So? Und wer hindert dich daran?« Der schalkhafte Ton ihrer Schwester Sara mischte sich in ihre Stimme.

»Deine Tochter.«

»Wie kann meine Tochter dich davon abhalten?«

»Sie will mich nicht heiraten.«

»Du meinst: Meine Tochter will nicht heiraten?«

»Genau so ist es.«

Während seine Worte noch in ihr nachhallten, begann er ihr von den Apfelbäumen zu erzählen, die er draußen, vor den Toren der Farm, züchtete. Die besonderen Kerne dafür habe er von einem amerikanischen Wissenschaftler bekommen, der in der Wüste von Nevada eine Apfelzucht betreibe. Wenn man die Kerne in Blechdosen mit organischem Dünger gebe, wüchsen sie zu Bäumen von der Größe eines kleinen Kindes heran; ihre Wurzeln seien nicht sehr tief, doch blühten sie in manchen Jahren noch einmal im Sommer und trügen soviel Früchte wie die Bäume im Paradies. »Sie mögen die Kälte«, erklärte er, während ihrer beider Blicke Rivka folgten. »Man muß die Treibhäuser am Abend öffnen, damit die Kälte der Wüstennacht eindringen kann, und sie im Morgengrauen wieder schließen, um die Kühle zu speichern und die warme Luft fernzuhalten.«

»Wirklich?« murmelte Victoria. Sie dachte an das, was er vorher gesagt hatte.

Jemand trat auf sie zu und sagte: »Sie sind Rivkas Mutter? Seien Sie stolz, eine solche Tochter zu haben.« Plötzlich schwoll ihr das Herz vor Freude.

Von fern, aus einer anderen Zeit, kehrten Bilder der Erinnerung in sie zurück. Sie war damals fünfzehn. Jeden Sabbat, in der Synagoge, sah sie zu Mosche Elkajam, dem Sohn des Goldschmieds, hinüber; doch wenn ihre Blicke sich trafen, schaute sie schnell zu Boden. Sie ließ sich von den anderen Frauen möglichst dicht an das Holzgitter der Frauenempore drängen, um Mosches Hände, die Silber, Gold und Edelsteine befühlt hatten, besser sehen zu können. Zwischen Mosche und ihr entstand etwas, das keiner Worte bedurfte; nach einiger Zeit begann seine Schwester sie auf der Straße freundlich zu grüßen. Doch als der Heiratsvermittler bei ihnen erschien und nicht in Mosches, sondern in Schaul Abravanels Namen um ihre Hand anhielt, hatte sie nicht den Mut, ihrem Vater, der sich den Schüler eines Gelehrten als Schwiegersohn wünschte, Kummer zu bereiten.

Als Rivka ihre Mutter zu ihrem Zimmer führte, sagte sie: »Du bist hergekommen, um mich nach Jerusalem zurückzuholen, nicht wahr?«

Ihre Mutter entgegnete nichts. Sie wechselte das Thema und sagte: »Du, gib acht, daß du keine Dummheiten machst!«

»Ich weiß, was ich will.«

»Auch deine Tante wußte, was sie wollte, als sie so alt war wie du. Du siehst, welches Leben sie heute führt. Wie eine herrenlose Katze zieht sie von Haus zu Haus.«

»Mach dir keine Sorgen um mich.«

Victoria nahm all ihren Mut zusammen und fragte: »Ist es wahr, daß du ihn nicht heiraten willst?«

»Hat er das gesagt?«

»Ist es wahr oder nicht?«

»Es ist wahr.«

»Und weshalb willst du ihn nicht heiraten?«

»Ich bin mir noch nicht sicher.«

»Wo hast du das alles nur her?«

»Von dir!«

»Von mir?« sagte Victoria verblüfft.

»Ich möchte nicht leben wie du und Vater.«

»Was heißt: wie ich und Vater?«

»Ohne Liebe.«

»Ah, schon wieder die Liebe!«

Mit der flachen Hand schlug sie sich auf die Schenkel – ein Ausdruck des Zürnens, doch ganz ohne Zorn. Als sie an die Zimmertür kamen, dachte Victoria einen Moment an das Bett mit dem bestickten Bezug und hörte sich plötzlich fragen: »Sprichst du auch das Schma', wenn du zu Bett gehst?«

»Nein.«

»Du betest das Schma' nicht?«

»Nur manchmal, ganz leise ... damit ich mich nicht dabei höre«, sagte Rivka lachend und gab ihrer Mutter einen Kuß auf die Wange. »Und erschrick nicht, wenn du die Schakale hörst, gute Nacht«, fügte sie zum Abschied hinzu, wie eine Mutter, die ihrem Kind die Angst nehmen will.

Als betrachte sie ein Gemälde, sah Victoria durchs Fenster auf die kahlen sandigen Höhen, die sanfte Linien durch das Dunkel der Nacht zogen. Voll Inbrunst begann sie zu beten – für sich und für ihre Tochter; sie war bedrückt und erleichtert zugleich.

»... Gedanken, Alpträume und böse Gesichte sollen mich nicht erschrecken, unversehrt sei mein Lager vor dir, du mögest meine Augen erhellen ...«

Sie hatte einen Traum in dieser Nacht. Ein Mann trat vor einen weißen Vorhang; doch sah Victoria ihn nur von hinten. Als er den Vorhang zur Seite zog, erschienen die Bäume des Paradieses vor ihm: der Lebensbaum, der Baum der Erkenntnis, und andere schöne Gewächse; sie alle standen in Blechdosen mit organischem Dünger. Als sich der Mann einem Baum näherte, fiel ein Apfel herab, und er fing ihn auf. Doch wurde die Frucht kleiner und kleiner, und am Ende hielt er nur Kerne in seiner Hand. Victoria betrachtete sie: Edelsteine, Silber und Gold funkelten zwischen seinen weißen Fingern. Plötzlich wandelte sich sein Gesicht, und sie erkannte den Sohn des Goldschmieds, Mosche Elkajam, dessen Haar leuchtete wie eine Flamme.

Als sie heimfuhr, war der zornige Blick noch in ihren Augen, aber ihr Herz war versöhnt. Auf dem Fußboden neben ihr stand der Korb, und auf ihrem Schoß hielt sie einen Sack Äpfel, den Dubi ihr geschenkt hatte. Die Früchte waren hart wie Stein. Ihre Hände umklammerten das obere Ende des Sacks, damit die Früchte nicht herausfallen konnten. Sie dachte an die Worte ihrer Tochter, die ihr die Wange gestreichelt und sie gefragt hatte: »Du siehst, daß alles in Ordnung ist, nicht wahr?«, und an Dubis Stimme, die gesagt hatte: »Es wird alles gut, Mutter.«

Während der ganzen Fahrt überlegte sie, was sie ihrem Mann und ihrer Schwester erzählen sollte: Vielleicht würde sie einfach vor sie hintreten und ihnen alles erzählen, so wie es war. Doch als sich der Autobus Jerusalem näherte, besann sie sich: Wie könnte sie ihrer Schwester, die kein Mann je erkannt hatte, und dem Vater ihrer Kinder, der sie ohne Liebe berührte, beschreiben, wie die Augen jenes Jungen in Rivkas Gegenwart blickten? Als sie in der Ferne die Hügel Jerusalems sah, wußte sie, was sie zu tun hatte.

Ihrer Schwester, die ihre Gedanken stets erriet, würde sie nichts verschweigen. Sie würde das Kopftuch abnehmen, so wie früher als kleines Mädchen den Mund ganz dicht an ihr Ohr halten und ihr zuflüstern: »Sarika, wir haben unser Leben einsam verbracht – du ohne Mann, ich mit einem Mann. Aber meine kleine Tochter hat mich etwas gelehrt. Wehe uns! Erinnerst du dich, wie wir sagten, sie sei ein wenig zurückgeblieben? Wie viele Tränen habe ich um ihretwillen vergossen! Weder anmutig noch schön war sie, weder verständig noch mit Talenten gesegnet, und sie schien riesig wie König Og von Basan. Als wir sie mit Jekutiel verheiraten wollten, führte seine Familie sich auf, als täten sie uns einen Gefallen, als sei die Tochter der Abravanel ihrer nicht würdig. Doch schau sie dir heute an!« An dieser Stelle würde sie sich stolz aufrichten und angesichts aller Heimsuchungen durch das Böse mit Entschlossenheit ausspucken. »– Milch und Honig! Und klug ist sie auch. Und die ganze Zeit lacht sie. Mit Gottes Hilfe wird sie uns noch Freude bereiten.«

Und ihrem Mann, der ihr Herz niemals verstanden hatte, würde sie Äpfel mit Honig anbieten, sie würde, die Hände in die Hüften gestützt, sich vor ihm aufbauen und laut zu ihm sagen: »Um Rivka brauchen wir uns keine Sorgen zu machen. Es geht ihr dort gut, dem Herrn sei Dank. Wir werden bald Erfreuliches von ihr hören. Und jetzt koste und sag mir: Hast du jemals von Apfelbäumen gehört, die im Sommer ein zweites Mal blühen, die in Töpfen voll organischem Dünger stehen und deren Wurzeln ganz klein sind?«

Ein Grenzfall

Dem Anschein nach ein Bild, das in eine Zeitschrift passen würde: Meine Enkeltochter und ich in der intimen Atmosphäre einer markisenbeschirmten Kaffeehausterrasse. Am Doppeltisch nebenan zwei sonnengebräunte junge Frauen mit hübschen Schultern. Meine Enkeltochter in einem schicken Sommerkleid, das die Miniaturausgabe des Kleides vom Nebentisch ist. Auch ich im Feiertagsstaat. Doch unter dem feinen Stoff meines Hemdes fühle ich schon den bevorstehenden Sturz. Die Blicke der Kleinen beginnen zu kreisen. Aus den Augenwinkeln sehe ich voller Entsetzen, wie ihr Blick in die Ferne schweift, dieser Blick, der, so scheint es, mich seit jeher geängstigt hat, schon lange bevor die Kleine zur Welt kam, und noch bevor ihre Mutter geboren war.

Dieser verhaltene Ausdruck in ihren Augen, als setze sie ihre Lider bewußt zwischen sich und die Welt, verfolgt mich seit Jahren in meinen Träumen. Tatsächlich habe ich ihn auf der Wöchnerinnenstation, in dem Saal, in dem die Säuglinge lagen, zum erstenmal bei ihr gesehen. Ohne mich brüsten zu wollen, kann ich behaupten, ihn noch vor ihrer Mutter und ihrem Vater, auch vor der Ärztin bemerkt zu haben; doch füge ich mit Besorgnis hinzu: Ich hatte in jenem Moment bereits eine Ahnung, einen bitteren Anflug seltener Klarsicht. Damals auf der Wöchnerinnenstation. Bereits zehn Stunden nach ihrer Niederkunft lief meine Tochter Ronit ohne Beschwerden umher und hielt ihrer stöhnenden Bettnachbarin das Wasserglas an die Lippen. Es schien mir ein Wunder, wie sie sich, einem Tier in der Wildnis gleich, von den Schmerzen erholt hatte. Nur ungern denke ich an die Qualen, die meine tote Frau Martha durchlitt, als sie Ronit bekam, so schwach war sie am Morgen; ihre Hände lagen kraftlos und bleich auf der Decke, und ihre durchsichtige Haut ließ an den Schläfen, verwässerten Tintenstrichen gleich, die verästelten Adern erkennen ...

»Hast du gesehen, ein Prachtexemplar von einem Baby!« rief Ronit mir von weitem zu und winkte mit beiden Händen.

Aber der Blick jener blinden Augen ließ mich nicht ruhen. Ich suchte heimlich die Ärztin, Frau Doktor Schechter, auf. Sie schaute mich an und sagte: »Immer diese Großeltern! Von der ersten Minute an stiften sie Unruhe.« Und in lautem Ton setzte sie hinzu: »Das Kind ist vollkommen gesund.«

Beschämt entschuldigte ich mich.

Auf dem Heimweg dachte ich im stillen, vielleicht ist es wirklich Zeit, in Rente zu gehen. Der Verlag wird einen jüngeren Korrektor finden. Das Alter streckt schon seine Hand nach mir aus. Auch die Abwegigkeit meiner Gedanken, die Niedergeschlagenheit und die Furcht vor der Zukunft sind Zeichen der Zeit, die vor meinen Augen verrinnt und mich mit hilflos ausgestreckten Armen zurückläßt.

Die drei Monate, die Ronit nach ihrer Niederkunft zu Hause verbrachte, um auf das Kind aufzupassen, ließen sie beinahe den Verstand verlieren. So ist meine Tochter – sie erträgt es nicht, irgendwo angebunden zu sein. Wäre meine Frau noch am Leben gewesen, hätte sie ihr unter die Arme gegriffen; ich selbst kann mit Babys nicht umgehen. Ich erinnere mich noch, wie Ronit als kleines Mädchen meine und ihrer Mutter Kräfte aufzehrte: sobald es hell wurde, wachte sie auf und rief uns mit ihrem Geschrei. Mittags wollte sie nicht einschlafen und zwang ihre Mutter, ihr Geschichten vorzulesen, damit sie die Nachbarn nicht bei ihrem Nickerchen störte. Abends schlief sie spät ein, noch gegen Mitternacht meldete sie sich, weil sie etwas trinken oder eine Frage stellen wollte. Als sie größer war, ging sie am Nachmittag aus dem Haus und kam erst zurück, wenn es dunkel wurde. Sie engagierte sich für tausenderlei Dinge, in Jugendorganisationen, als freiwillige Helferin, im Schülerparlament und in Foto-AGs, für die Integration von Einwandererkindern und in der Naturschutzgesellschaft. Wir hatten Mühe, mit ihr Schritt zu halten. Häufig kam sie überraschend ins Haus gestürmt und drängte ihre Mutter, irgend etwas vorzubereiten, schimpfte, daß es nicht schnell genug gehe, konnte nie warten und war immer mit etwas beschäftigt, ihre flinken, geschickten Finger erreichten stets, was sie wollte, sie war entscheidungsfreudig und, wenn es darum ging, zu verstehen oder eine Aufgabe zu erfüllen, immer die Erste, denn ihre Gewandtheit verschuf ihr jedesmal einen Vorsprung vor ihren Freunden. Und immer wieder beklagte sie sich und verlor die Geduld, nie waren die Dinge so, wie sie es sich vorgestellt hatte.

»Sie wird es noch weit bringen«, sagte mir stolz ihr Klassenlehrer, als spreche er von seiner eigenen Tochter. »Sie schafft allein, was drei andere nicht können.«

Doch teilte ich seine Freude nicht. Ich legte es nicht darauf an, daß sie es weit bringen würde; alles, was ich mir wünschte, war, sie glücklich und ausgeglichen zu sehen.

Meine Frau und ich kamen nicht gegen sie an; so überließen wir sie sich selbst. Wenn sie erwachsen würde, hofften wir, würde sie ein Ventil für ihre aufgestaute Energie finden. Als sie die Schule beendet hatte, wurde sie Inspektorin im Normenausschuß. Jeden Tag preschte sie mit ihrem neuen Wagen über Autobahnkreuze und Schnellstraßen, von einer der über das ganze Land verstreuten Fabriken zur anderen, um zu prüfen, ob die Leute ihr Handwerk verstehen.

Nach Jahren des Wartens bekam sie ein Kind. Während der drei Monate, die sie zu Hause verbrachte, um sich um die Kleine zu kümmern, rief sie mich und Jochanan, ihren Mann, unentwegt auf der Arbeit an.

»Sie kann noch nicht sehen!« schrie sie durchs Telefon, als gebe sie mir die Schuld. »Die Kleine von meiner Nachbarin kann schon Farben sehen, sogar Punkte erkennt sie.«

Und am folgenden Tag rief sie: »Sie kann ihre Rassel nicht

richtig halten. Die Kleine meiner Bettnachbarin hält sie schon mit einer Hand.«

Hin und wieder rief Jochanan mich an, und einmal besuchte er mich auch, um mit mir unter vier Augen zu sprechen. Er liebe sie, sagte er, den Blick auf seine Schuhspitzen gerichtet, aber sie treibe ihn noch in den Wahnsinn. Sie versuche aus dem Säugling ein Wunderkind zu machen. Wenn es nach ihr ginge, müßte die Kleine schon lesen können. Das sei nicht mehr normal, schließlich gebe es Dinge, die man nicht erzwingen könne; alles komme zu seiner Zeit. Er bitte mich, mit ihr zu sprechen und sie zu beruhigen. Vielleicht würde sie auf mich hören. Ich verstand Jochanan sehr gut. Schließlich liebte auch ich sie um des Sturmes willen, der in ihr tobte, und war auch ich fasziniert von dem, was sie besaß, uns aber fehlte. Wir waren ausgelaugt von der Kraft, die sie ausstrahlte, und sehnten uns nach einem ruhenden Pol, den wir mit ihr nicht erreichen konnten.

Ich redete ihm gut zu. Und doch blieb jene bohrende Ahnung bestehen: diese Augen und ihr verhaltener Blick, so als sähen sie alles aus weiter Ferne, der Kopf, der anderem zugeneigt schien, wie in gespannter Erwartung von Klängen – wie bei einem Menschen, der in beständigem Lauschen ein Zeichen erhofft.

»Morgen bringe ich sie direkt zur Beratungsstelle«, rief meine Tochter. »Ich will wissen, weshalb sie ihre Rassel nicht halten kann.«

Am folgenden Tag verkündete mir ihre energische Stimme durchs Telefon: »Zwei senile Alte haben sie da hingesetzt! Sie wiegen die Kleine und sagen, es sei alles in Ordnung, sie sei erst drei Wochen alt. Ich weiß, wie alt sie ist, vielen Dank! Aber die Tochter meiner Nachbarin rasselt schon vergnügt vor sich hin.«

Als ihr Mutterschaftsurlaub beendet war, begann sie wieder von einer Fabrik zur nächsten zu eilen und stellte für die Kleine eine Kinderfrau ein, die ihr wunderschöne Schlaflieder auf arabisch vorsang, in einem traurigen, beinahe schluchzenden Tirilieren. Die Kleine, als wäre ihr Wachstum gehemmt gewesen, schoß in die Höhe, suchte mit ihren Augen das Licht, hob ihren

Kopf hoch über das quietschende Spielzeug hinaus, das wir an ihrem Bett angebracht hatten, und lächelte, wenn Flora, die Kinderfrau, auf so wunderbare Weise ihre hellen Jauchzer und Zirptöne ausstieß.

Ich hörte damals zu arbeiten auf, so daß meine Zeit fortan mir allein gehörte. Ich ging oft zu ihnen und bestaunte gemeinsam mit Flora, wie die Kleine sich auf dem Teppich vom Bauch auf den Rücken und wieder zurück auf den Bauch drehte. Der Anblick des lachenden Kindes machte mich glücklich. Ich fühlte, daß ein Wunder vor meinen Augen geschah: Ein Fluch wurde von uns genommen.

Während der drei Jahre, die Flora bei der Kleinen verbrachte, entwickelte sie sich von einem Säugling zu einem bläßlichen Kind. Danach ging sie zu Mirjam, in einen Kindergarten, der sich »Popeye« nannte – der Name war in lila Buchstaben auf die weiße Wand gemalt, darunter eine Reihe Entchen, die hinter ihrer stolz aufgeplusterten Entenmutter tapfer einhermarschierten. Gleich in der ersten Woche hängte Mirjam gegenüber vom Eingang die Bilder, die die Kinder gemalt hatten, auf – am oberen Rand jedes Blattes stand der Name eines Kindes: Oded hatte ein Gesicht mit zwei Augen und einem runden Mund gemalt, Nimrod ein Auto mit zwei Kringeln als Räder und Ajala ein Haus mit einem spitzen Dach und daneben riesige Blütenblätter an einem mageren Stengel – auf dem Bild meiner Enkeltochter aber waren nur kreisförmige Kritzeleien zu sehen. Wie zum Hohn prangte ihr Name in besonders großen Buchstaben über der Zeichnung. Ronit verlangte, daß die Bilder ihrer Tochter nicht mehr aufgehängt würden. Zu Hause setzte sie sich mit ihr hin und befahl ihr zunächst in beherrschtem, dann in hysterischem Ton, ein Kind, ein Haus, Blumen und ein Auto zu malen.

Die Ferien vom Kindergarten verbringt die Kleine bei mir. Als wir eines Tages hinuntergingen, um die feuchte Kühle nach dem ersten Herbstregen zu atmen, sahen wir vor dem Haus auf dem Kiesweg eine Schnecke von der Gattung der Buschschnecken, die beim ersten Regen scharenweise aus dem lockeren Boden der

Beete hervorkommen. Sie hatte nie zuvor eine Schnecke gesehen. Sie ließ mich los und kniete auf dem feuchten Stein nieder, um fasziniert das Geschöpf zu betrachten, das sich vorsichtig über die kleinen Sandhügel tastete, indem es zur Wahrnehmung einer Gefahr seine zögernden, schreckhaften Fühler ausstreckte, sich in seinem Haus verkroch und dessen Eingang mit schweren Toren verschloß.

»Schau her, Opa! Sie schließt sich ein!« rief sie staunend, und ich glaubte zu hören: »Wie ich.«

Daheim fühlte ich, daß es vernünftig wäre, ihr eine Erklärung zu geben, um Ordnung in ihre Welt einkehren zu lassen.

»Deine Mama tut gern viele Dinge«, sagte ich und versuchte in ihrem Gesicht zu lesen, ob sie verstand; ich fürchtete schon, meine Bemerkung wäre erfolglos. »Und sie tut alles schnell. Nicht jeder kann das.«

»Und du?« fragte sie mich und schaute mich an.

»Ich bin nicht wie sie«, sagte ich, jedes meiner Worte behutsam wählend.

»Ich bin auch nicht wie sie«, sagte die Kleine.

Ich war glücklich, denn sie hatte verstanden.

Wenn ihre Eltern beschäftigt sind, werde ich zu den Kindergartenfesten geschickt, während deren die Kleine wie angewurzelt auf ihrem Stuhl sitzt: Weder tanzt sie, noch wippt sie im Rhythmus der Melodien, die die Erzieherin auf dem neuen Akkordeon spielt; nur hin und wieder bewegt sie, während alle anderen singen, wie eine Stumme die Lippen. An ihrem Geburtstag bliesen die anderen Kinder ihre Kerzen aus, und als ihr auf der Straße ein großer Junge den Korb mit den Geschenken wegnahm, bemerkte sie es nicht.

Als ihre Mutter nach Hause kam, um die Kleine wieder unter ihre Fittiche zu nehmen, schien es mir, als spanne ihr Körper sich wie der eines Tieres, das seine Stacheln aufstellt. Sofort stürzte Ronit auf sie zu: »Wie ist es gewesen? Warum antwortest du nicht? Was? Zieh den Pullover aus. Nu, zieh ihn schon aus. Wie lange brauchst du, um einen Pullover auszuziehen?! Siehst du nicht, daß er Knöpfe hat? Wie kann man einen Pullover ausziehen, wenn man die Knöpfe nicht öffnet?! Hat der Kuchen geschmeckt?«

Und plötzlich wandte sie sich mir zu und sagte, obwohl die Kleine dabei war: »Ich werd nochmal verrückt! Sie gibt keine Antwort, sie weiß nichts, sie sieht nichts, sie hört nichts – nichts, nichts! Sie ist fünf Jahre alt, kann nicht allein essen und sich nicht anziehen. Alles dauert Stunden. Es ist wirklich zum Auswachsen!«

Ich schaute meine Enkelin an und sah, wie ihr Blick immer leerer wurde, sich nach innen kehrte, abtauchte unter das Blau ihrer Netzhaut und sich ihre Pupillen verschleierten. Vor einigen Tagen, erinnerte ich mich in einem plötzlichen Anfall von Furcht, hatte ich diesen Blick auf einem Foto gesehen, das Ronit Jahre zuvor unbemerkt gemacht hatte: Ich stehe auf dem Balkon und sehe auf die Straße hinaus – meine Augen leer wie die eines Blinden.

Fluchtartig kehrte ich in meine Wohnung zurück und schloß die Erinnerung aus. Zwei Wochen ließ ich mich bei meiner Tochter nicht blicken. Nur durchs Telefon hörte ich ihr Gezeter, das heulend wie eine Polizeisirene mein Ohr traf, und die flüsternden Worte der Kleinen. Zwei Wochen quälte ich mich und fühlte, daß sie in schlechten Händen war. Deine Mutter – sagte ich im stillen zu ihr und hoffte, sie würde das Signal, das ich wie einen Notruf aussandte, empfangen – deine Mutter ist zu stark für uns. Sie walzt uns nieder. Aber du – hörte ich ihre Stimme in mir – du bist größer als sie. Sie kann dir nichts tun.

Eines Abends ging ich zu ihnen. Schon unten, vor der Haustür, hörte ich die Stimme meiner Tochter durchs Fenster schallen. Sie war außer sich vor Wut. Am Nachmittag, erfuhr ich, hatte im Kindergarten die Jahresschlußfeier stattgefunden.

»Sie hat dagesessen wie ein schwerfälliger Klotz!« schrie meine Tochter aus voller Kehle. »Alle Kinder singen, tanzen und klatschen, und sie sitzt da wie ein Klotz! Träumt vor sich hin! Die Erzieherin sagt: Alle Kinder aufstehen – sie bleibt sitzen. Alle

Kinder die Hände auf den Kopf – sie rührt sich nicht. Alle Kinder holen ihre Mütter – sie hört nicht. Die anderen Mütter haben mich mitleidig angesehen! Ich gehe nie wieder mit dir zu einer Feier! Nie wieder! Hast du gehört? Nie wieder! Kein Kind bereitet seiner Mutter so viel Schande wie du! Ich hätte mich vor Scham am liebsten verkrochen. Papa!« wandte sie sich aufgeregt mir zu. »Tu mir einen Gefallen, sonst werd ich verrückt. Morgen will die Psychologin untersuchen, ob bei ihr alles in Ordnung ist. Geh du mit ihr hin, ja?«

Ob bei ihr alles in Ordnung ist!

Plötzlich mußte ich daran denken, welch glücklicher Zufall mir widerfahren war, als ich mich im Frühjahr zur Kur in Sichron Ja'akov aufgehalten hatte. Mein Zimmernachbar, ein angenehmer Mensch, Witwer wie ich, war Arzt in der psychiatrischen Abteilung einer großen Klinik. Als wir am vorletzten Tag gemeinsam im Garten saßen und in Richtung der See blickten, vom Berg über die Felder zu den türkis schillernden Rechtecken der Fischteiche hinunter, erzählte ich ihm von meiner Tochter und meiner Enkelin. Mir fiel das Reden nicht leicht, war doch die Angelegenheit, von der ich sprach, nicht eben rühmlich für mich.

»Der Fall liegt ganz klar«, urteilte mein Nachbar in der nüchternen Art des Mediziners. »Sie haben eine hyperaktive Tochter und eine hypoaktive Enkelin. Es handelt sich unter Umständen nur um einen Grenzfall.«

Hyperaktiv und hypoaktiv. Sie haben für alles ein Wort, dachte ich im stillen und hörte mich sagen: »Ist nicht jeder von uns gewissermaßen ein Grenzfall?«

Mein Nachbar hob den Kopf von der zurückgeklappten Lehne seines Liegestuhls und schaute mich überrascht an. Da erst begriff ich, was ich gesagt hatte: einen fast philosophischen Satz. Werde ich im Alter noch weise?

Das Lächeln, das er mir zusandte, war plötzlich ein anderes; es wirkte freundschaftlich, als wolle er sagen: »Auf die Idee bin ich noch gar nicht gekommen.«

So habe ich an meinem letzten Urlaubstag noch eine neue Seite an mir entdeckt, dachte ich mit einem Lächeln.

Die Psychologin begrüßte uns freundlich. Doch meine Enkeltochter schaute erst zu ihr auf, als sie sie ansprach. Die Aufgaben, die sie ihr stellte, führte sie folgsam aus. Sie gab sich große Mühe; eine kleine Furche zog sich von ihrer Nasenwurzel über ihre Stirn. Die Zungenspitze zwischen den Lippen, zeichnete sie Linien, fügte Teile zusammen und vervollständigte Skizzen. Die meisten Dinge erledigte sie ohne ein Zögern. Zwar verstehe ich nicht viel von derartigen Tests, doch der Gesichtsausdruck der Psychologin verriet mir, daß irgend etwas nicht stimmte.

»Die Reaktionen des Mädchens scheinen mir problematisch, aber was ihre Entwicklung betrifft, entspricht sie der für ihr Alter geltenden Norm. Wir werden uns mit den Eltern in Verbindung setzen«, sagte sie, indem sie die Kärtchen einsammelte und in einen Plastikbeutel steckte. Ich hätte ihr aus Dankbarkeit fast die Hände geküßt! Sie entspricht der für ihr Alter geltenden Norm!

Mechanisch stand die Kleine auf, ging zur Tür und blieb stehen wie eine aufziehbare Puppe, deren Uhrwerk abgelaufen ist.

»Aber die Reaktionen sind problematisch«, murmelte ich nachdenklich, als wir draußen waren. »Soll Opa Nachum dir ein Eis kaufen?« fuhr ich in munterem Ton fort. »Wir setzen uns in ein Café und schauen den Leuten zu.«

Das Nicken der Kleinen verriet keine Freude.

»Vielleicht möchtest du lieber etwas anderes?«

»Eis«, sagte sie.

Wir ließen uns an dem kleinen Tisch nieder. Neben uns die beiden jungen Frauen in Sommerkleidern. Sie lachten laut auf. Der Araberjunge, der die Tische abwischte, warf ihnen über die Schulter hinweg einen verstohlenen Blick zu. Während ich für die Kleine »das größte Eis, das Sie haben« bestellte, bemerkte ich, scheinbar beiläufig seitwärts schauend, wie jener verhaltene Blick in ihre Augen zurückkehrte. Entgegen meiner Gewohnheit schrie ich überrascht auf, als der Kellner mit dem Eisbecher kam und ihn vor sie hinstellte – ihn krönten ein Kranz aus Kirschen und Schokoladenblumen mit rosinenbesetzten Sahnetupfern darum. Die Kleine sah wortlos das Eis an, nahm den Löffel und begann zu essen.

»Was für ein schönes Eis«, entfuhr es mir.

»Ja«, sagte sie, ihr Gesicht starr wie eine Maske.

»Hat es dir bei der Dame gefallen?«

»Ja.«

»Was hat sie dich gefragt?«

»Alles mögliche.«

»Du weißt, daß du im Herbst schon ein richtig großes Mädchen bist und in die Vorschulklasse des Kindergartens kommst?«

»Ja.«

»Und daß heute die großen Ferien anfangen.«

»Ja.«

Es schnürte mir die Kehle zu. In der Kleinen weht nicht ein Hauch von dem Sturm, der in ihrer Mutter tobt. Sie ist in sich gekehrt wie eine Greisin, und niemand kann wissen, ob sich hinter ihrem Gesicht Leben verbirgt. Auch vor mir weicht sie zurück, wie die Schnecke, die sie am Tag des ersten Regens so fasziniert hatte. Sänge Flora ihr wieder ihre traurigen Lieder vor, würde vielleicht etwas in ihr erwachen und wie unter tauendem Schnee ins Leben zurückkehren.

Ich versuchte abermals ein paar muntere Töne hervorzubringen, doch meine Stimmbänder versagten. »Und Opa hast du lieb?« flüsterte ich und schämte mich, solch eine Frage zu stellen. Vor allem aber beschämten mich der Klang meiner Stimme und die Tränen, die sich in meinen Augen sammelten.

Das Mädchen neben uns erzählte laut: »Also sage ich zu ihm: Hör zu, Freundchen, das ist nicht mein Stil. So geht das nicht. Lern erstmal wie ein anständiger Mensch zu reden und bleib mir vom Leib. Danach darfst du wiederkommen und dich entschuldigen. Ich hab ja nicht geahnt, daß du so einer bist. Ich hab zu ihm gesagt: Wenn es soweit ist und du wiederkommst, werden wir uns das Ganze nochmal überlegen. Bis dahin läuft nichts, nicht in diesem Stil.«

Meine Enkeltochter sah mich mit ihrem verschlossenen Blick an. Wären wir nicht draußen, in Gegenwart anderer, würde ich sicher weinen. Seit einiger Zeit fällt mir das Weinen nicht schwer, es scheint ein Zeichen des Alters. Der Araberjunge am Nebentisch beobachtete uns. Meine Augen, das weiß ich, sind durchsichtig vor ihm, er liest meinen Schmerz mit geübtem Blick. Auf der anderen Straßenseite kam ein Fotograf vorbei, auf seiner Schulter ruhte eine Kamera mit einem in roten Buchstaben beschrifteten Schild: *Ma'ariv – Abendblatt.* Nachdenklich sah er uns an, dann packte er seine Geräte aus, stellte das Stativ vor uns hin und schraubte die Kamera fest – sie glich einer Schußwaffe, die auf uns zielte.

»Lächle, Meidele!« rief er meiner Enkeltochter zu. »Lächle!« Aber sie lächelte nicht, sondern sah ihn nur ungerührt an.

Zum erstenmal in meinem Leben fühlte ich, wie ich stürzte. Meine Glieder fliegen umher, prallen auf und zerschmettern, ihre Splitter rutschen mir in die Schenkel und machen sie schwer wie einen Sack Blei. Nur meine Haut steht noch steif wie ein gestärktes Hemd um das, was eine Schulter, ein Rücken, ein Bauch war. Sie läßt die Kamera glauben, eine Person zu sehen.

Morgen wird unser Foto vielleicht in der Zeitung erscheinen: Ein kleines Mädchen in einem schönen Kleid, vor ihm ein Gebirge aus Eis, und ein Großvater mit einem zerknüllten Taschentuch in der Hand sitzen zwischen zwei jungen Frauen und einem Araberjungen. Dem Stil des Blattes entsprechend werden etwa folgende Worte daneben stehen: »Morgen, am ersten Juli, geht für circa 1.250.000 Kinder und Jugendliche das Schuljahr zu Ende. Ein flotter Großvater und seine Enkelin beschlossen, den Ferienanfang vorzuverlegen und sich schon heute auf der Terrasse eines Cafés ein Eis zu genehmigen.«

Und vielleicht wird eine kluge Redakteurin eine amüsante Überschrift finden, eine, die den Sommer einfängt und dem

Passanten ins Auge sticht: »Große Ferien – großer Frust? Nicht unbedingt! Dieser Großvater und seine Enkelin führen uns vor, wie man sich eine schöne Zeit machen kann.«

Ein Zimmer auf dem Dach

In jenem Sommer saß sie auf der Dachterrasse unter dem ovalen Baldachin der italienischen Schaukel – von den Rändern des Stoffzeltes über ihr baumelten die Fransen aus Stroh und regten sich sanft wie Bäume in einem Wald; ihre Augen waren dem roten Glanz zugewandt, der bei Sonnenuntergang dem westlichen Horizont entströmte; ihr kleiner Sohn reckte sich bereits, auf die gespreizten Beine gestützt, in die Höhe, indem er mit seinen wulstigen Fingerchen die hölzernen Gitterstäbe des viereckigen Laufstalls umklammerte; und aus den prallen, länglichen, von gezacktem Laub eingefaßten Blütenkelchen des Roseneibisch, die aufbrachen wie die Lippen einer kokettierenden jungen Frau, lugten rosa Spitzen hervor. Doch das tiefe Schweigen täuschte nur den Teil ihres Herzens, der ohnehin schlief, nicht aber jenen, der rastlos versuchte, die scheinbare Stille zu überwinden, und das Unbehagen dessen empfand, der sich ständig von unsichtbaren Augen beobachtet fühlt.

In jenem Sommer lag der Winter schon hinter ihr – der Morast, die Lachen flüssigen Zements, das Scheppern verrosteter Eisenteile; fern und unwirklich waren die drei Araber, die nach Lagerfeuer und ungewaschener Haut rochen. Männer mit schlechten Zähnen und hochhackigem Schuhwerk, das früher einmal elegant gewesen, jetzt aber verbeult und an den Fersen heruntergetreten war.

Hin und wieder erschienen sie ihr noch im Traum und schufen erneut eine Nähe, die sie auch jetzt, da sich die Männer an anderen Orten aufhielten, mit der Frage quälte, ob sie etwas hatten andeuten wollen oder ob alles, was ihr tagelang nicht aus dem

Kopf gegangen, rein zufällig geschehen war: Hatte Achmad, als er das Zementpulver schleppte, versehentlich mit dem Gesäß ihre Schenkel gestreift? War es einige Zeit später Zufall gewesen, daß sein Ellbogen ihre Brüste berührte, als er mit einem Sack Kalk auf der Schulter an ihr vorbeibalancierte, während sie die Arme zum Türsturz reckte und prüfte, ob der Beton bereits trocken war? Hatte Hassan geglaubt, sie würde ihn hereinbitten, als er eines Abends zurückkam, um seinen Mantel zu holen?

Manchmal bildete sie sich ein, wenn sie den Kopf zur Ecke hin drehte, in die sie den sechseckigen Fiberglaskübel mit der indischen Erle gestellt hatte, würde sie Salach vor sich sehen, so wie damals, als sie unerwartet aufs Dach gestiegen war und ihn ertappt hatte, wie er breitbeinig dastand und gegen die Mauer urinierte: Er hatte sein Glied in der Hand gehalten und konzentriert nach unten geblickt, um mit dem dampfenden gelben Strahl die Linie, an der die beiden Mauern zusammentrafen, nicht zu verfehlen.

In jenem Sommer, Wochen nachdem sie verschwunden und nicht zurückgekehrt waren, vermied sie es, im Dunkeln aufs Dach zu gehen, denn sie fürchtete, sie könnten ihr hinter den hohen Pflanzen auflauern. Und wenn sie zufällig einmal die hinterste Ecke des Daches betrat, die, von drei Mauern umrahmt, als provisorischer Abstellraum diente, und die Geräte sah, die sie nie abgeholt hatten, kroch ihr, wie ein vielbeiniges Insekt, ein Frösteln über den Rücken und verursachte tief in ihrem Bauch ein Rumoren, das jedem Seekranken nur allzu vertraut ist.

Doch sie konnte niemandem etwas vorwerfen, sie selbst hatte die Sache ins Rollen gebracht. Da ihr Sohn nicht ermordet, ihr Schmuck nicht gestohlen und ihr selbst kein Leid geschehen war, hätte sie dem Schicksal dankbar sein und jene beiden Wintermonate aus ihrem Gedächtnis streichen sollen, als wären sie nie gewesen.

Schon als sie zum erstenmal von ihrer Idee gesprochen hatte – noch in vagen Zügen und ohne die Begeisterung, die Sturheit und das dringende Gefühl der Notwendigkeit –, war Joel, ihr Mann, dagegen gewesen.

»Ein Zimmer auf dem Dach?« Er verzog das Gesicht und nahm seine Brille ab, wie er es jedesmal tat, wenn er ärgerlich wurde. »Weißt du, was Bauarbeiten für einen Dreck machen? Und hast du eine Vorstellung, wie viele Tonnen Sand und Gestein dir auf den Kopf fallen werden, wenn sie die Decke durchbrechen, um die Treppe zu bauen? Wozu brauchen wir überhaupt noch ein Zimmer? Ich verstehe das nicht. Schon jetzt werden zwei Räume des Hauses nie benutzt. Und wenn du Sonne willst, stehen dir mehr als fünfhundert Quadratmeter Privatwiese zur Verfügung!« Enttäuscht preßte sie ihre Lippen zusammen, um viele Tage, bis Joel die Geduld verlor, provozierend zu schweigen. »Wie kommst du plötzlich auf den Gedanken zu bauen? Ist das nötig, wenn man einen vier Monate alten Säugling hat?«

»Wozu sind wir dann zum Statiker und zur Stadtverwaltung gerannt und haben uns eine Baugenehmigung ausstellen lassen?« gab sie zurück. »Und weshalb haben wir all die Gebühren, die Steuern und den übrigen Kram bezahlt?«

»Weil das Haus, falls wir es eines Tages verkaufen, mit der Bauerlaubnis mehr wert ist.«

Aber der Gedanke hatte bereits Wurzeln in ihr geschlagen und wuchs wie eine befruchtete Keimzelle: Schon spannte der Fötus den Bauch, sein Wachstum war unaufhaltsam.

Ihre ganze Aufmerksamkeit galt zu jener Zeit ihrem ersten Sohn Udi, der sie in den Nächten aus ihren Träumen zurückrief; wie eine Mondsüchtige wandelte sie mit halb geschlossenen Augen zu ihm, und wie von selbst fingerten ihre Hände in der winzigen Babywäsche. Doch während sie auf ihren Spaziergängen seinen Kinderwagen energisch über aufgerissene Gehwege und Sandhaufen schob, gelangte sie immer wieder zu halbfertigen Gebäuden, hob staunend den Blick zu Männern, die vollkommen sicher am Rande eines Dachs entlangbalancierten, und lernte, daß Stockwerke wachsen, Fenster sich in rechteckige dunkle Höhlen einfügen und Verschalungen plattenweise von beeindruckenden gelben Kränen, die ihr wie abgenagte Armknochen erschienen, in die Luft gehievt werden.

Als ihr eines Tages jemand mit arabischem Akzent aus einem klaffenden Fensterloch zurief: »Brauchen *giberet* Mann?«, lief sie rot an, als fühle sie sich ertappt, und schob den Kinderwagen erschrocken weiter. Als sie an einem Gebäude vorbeikam, das sie schon öfter besichtigt hatte, hielt der Bauherr sie an und sagte zu ihr: »Entschuldigen Sie, daß ich das sage, aber dies ist nicht der passende Ort, um mit einem Säugling spazierenzugehen. Hier fallen Steinblöcke, Sand und manchmal sogar Eisenteile herunter, das ist sehr gefährlich.«

Fortan brachte sie Udi in den Vormittagsstunden zu einer Kinderfrau und kehrte zu den Baustellen zurück. In alten Hosen mit abgewetzten Knien kletterte sie schrägliegende Betonplatten hinauf, hielt sich an rauhen Holzlatten fest und tastete sich durch finstere, sandige Treppenhäuser. Hier, würde sie sich später sagen, in der feuchten Kühle der halbfertigen Häuser, hatte sie sie zum erstenmal von Angesicht zu Angesicht gesehen. Aus nach Urin stinkenden Ecken waren sie auf sie zugekommen, und alle hatten gleich ausgesehen: glühende dunkle Augen, die in schwarzen Höhlen versanken, altmodische Haarschnitte, zement- und kalkverschmierte Schuhe und staubige Kleider. Hier hatte sie auch zum erstenmal ihren besonderen Geruch eingeatmet, diese Mischung aus Schweiß, Zigarettenrauch und Ruß. Wenn sie mit den jüdischen Baustellenleitern sprach, trafen sie, wie Peitschenhiebe, die verstohlenen Blicke der arabischen Arbeiter, die auf dem Fußboden knieten und Fliesen verlegten, keuchend im Laufschritt vorbeieilten, um sich möglichst schnell der schweren Zementsäcke und Kachelpakete zu entledigen, oder von ihrem Mittagbrot abbissen, in der einen Hand einen halben Teigfladen haltend, in der anderen eine ungeschälte Gurke.

Manche Baustellenleiter wurden wütend und weigerten sich, auf ihre Fragen einzugehen; mit einer verächtlichen Handbewegung verjagten sie sie und fuhren fort, ihren Arbeitern Anweisungen zu geben; dabei taten sie so, als bemerkten sie nicht, daß sie beschämt hinter ihnen stand und spürte, wie sie und ihre Männer insgeheim über sie lachten. Doch gab es andere, die sich gern mit ihr unterhielten und aufmerksam zusahen, wenn sie ihre Antworten wie ein eifriges Schulmädchen in das kleine Heft schrieb.

»Wir müssen uns wohl in acht nehmen. Sie sind von der Konkurrenz!« sagten sie lachend, als sie sich abwandte um weiterzugehen.

Die Seiten ihres Heftes quollen über von Informationen über Stahlbeton, Metallträger, Außen- und Innenwände unterschiedlicher Dicke, über Decken, Putz, Fliesen, Wasserrohre, elektrische Leitungen und den Teerbelag auf den Dächern, von Skizzen der Gußformen, die zum Errichten von Betonträgern dienten, und von den Adressen der Unternehmen, die Baustoffe herstellten. Sie versteckte das Heft vor Joel in einer Pappschachtel, in der ihre Aufzeichnungen aus der Studienzeit ruhten. Und als er sie fragte: »Was hat das zu bedeuten? Zwika erzählt, er habe dich schon zweimal aus einem Haus kommen sehen, das an der Kreuzung in der Herzlstraße gebaut wird«, schaute sie ihm ins Gesicht und sagte in gewohntem Tonfall: »Sicher eine Frau, die mir ähnlich sieht.«

»Es wird Zeit, daß du dir eine neue Frisur zulegst«, entgegnete er. »Letzte Woche ging eine Frau vor mir, und ich war sicher, daß du es bist. Sie hatte sogar den gleichen Gang und die gleiche Tasche wie du.«

Eines Tages, als sie sich stark genug fühlte, die Sache in Angriff zu nehmen, und Joel bei seiner Heimkehr vom Dienst mit besorgtem Blick zu ihr sagte: »Wir haben eine neue Rechenanlage bekommen, und ich soll für zwei Monate zur Fortbildung nach Texas. Ich habe gesagt, ich könne dich mit dem Säugling nicht einfach allein lassen, sie würden sicher jemand anderen finden«, entgegnete sie ihm wie in einem explosionsartig einsetzenden Taumel. »Mach dir keine Sorgen um mich, fahr!«

Und später, als das Schwindelgefühl nachließ, dachte sie: Das war ein Zeichen des Himmels.

Einen Tag nachdem sie Joel zum Flugzeug gebracht hatte, erschien David, der Baustellenleiter, in Begleitung von drei arabischen Arbeitern, die einander verblüffend ähnlich sahen. Sie trugen alte Wollmützen und gehörten alle zur selben Familie. Sie nahmen vorsichtig Platz, um die Polsterung der Stühle nicht zu beschmutzen, und schauten die meiste Zeit über zu Boden. Nur hin und wieder schlugen sie sekundenlang ihre Lider auf, um sie und ihre Wohnung zu inspizieren und einen verstohlenen Blick auf den Säugling in ihrem Schoß zu werfen. David nahm ein Blatt und setzte einen Vertrag auf; er erklärte den Männern bestimmte Sätze auf arabisch, worauf sie zustimmend nickten. Er notierte ihre persönlichen Daten und die Nummern der knittrigen Ausweise, die sie aus ihren Hosentaschen gezogen hatten, die Maße des Zimmers, das gebaut werden sollte, die Dicke der Mauern, die Anzahl der Steckdosen und die Stellen, an denen sie angebracht werden sollten, Einzelheiten zum Durchbruch, zu dem eine Treppe hinaufführen sollte, und zu Beschaffenheit und Farbton des Putzes; daneben setzte er die Beträge, die im Laufe der Bauarbeiten anfallen würden. Bevor sie das Dokument unterschrieb, ließ sie noch eine Frist in den Vertrag setzen, so daß er die Männer verpflichtete, das Zimmer innerhalb von zwei Monaten – ehe Joel zurückkäme – fertigzustellen.

Nachdem die Araber sich erhoben hatten und zusammen hinausgegangen waren, begleitete sie den Baustellenleiter zur Tür und dankte ihm für seine Hilfsbereitschaft.

»Nichts zu danken, junge Frau«, sagte er zu ihr. »Ich tue das, weil ich sehe, daß Sie in Ordnung sind, ein Mädchen mit Sportsgeist. Alle Achtung! Nicht viele Frauen wären dazu bereit. Und wenn Sie etwas brauchen, ich bin immer im Haus von Herschkowitz zu erreichen. Viel Glück! Die Männer sind gute Arbeiter. Seit sie fünfzehn waren, sind sie beim Bau.« Dann senkte er die Stimme und flüsterte ihr ins Ohr: »Sie sind besser als unsere Männer, glauben Sie mir.«

Ein mit feinen weißen Wolkenstrichen bemalter Himmel spannte sich über ihr, und während sie dasaß und zuhörte, wie ihr Sohn Silben vor sich hin lallte und die Töne wie zur Erprobung der Stimmbänder bald in die Höhe schnellen, bald in die Tiefe absacken ließ, überlegte sie, wie es dazu gekommen war, daß die Männer, die zu Boden geschaut, die Schultern eingezogen, sich klein und schmal gemacht und, mit ewiger Schuld Beladenen gleich, in leisem Ton geantwortet hatten, daß diese Männer im November noch vorsichtig auf der Stuhlkante Platz nahmen, sich im Dezember aber schon aufführten, als seien sie die Herren im Haus, Joels Funkgerät ausprobierten, Gemüse aus dem Kühlschrank nahmen, die Schubladen des Badezimmerschranks nach duftendem Rasierschaum durchsuchten und ihrem Sohn den Kopf streichelten.

Am ersten Tag waren sie ihr wie ein und dieselbe Person vorgekommen. Erst nach einer Weile bemerkte sie, daß Hassan längliche Augen hatte, die hell wie ein Streifen feuchten Sandes am Flußufer waren, daß Achmads Lippen wulstig wie die eines Negers hervorquollen und sich unterhalb seiner kleinen Augen über dem flächigen Grund seines Gesichtes eine breite Nase erhob und daß Salach abstehende Ohren und eingefallene Wangen besaß, denen einzig die Narben, die an die aufgeworfene Schale einer Orange erinnerten, Konsistenz verliehen.

Vom ersten Tag an kamen sie mit einem alten Lastwagen, dessen Scheiben herausgebrochen und von dessen orangefarbener Lackierung nur noch einige Farbinseln auf dem verbeulten Kühler zu sehen waren. Sie stiegen aus und deponierten die grauen Bauziegel neben dem Parkplatz. Danach fuhren sie mit lautem Geratter fort und kamen einige Zeit später mit einer langen Holzplanke zurück. Nachdem sie sich eine Weile beraten hatten, stellten sie den Wagen auf dem Parkplatz ab und brachten die Holzplanke in Position – das untere Ende auf der Ladefläche des Wagens, das obere auf dem Dach des Hauses.

Sie hielt sich ein wenig abseits, hatte die Hände in die Hosentaschen gesteckt und beobachtete, wie einer der Männer ein Knäuel Seile hervorzog, an dem ein sattelähnliches Tragjoch befestigt war. Mit den Seilen um seinen Körper wirkte er wie ein Lastenträger aus einem historischen Film. Als sein Cousin den Korb mit Ziegeln gefüllt hatte, zog er ihn über die Holzplanke nach oben, wo der dritte Mann, der auf dem Dach Posten bezogen hatte, sich bückte und die Ziegel herausnahm. Sie betrachtete sie mit forschendem Blick und sah, wie ihre Gesichter von der Anstrengung schwitzten und die sandige Oberfläche der Ziegel ihre staubigen Hände aufscheuerte. Indes begann im Haus das Baby zu schreien. Sie legte es ins Bett und ging wieder zu den Männern hinaus um zu beobachten, wie sie die restlichen Ziegel auf dem Rasen abluden und mit dem Wagen davonfuhren; diesmal hörte sie das Motorengeräusch nicht.

Nachts lag sie mehrere Stunden wach und kam zu dem Schluß, sie müsse den Arbeitern gegenüber Härte an den Tag legen. So stellte sie sich am nächsten Morgen ans Fenster und erwartete sie, während sie das Baby in ihren Armen zornig hin- und herschaukelte. Als sie endlich erschienen, rief sie ihnen vom Fenster aus zu: »Weshalb habt ihr die Arbeit gestern mittendrin abgebrochen? Und heute – «, sie versuchte auf ihre Uhr zu sehen und beugte sich umständlich nach vorn, über ihren Sohn, »und heute kommt ihr um neun! Ihr habt gesagt, daß ihr um sechs zu arbeiten anfangt! Wenn das so weitergeht, werdet ihr erst in zehn Monaten fertig sein!«

»*Giberet*, war Ausgangssperre«, sagte der mit den sandgelben Augen gekränkt. »Konnten erst um vier fahren, *giberet*.«

Etwas in ihr zog sich zusammen, als sie den gequälten Klang seiner Stimme hörte und sah, wie er mit dem Blick eines geschlagenen Hundes zum Fenster aufschaute. Sie spannte all ihre Kräfte an und versuchte das Zittern, das er in ihr hervorrief und das ihren Zorn milderte, zu unterdrücken.

»Und was war gestern? War auch Ausgangssperre?« schrie sie, indem sie boshaft sein fehlerhaftes Hebräisch nachäffte. »Da macht ihr euch aus dem Staub und laßt die Hälfte der Ziegel auf dem Rasen liegen?!«

Zum erstenmal sah sie den Gesichtsausdruck, der ihr in den folgenden Wochen allzu vertraut werden würde – die Kiefer aufeinandergepreßt, als wollten sie etwas Hartes zerbeißen, und eine tiefe Furche, die sich in die Wangen grub. Auf diese Weise, sollte sie später begreifen, ersticken sie die Wut und den Haß; sie beißen die Zähne zusammen, um den aufschäumenden Zorn einzudämmen, dem es nur selten gelingt, zum Vorschein zu kommen und in ihren Pupillen aufzuflackern.

»Gestern wegen meinem Cousin Achmad. Hatte sich das hier, Nagel am Finger, verletzt.«

Im Hintergrund hob Achmad die verbundene Hand, und während sie aus ihrem schönen katalanischen Holzfenster zu den Männern hinabblickte, spürte sie, daß sie, die zu ihr aufschauten und nichts als zerschlissene Arbeitskleidung am Leib trugen, ihr eine Niederlage bereitet hatten.

Zwei Stunden vergingen. Sie fütterte ihren Sohn, legte ihm frische Windeln an und brachte ihn, als er eingeschlafen war, in sein Bett. Ununterbrochen dachte sie an das Mißbehagen, das sie erfüllte, seit sie die Männer wie eine despotische Herrin angefahren hatte. Als sie schließlich ein Tablett mit einer mit Rosenknospen verzierten Kaffeekanne, den passenden Tassen und Untertellern, ziselierten Teelöffeln und einer Schale voll kleiner runder Honigkuchen hinaustrug, war ihr unbewußt klar, daß sie etwas Verbotenes tat und eine flüchtige Laune die Stimme der Vernunft zum Schweigen gebracht hatte. Sie blieb stehen, schaute nach oben und überlegte, ob sie das schwer beladene Tablett auf dem Treppenabsatz abstellen und über die Holzleiter hinaufklettern sollte, um die Männer zum Kaffeetrinken zu bitten, oder ob es besser wäre, sie von unten zu rufen. Sie wußte, in welch lächerlicher Situation sie sich befand; auch mußte sie feststellen, daß sie die Namen der Männer vergessen hatte. Auf einmal zeigte sich ein Kopf über der Brüstung; um zu vermeiden, daß er wieder verschwand, rief sie hastig: »Hallo! Hallo! Hier ist Kaffee.«

Ihr plötzlicher Aufschrei beschämte sie; sie setzte das Tablett ab und verschwand, noch ehe einer der Männer herunterkam, um für sich und die anderen Kaffee und Kuchen zu holen.

Einige Zeit später legte sie ihren Sohn, obwohl er nicht müde war, von neuem ins Bett, zog ein Paar alte Jeans und Joels Windjacke von der Armee an und kletterte auf das Dach um nachzusehen, wie die Arbeiten voranschritten. Das Tablett mit der Kanne und dem schönen Geschirr stand in einer Ecke, ausgedrückte Zigarettenstummel schwammen in ekelerregenden Lachen auf dem Grund der Tassen. Sie blieb einen Augenblick stehen und betrachtete eingehend die Szenerie, die sie später als eine Art Zeichen verstehen würde: das kostbare Rosenthalservice aus der reichhaltigen Sammlung, die ihre Großmutter aus Deutschland mitgebracht hatte, achtlos zusammengeräumt neben verschlossenen Zementsäcken und schweren Hämmern.

»Betoneinfassung ist fertig«, sagte Hassan, der offenbar die Aufgabe des Wortführers übernommen hatte. »Jetzt nur noch Wasser – dann trocknen lassen.«

»Ist sie zwanzig Zentimeter?« fragte sie, indem sie ihre Sprache der ihrer Arbeiter anpaßte.

»Ja, zwanzig vom Meter«, sagte Hassan und zog ein metallenes Metermaß aus seiner Hosentasche.

»Und zwei Zentimeter für den Fußboden, nicht wahr?«

Es schien ihr, daß sie einander flüchtige Blicke zuwarfen, als hätten sie vor ihrem Erscheinen eine geheime Absprache getroffen. Sie schöpfte Verdacht.

»Habt ihr zwei Zentimeter für den Fußboden gelassen?« fragte sie noch einmal, in schärferem, lauterem Ton.

»Zwanzig Zentimeter vom Meter«, sagte Hassan von neuem zu ihr.

»Von der Oberfläche des Fußbodens an gemessen oder nicht?«

»Direkt vom Boden«, sagte er mit dem zufriedenen Gesicht eines Händlers, der seine Ware anpreist, und streckte, um seine Worte zu unterstreichen, die flache Hand aus.

»Das ist nicht gut«, sagte sie.

»Warum nicht gut, *giberet*?«

»Weil so das Regenwasser hereinkommt«, sagte sie ungeduldig und wurde zornig wegen des Spiels, das er mit ihr spielte, während der Beton bereits trocknete. »Sie muß zwei Zentimeter höher sein. So hat David es euch gesagt, und das steht auch im Vertrag.«

»David nur gesagt: zwanzig Zentimeter.«

»Mindestens zwanzig«, korrigierte sie ihn; ihre Stimme klang laut und unangenehm. »Das heißt also: insgesamt zweiundzwanzig Zentimeter.«

»Es gibt zwanzig, *giberet*«, wiederholte er, so als weise er geduldig die Einwände eines Kunden zurück.

Sie kniff die Lippen zusammen, um unmißverständlich zum Ausdruck zu bringen, daß sie die Unterhaltung für zwecklos hielt. Sie schwang sich über die Brüstung und setzte einen Fuß nach dem anderen auf die Sprossen der Leiter.

»Ich geh David holen«, sagte sie zu den Männern, die sie anstarrten und gespannt abwarteten, wie es weitergehen würde. »Wenn es schon so anfängt, dann ist die ganze Sache verloren«, setzte sie hinzu.

Energischen Schrittes stieg sie die Sprossen hinunter in dem Bemühen, den kämpferischen Geist vorzuführen, der ihr Handeln fortan bestimmen sollte. Zugleich überlegte sie, wie lange es dauern würde, zur Baustelle in der Herzlstraße zu gehen und David dort ausfindig zu machen, und ob sie Udi mitnehmen oder im Bett lassen und hoffen sollte, daß er eingeschlafen war. Ihren Fuß fest auf den Boden setzend, schritt sie zum Auto und beschloß, David zu alarmieren, ehe der Beton getrocknet wäre. Im selben Moment hörte sie, wie ihr eine tiefe Stimme vom Dach zurief: »*Giberet*, nicht brauchen David. Machen zwei Zentimeter dazu.«

Indem sie versuchte, das Gefühl der Erleichterung und der Siegesfreude, das, noch vom Zorn verdeckt, in ihr anschwoll, zu unterdrücken, wandte sie sich um und sah oben, auf dem Dach, dicht nebeneinander ihre schwarzen Köpfe.

»Dann los! Bevor der Beton trocken wird!« rief sie in hartem Ton.

Abends ging sie zur Telefonzelle, um ihre Schwester Nea anzurufen. In dem Stimmengewirr, das von Jerusalem herüberschallte, hörte sie sie sagen: »Mit dem Kaffee hast du einen Fehler gemacht. Erlaub ihnen, sich selbst Kaffee zu kochen, aber biete ihnen nie etwas an. Wenn sie einmal drinnen sind, wirst du sie nicht mehr los.«

»Sei unbesorgt. Ungebetene Gäste kommen mir nicht ins Haus«, schrie sie zurück, um die fremden Stimmen zu übertönen.

Doch schon am folgenden Tag stand Hassan, dessen Namen sie mittlerweile gelernt hatte, lächelnd vor der Wohnungstür – bei Wintersonnenschein lag ein gelbes Leuchten in seinen Augen – und sagte mit sanfter, schüchterner Stimme: »Gestern haben *giberet* Kaffee gekocht. Heute ich koche Kaffee, wie bei uns zu Hause.« Aus einem Plastikbeutel zog er eine Tüte, die nach den kleinen Gewürzläden duftete, in denen die braunen Kaffeebohnen zu einem aromatischen Pulver zermahlen wurden.

Hatten sie einander nicht gestern noch wie Feinde gegenübergestanden, und hatte sie nicht die ganze Nacht daran gedacht, die Polizei und den Staatsanwalt einzuschalten, wenn sie noch einmal versuchten, den Vertrag zu brechen? Völlig überrascht von seiner freundschaftlichen Geste, trat sie einen Schritt zurück, und er schob sich, noch ehe sie begriff, was geschah, geschickt an ihr vorbei, ging zum Herd und legte den Plastikbeutel auf die Arbeitsplatte. Mit geübter Hand holte er einen dunkelblauen Findschan und einen Teelöffel heraus, gab Kaffee in das Gefäß, schüttete aus einer anderen Tüte Zucker dazu und füllte mit Wasser auf. Nach kurzem Hantieren mit einem Feuerzeug und den Knöpfen des Herdes entzündete er das Gas und setzte den Findschan auf den Eisenring über der Flamme. Staunend sah sie ihm zu, verblüfft durch die Ungezwungenheit, mit der er in ihrer Küche tätig war; seine geschmeidigen Bewegungen fesselten ihren Blick, und sie wußte, daß, was vor ihren Augen geschah, Gefahr in sich barg.

Er stand wie ein Tänzer in Ruhepose mit leicht abgespreiztem Bein und blickte von Zeit zu Zeit in den Findschan, dessen Zischen ein erstes Aufschäumen des Kaffees verkündete; und während der Löffel in seiner Hand gleichförmig kreisend das heiße Getränk rührte, sagte er: »Zwei Zentimeter mehr im Beton als gestern.«

»O.K.«, erwiderte sie. »Ich hoffe, daß es keine weiteren Schwierigkeiten geben wird. David hat mir gesagt, daß ihr gute Arbeiter seid – also tut, was zu tun ist.«

Dann kämmte sie sich und wusch sich das Gesicht, doch blieb ihr keine Zeit, um das Mohairhemd, das ihr, seit Zigarettenglut ein Loch in die Vorderseite gebrannt hatte, als Hauskleidung diente, abzulegen und etwas Schöneres anzuziehen. Sie nahm in der Eßecke neben den beiden anderen Männern Platz, die Hassan, während sie den Tisch deckte, mit der großzügigen Geste des Gastgebers hereingebeten hatte.

»Dieser Kaffee wie zu Hause«, sagte er und schaute sie an, aber nur sein Mund verzog sich zu einem Lächeln, seine Augen blickten ungerührt.

Sie kostete das dickflüssige, bittere Getränk und sagte mit einem gezwungenen Lächeln: »Das heißt also, der Kaffee, den ich gestern gekocht habe, hat nicht geschmeckt.«

Da sie gekränkt schien, erwiderte er rasch: »Hat geschmeckt!«, wobei er die Worte seltsam gedehnt intonierte. »Vielen Dank. Aber unser Kaffee so. Stark!« Um das letzte Wort zu betonen, ließ er seine zur Faust geballte Hand energisch in ihre Richtung schnellen.

Plötzlich war Udis Weinen aus dem Nebenzimmer zu hören; er war gewöhnt, um diese Zeit die erste Portion Grießbrei am Tag zu bekommen. Sie entschuldigte sich und stand auf; auf ihrem Körper spürte sie die Blicke der Männer. Sie hob Udi aus seinem Bett und trug ihn, in einer mit kleinen Enten verzierten Decke, zum Eßtisch. Dann legte sie die Flasche, die zum Abkühlen auf dem Fensterbrett stand, in seine Händchen. Und während Achmad von dem saphirbesetzten Ring, den ihr Joels Eltern zur Verlobung geschenkt hatten, hypnotisiert schien, betrachteten die beiden anderen das Baby, das sich, in die helle Decke eingemummt, in ihren Schoß schmiegte und mit geschlossenen Augen den Brei aus der Flasche saugte. Hassan begann zu lächeln, und seine Augen leuchteten; der Anblick des zufriedenen Säuglings machte ihn froh. Er beugte sich zu ihm hin und sagte liebevoll: »Alles aufessen – dann du wirst stark wie Hassan.«

Noch Monate später wurde ihr schwindlig, wenn sie an diesen Morgen dachte, an dem sie zum erstenmal mit ihnen zusammensaß, als seien sie Familienmitglieder oder liebe Gäste. Sie tranken aus den kostbaren Tassen, und auf dem Tisch lag die Spitzendecke, die ihre Schwiegermutter aus Spanien mitgebracht hatte. Während sie von der bitteren Flüssigkeit kostete, fragte der Teil von ihr, der in das Lachen nicht einstimmte: Hatten die Hände, die ihr den Kaffee gereicht hatten, in der Frühe die mit Sprengstoff gefüllte Puppe im Eingang der orthodoxen Schule versteckt? Der wachsame Teil ihres Herzens begann Böses zu ahnen, doch verstand sie noch nicht, daß dies erst der Anfang war. Wie Schemen im Nebel würden die Dinge unvermittelt hervortreten. Plötzlich würden sie sichtbar werden und alles mit sich hinabreißen, wie Felsen, die in die Tiefe rollen. Wer hinabstürzen sollte, war deutlich erkennbar – niemand würde sie halten.

Als sie am Mittag die Spielsachen einsammelte, die Udi um sich her auf dem Teppich verstreut hatte, klopfte es an der Tür. Es war Hassan. Er hielt einen rußigen Aluminiumtopf in der einen Hand und eine Plastiktüte, die den Namen des Supermarkts in der Hauptstraße trug, in der anderen und sagte freundschaftlich lächelnd: »Entschuldigung, kann ich Suppe auf Feuer stellen, *giberet*?«

Sie rührte sich nicht von der Stelle, sondern streckte nur ihre Hand in Richtung des Türrahmens, um ihr Terrain abzuschirmen und jedem, der es betreten wollte, Einhalt zu gebieten. Aber das freundliche Lächeln auf Hassans Gesicht und die Art, wie er fragte, erlaubten ihr nicht, sich seiner Bitte zu widersetzen. Sie zog den Arm, der ihm den Zugang versperrte, zurück und forderte ihn mit einer übertriebenen Geste zum Eintreten auf, so als beabsichtige sie, über ihr anfängliches Zögern hinwegzutäuschen.

»Bitte sehr«, sagte sie und begann, über sich selbst wütend zu werden, weil sie sich aufführte, als sei er ihr willkommen.

Sie fuhr fort, die Spielsachen einzusammeln, und beobachtete beiläufig, wie er geübt und mit sicherem Griff den Topf unter den Wasserhahn hielt, den Findschan aus der Tüte zog und aufs Gas setzte, auf der Suche nach dem Salzfaß gleich die richtige Schublade öffnete und fachmännisch die Knöpfe des Herdes bediente. Während sie die Spielsachen in Udis Zimmer trug und sah, wie ihr Sohn unter der Entchendecke und dem Laken, das Pu den Bär zeigte, selig schlummerte, beschlich sie ein dumpfes, noch als Unbehagen getarntes Gefühl, eine Angst, die ausgelöst wird, wenn ein Mensch bis an die äußerste Grenze seines Terrains zurückgedrängt wird und der Eindringling so tut, als bemerke er nichts.

Als sie in die Küche zurückkam, waren auch die beiden anderen da. Einer schnippelte Gemüse in ihre neue Tonschüssel, der andere stand vor dem geöffneten Kühlschrank und wühlte in der untersten Schublade. An seinem Gesichtsausdruck sah sie, daß er sich ertappt fühlte. Die Hand, die das Gemüse durchsuchte, hielt inne.

»Brauchen Gurke, *giberet*«, sagte er und trat einen Schritt zurück.

Sie ging zum Kühlschrank, schloß energisch die Schublade und zog aus einem verschlossenen Beutel, der auf dem oberen Gitter ganz hinten lag, eine Gurke heraus.

»Hier!« sagte sie.

»Vielen Dank, *giberet*«, sagte er und nahm die Gurke.

»Wollen *giberet* Kaffee?« fragte Hassan, der am Herd stand und, mit einem Teelöffel im Findschan rührend, sie von der Seite anlächelte.

»Nein danke«, sagte sie verwirrt und bemühte sich, ihre Gesichtsmuskeln unter Kontrolle zu halten.

»Guter Kaffee«, versuchte Salach, der nur selten das Wort ergriff, sie zu überreden.

»Danke, ich trinke am Mittag nichts.«

»Vormittag, Mittag ... – Kaffee gut!« erwiderte er beharrlich, und sie fühlte, wie die Falle über ihr zuschnappte.

»Nein!« rief sie fast schreiend, als sie sah, daß Hassan den Geschirrschrank öffnete und drei Porzellantassen herausnahm.

Sekunden später würde sie ihr Heim und ihr Kind im Stich lassen, ins Schlafzimmer flüchten, die Tür verriegeln und ein tonloses, von Grauen und Verzweiflung durchdrungenes Geheul anstimmen. Zuvor aber sagte sie zu Hassan in ruhigem, befehlendem Ton: »Ich wünsche nicht, daß ihr Lärm macht. Der Kleine schläft.«

Als sie Minuten später aus dem Schlafzimmer zurückkam – ihre Tränen waren getrocknet, und ihre Stimme klang wieder beherrscht, ihr Herz aber pochte in einem trügerischen Tempo –, sagte sie: »Vielleicht könntet ihr eure Suppe demnächst oben zubereiten. Ich gebe euch einen kleinen Gaskocher. Hier seid ihr mir im Weg.«

Salach warf ihr über den dampfenden Teller hinweg einen feindseligen Blick zu. Hassan jedoch sagte höflich: »Gern, *giberet*, vielen Dank.«

An den fünf folgenden Tagen hörte sie die Arbeiter in der Frühe ankommen, doch wenn sie Udi gefüttert und wieder schlafen gelegt hatte, waren sie nicht mehr da. Wütend rechnete sie aus, daß sie in zwei Tagen eine einzige Reihe Ziegel verlegt hatten, und sie hegte den Verdacht, sie hätten noch auf einer anderen Baustelle Arbeit gefunden und, um sich die günstige Gelegenheit nicht entgehen zu lassen, den neuen Job sofort angetreten. »So machen sie das immer«, war sie von der Bankangestellten, die sie in ihre Unternehmungen eingeweiht hatte, gewarnt worden.

Als sie am Mittag des fünften Tages überraschend das vertraute Motorengeräusch hörte, legte sie sich harte Worte für sie zurecht; dann aber sah sie, daß der Laster voll dicker und dünner Metallstangen war. Die Männer kletterten aus dem Führerhäuschen und begannen den Wagen zu entladen; jedes Teil wurde einzeln aufs Dach befördert, indem es von einem an den nächsten weitergereicht wurde. Beruhigt stand sie am Fenster, schaute zu, wie sie arbeiteten, und beschloß, sich eine Weile hinzulegen, bis Udi aus seinem Mittagsschlaf aufwachen würde.

Eine Zeitlang hörte sie noch, wie sie auf dem Dach hin- und hergingen und schwere Dinge schleppten; die Geräusche drangen durch die heruntergelassenen Rolläden in ihr Zimmer. Später setzte ein beharrliches Klopfen ein, das sie anfangs für einen Teil ihres Traumes hielt; kurz darauf aber bemerkte sie, daß es von der Haustür kam. Als sie öffnete, standen die Männer aufgereiht vor ihr, Hassan einen halben Schritt vor den anderen. Er sagte: »Guten Tag, *giberet*, wie geht es Ihnen?«

Ihr Inneres empörte sich über die Vertraulichkeit, die er herstellte, indem er diese Frage an sie richtete. Sie ignorierte seine Worte und sagte mit versteinerter Miene: »Ja?« Sie vermutete, sie wollten wieder ihr Essen aufwärmen.

»Brauchen bißchen Geld, *giberet*«, sagte Hassan.

Vor dieser Situation hatte ihre Schwester sie während ihres letzten Gesprächs gewarnt: Der Lohn darf erst gezahlt werden, wenn sie die Bauarbeiten wie vereinbart beendet haben. Sie wurde nervös; ihre Stimme klang lauter, als sie beabsichtigte: »Seid ihr mit dem Eisengerüst für den Guß fertig?«

»Haben die Einfassung gemacht.«

»Ihr habt die Einfassung gemacht, aber ich frage nach dem Gerüst. Seid ihr mit dem Gerüst für den Guß fertig?«

»Morgen, *giberet*.«

»Dann bekommt ihr morgen das Geld.«

»Aber brauchen bißchen. Vielleicht könnten *giberet* uns geben ...«

»Morgen«, sagte sie nachdrücklich. »Ich habe im Moment ohnehin keins. Ich muß erst zur Bank gehen.«

»Ehrlich, *giberet*«, sagte Hassan, indem er ihr in die Augen schaute und sich mit der Faust auf die Brust schlug. »*Giberet* müssen glauben, kommen morgen. – Geld oder nicht Geld?«

»Nicht Geld«, sagte sie zu ihm und dachte daran, wie Joel lachen würde, wenn sie ihm von dieser Szene berichten würde.

Hassan wandte sich seinen Cousins zu, sie steckten die Köpfe zusammen und tuschelten miteinander. Sie sah seinen Nacken: Staubiges Haar, grau wie das eines alten Mannes, kam unter seiner Wollmütze hervor, deren Rand aufgetrennt war, so daß lose Fäden von ihr herabhingen.

Seine Cousins runzelten die Stirn, hielten die Köpfe dicht beieinander und beratschlagten. Einer von ihnen zog eine zerknitterte Brieftasche hervor; als er die wenigen Geldscheine sah, machte er ein besorgtes Gesicht. Sie wollte schon nachgeben und sagen: »Hört her, wenn es sich um etwas Dringendes handelt, bin ich bereit, euch zu geben, was ich momentan im Portemonnaie habe ...«

Aber plötzlich wandte sich Hassan an sie und fragte: »Können Hände waschen?« Die Frage überraschte sie derart, daß sie, wie an jenem Morgen, als er mit dem Essenstopf vor ihr gestanden hatte, sagte: »Bitte sehr, bitte sehr«, und die Tür weit aufstieß, obwohl sie nichts sehnlicher wünschte, als sie ihnen vor der Nase zuzuschlagen.

Sie kamen zögernd herein. Erst jetzt sah sie, daß Salach einen großen Militärrucksack in der Hand hielt, so einen, wie ihn Joel stets aus der Kammer hervorholte, wenn seine Einheit zum Manöver auszog. Indem er sie anschaute, als erwarte er von ihr eine ermunternde Geste, steuerte Hassan in Richtung des Badezimmers; sie zwängten sich zu dritt hinein und schlugen die Tür hinter sich zu. Danach waren lange Zeit das Rauschen fließenden Wassers und flachsende Männerstimmen zu hören. Und während sie im Wohnzimmer auf und ab ging und hinausschaute in den weitläufigen Garten, hinter dem kein anderes Haus mehr zu sehen war, überlegte sie, von einer plötzlichen Furcht ergriffen, was sich in dem großen Rucksack befand. Womöglich bauten sie Waffen zusammen, breiteten, wie Joel es einmal getan hatte, die Stahlteile auf dem Teppich aus, knieten sich hin und fügten die blitzenden Gelenke des Geräts ineinander. Vielleicht würden sie in wenigen Augenblicken mit gezückter Waffe herauskommen, um sie und ihren Sohn zu bedrohen. Sie hatten möglicherweise den Auftrag, sie als Geiseln zu nehmen und in ihrem abdeckbaren Lastwagen zu entführen. Und Udi? Der Vorrat von dem speziellen Mehl, das er brauchte, war fast zu Ende. Sie könnte ihn nicht ernähren, wenn sie in einem verfallenen Gebäude, in einer schlammigen Straße in Gasa festgehalten würden, in einem der Häuser, die in einer Sendung der amerikanischen Fernsehstation gezeigt worden waren. Vielleicht, ging es ihr blitzartig durch den Kopf, sollte sie Udi aus seinem Bett holen und mit ihm fliehen, ihn auf den Rücksitz ihres Autos setzen und umgehend zur Polizeistation an der Hauptstraße fahren.

Hassan kam als erster heraus. Sie erschrak, als sie ihn sah. Eine Sekunde lang schien es ihr, als komme ein Fremder aus dem Bad. Zum erstenmal sah sie ihn ohne die in die Stirn gezogene Wollmütze. Sein Haar, das überraschend hell wirkte, war noch feucht und frisch gekämmt, er hatte es akkurat zur Seite und von den Schläfen nach hinten gelegt. Er trug ein gebügeltes dunkles Jackett, ein weißes Hemd und eine Krawatte. Seine schwarzen Ausgehschuhe waren blitzblank geputzt.

Er sagte zu ihr: »Meine Cousins kommen gleich, *giberet.*«

»Geht ihr nicht nach Hause?«

»Bei Tante von uns aus Tul Karem ist Hochzeit. Wir sind heute in Tul Karem.«

Im selben Moment erklang ein durchdringender Kinderschrei, wie sie ihn seit dem Morgen auf der Wöchnerinnenstation, an dem er jäh aus ihrem Innern kam, nicht mehr gehört hatte: hoch und langgezogen, gefolgt von plötzlichem Schweigen. Sie schrie auf und stürzte, indem sie den fahrbaren Kinderstuhl beiseite stieß, ins Zimmer. Udi lag auf dem Fußboden, das Gesicht auf dem Teppich vor seinem Bett und seine Finger um ein Spielzeug geklammert. Als sie sich bückte und ihn auf die Arme nahm, schaute er sie mit verschwommenen Augen an. Sie drückte ihn an sich und begann unwillkürlich Wörter zu murmeln; das Herz schlug ihr bis zum Hals, ihre Finger zitterten. Sekunden später brach er in Tränen aus und ließ den Kopf stöhnend auf ihre Schulter fallen.

»Ist wieder gut«, sagte Hassan, der in der Zimmertür stand;

erschrocken blickte sie zu ihm auf, jetzt erst bemerkte sie, daß er ihr gefolgt war.

»Was?« fragte sie angstvoll.

»So ist ihm gut, *giberet*«, sagte er und fuhr sich mit dem Zeigefinger über die Wange, um das Fließen von Tränen anzudeuten. »Nicht schlimm. Gut so.«

»Was ist gut?« fragte sie, während sie das zitternde Kind hielt.

Hassan trat auf sie zu und nahm es ihr aus den Armen. »*Giberet* machen Wasser«, sagte er sanft, »es muß trinken.«

Sie stand minutenlang in der Küche, ihre Hände zitterten noch, und versuchte sich zu erinnern, wo die Zuckerdose stand; indes hörte sie, wie er in sanftem Ton arabische Wörter zu ihrem Sohn sagte – so wie ein liebender Vater, der mit schmeichelnder Stimme zu seinem Kind spricht, die Wörter verbunden durch zärtliche, fließende, mit vornehmer Schönheit gefüllte Laute, Worte eines Gedichts in einer uralten Sprache, deren Bedeutung man nicht versteht und die einen dennoch bewegen. Udi lag ruhig in seinem Schoß und streckte die Hand nach seinem braunen Gesicht aus; Hassan näherte sich den kleinen Fingern und küßte sie. Sie aber stand mit klopfendem Herzen da und schaute ihnen zu; das Zittern, das die Furcht durch ihren Körper sandte, ließ nach, und ein anderes, neues Beben erhob sich angesichts dessen, was schon im Augenblick, da es geschah, eine in ferner Zukunft empfundene Sehnsucht enthielt – denn sie wußte, daß es, einmal vergangen, nie wiederkehren würde. Und als teilten sich ihre Gedanken, führten sie sie zu Joel, der die Bewegungen seines Sohnes genau studiert, der ihn aber, seit er zur Welt gekommen war, nie an seine Brust gedrückt und ihn stets mit einigen Zentimetern Abstand vor sich her getragen hatte, damit sein Hemd nicht zerknüllt wurde und der Geruch der Windeln nicht an ihm haften blieb.

Hassan sah zu ihr auf und sagte: »Hassan hat so eins in Gasa.«

»Du hast ein Kind?« fragte sie verblüfft. »Bist du verheiratet?«

»Hab noch so eins, vier Jahre«, sagte er stolz und zeigte ihr, indem er die flache Hand ausstreckte, wie groß es schon war.

»Geht dir gut«, sagte er mit weicher Stimme und beugte sein Gesicht über ihren Sohn. »Wenn du groß bist, du wirst Doktor wie dein Papa, eh?«

Die Teeflasche in ihren Händen haltend, schien sie plötzlich zu sich zu kommen, als vernehme sie eine Warnung, die eine ferne Stimme ihr zurief. Beunruhigt, weil er mehr wußte, als ihm zustand, sagte sie: »Du kannst Hebräisch lesen?«

Er lachte: »Lese ein Wort, dann noch ein Wort. Doktor lese ich auf englischem Schild.«

»Und Englisch kannst du auch?« In ihrer Stimme lag der leicht spöttische Ton, in dem man mit Kindern über Erwachsenenthemen spricht.

»I do«, sagte er mit einem Lächeln – einem anderen, bislang verborgenen Lächeln, ohne die gespielte Unterwürfigkeit, die sie sonst von ihm kannte.

»Where from?« fragte sie.

»From the university.«

»Which one?«

»The American University of Beirut.«

Sie bemerkte, daß seine Aussprache gut war; sie erinnerte sie an das Englisch, das im Fernsehen zu hören war, wenn gebildete Araber interviewt wurden. Ihren eigenen israelischen Akzent hatte sie trotz der zwei Jahre in Texas, wo Joel sein Studium beendet hatte, nicht verloren.

»Wirklich?«

»Wirklich, *giberet*, bin zwei Jahre in Beirut gewesen. Vielleicht wäre ich auch ein Doktor geworden, für Babys.«

»Und warum hast du das Studium nicht beendet?«

»Harte Zeit. Schwer zu erzählen.« Er schaute auf seine Finger, deren Nägel jetzt frei von Mörtel waren. »So das Leben.«

Erst als er sich wieder zu seinen Cousins gesellt hatte, die, ebenfalls frisch gebadet, auf ihn gewartet und ihn von der Tür aus schweigend beobachtet hatten, überlegte sie: Gestalten ohne Alter und Namen sind sie für mich. In abgetragenen Pullovern, die Ellbogen schwarz vom Dreck und mit staubigen Wollmützen.

Sie haben alle das gleiche Gesicht, und aus ihren Kehlen kommen unbeholfene Worte. Und dann, plötzlich, sind sie ganz andere Menschen – mit weißem Kragen und einer Krawatte um den Hals, mit rasiertem Kinn, einer Frau, einem Baby und einem vierjährigen Sohn daheim.

Noch ehe sie das Klingeln hörte, wußte sie, daß er zurückgekommen war.

»Mein Mantel, *giberet*«, sagte er, kam herein und nahm das Kleidungsstück, das sorgfältig zusammengefaltet über der Stuhllehne hing. Beim Hinausgehen drehte er in einer wohlüberlegten, sekundenschnellen Bewegung den Kopf zu ihr um und sagte: »Wenn *giberet* wollen, ich bleibe.«

»Wo?« fragte sie erstaunt.

»Bei Ihnen«, sagte er ernst. »Herr von *giberet* nicht da. Vielleicht brauchen etwas ...«

Seine Worte schockierten sie, sie fürchtete, er könne über die Abwesenheit ihres Mannes Bescheid wissen, und überlegte, ob er wirklich meinte, was sie zu hören glaubte. Sie sagte: »Aber ihr fahrt doch zur Hochzeit.«

»Fahren zu Hochzeit. Aber wenn *giberet* wollen, ich kann hier ...«

Als sie hinter ihm die Tür zugesperrt hatte – immer noch fassungslos wegen seines Vorschlags –, stellte sie überrascht fest, daß sie Joels Geruch hinterlassen hatten, den feinen Duft, der stets im Schrank rechts vom Spiegel herrschte. Sie hatten das Rasierwasser ihres Mannes benutzt, sich mit seinen Handtüchern abgetrocknet. Vorsichtig legte sie Udi in den Laufstall und lief ins Bad, um mit wilden Bewegungen, wie eine Wahnsinnige, alle Handtücher zusammenzusammeln und, sich angewidert abwendend, sie in die Waschmaschine zu stopfen, die neue Seife in den Mülleimer zu werfen, die Wasserhähne und das Becken zu schrubben und den Boden, auf dem ihre nackten Füße gegangen waren, mit einem Desinfektionsmittel zu scheuern.

Gegen Abend überkam sie ein unbekanntes Gefühl gespannter Ruhe. Und nachts, vor dem Einschlafen, erinnerte sie sich, wie

Hassan Udi an sein Herz gedrückt und in einem melodiösen Arabisch zu ihm gesprochen hatte; sie dachte an seine schmalen Finger, die zum erstenmal frei von Mörtelflecken gewesen waren, und an sein Englisch, das ihr im Gegensatz zu den abgehackten Sätzen, die er sonst auf hebräisch zu ihr sagte, zum erstenmal wie eine menschliche Sprache erschienen war. Nur sein Angebot, bei ihr zu bleiben, zog sie vor ruhen zu lassen und es sich nicht in Erinnerung zu rufen. Als sie sich die ganze Situation noch einmal durch den Kopf gehen ließ, sah sie ein, daß sie sehr hart mit den Männern umgegangen war: Sie waren nach Tul Karem zu einer Hochzeit gefahren; vielleicht hatten sie um Geld gebeten, um ein Geschenk für das Brautpaar kaufen zu können; sie aber hatte sich wie eine strenge Gebieterin aufgeführt. Erst als sie sich fest vorgenommen hatte, Udi am nächsten Morgen in den Kinderwagen zu setzen, zur Hauptstraße zu gehen und in dem eleganten Geschäft, das vor kurzem eröffnet worden war, Kleider für Hassans Kinder zu kaufen, ließ ihr Unbehagen nach. Doch dann überlegte sie: Es wäre unhöflich, ihm zum Zeichen eines besonderen Verhältnisses etwas zu schenken, seine Cousins aber leer ausgehen zu lassen. Auch für sie, beschloß sie großzügig, wollte sie etwas besorgen. Vielleicht Herrenparfüm wie dasjenige, das Joel in seinem Schrank aufbewahrte. Wenn unfreundliches Wetter wäre, würde sie mit Udi im Auto hinfahren. Sollte es in Strömen regnen, überlegte sie eine Weile später und unterbrach ihre Lektüre, dann gäbe sie ihn bei der Kinderfrau ab.

Sie verbrachte den Vormittag in freudiger Erwartung; die Geschenke lagen in schönes Papier eingepackt und mit geringelten Bändchen umwickelt auf der Kommode an der Tür, daneben ein weißer Briefumschlag, der ein Bündel Banknoten enthielt. Als es Mittag wurde, begann sie sich Sorgen zu machen: Womöglich hatten sie zuviel getrunken und unterwegs einen Unfall verursacht. Wenn die Polizei käme, würde sie in Panik geraten, denn es war vielleicht ungesetzlich, die Männer hier zu beschäftigen. Und wenn sie schwer verletzt wären und nicht weiterarbeiten könnten, würde sich der Bau des Zimmers verzögern und möglicherweise nicht vor Joels Rückkehr abgeschlossen sein. Müde und wütend von ihrer Ratlosigkeit und der Furcht vor dem, was auf sie zukäme, faßte sie, als es Nachmittag wurde, den Entschluß, zu dem Gebäude zu gehen, in dem David arbeitete. Vielleicht befanden sich unter seinen Arbeitern Verwandte Hassans und seiner Cousins, die ebenfalls auf der Hochzeit in Tul Karem gewesen waren, und sie könnte Näheres von ihnen erfahren. Während sie auf David wartete, ging sie mit dem Kinderwagen auf dem holprigen Gehsteig gegenüber der Baustelle auf und ab. Als er nach einer Weile erschien, erfuhr sie, die Hochzeit hätte nicht in Tul Karem, sondern in einem Dorf an der libanesischen Grenze stattgefunden. Zwei der Arbeiter seien mit Hassan und seinen Cousins hingefahren, sie hätten den orangefarbenen Laster genommen. Daß sie nicht zur Arbeit kämen, sei von vornherein klar gewesen. Sie würden am folgenden Tag wie üblich zur Stelle sein, tröstete David sie, als er ihr bekümmertes Gesicht sah. Danach kratzte er sich am Nacken und fragte: »Und die Leute, die ich Ihnen geschickt habe, sind in Ordnung?«

»Ich hoffe es«, sagte sie.

»Was tun sie im Augenblick?«

»Sie bringen die Eisenträger an, um das Dach zu gießen.«

»Machen sie alles richtig?«

»Ich weiß es nicht. Ich verlaß mich auf sie.«

»Ich komme heute vorbei, um mir die Sache anzusehen«, versprach er.

Nachdem sie Udi am nächsten Morgen der Kinderfrau überlassen und mit ihr verabredet hatte, an den folgenden Tagen würde ebenso verfahren, stellte sie sich auf das Dach und wartete auf die Männer; ihre Finger zitterten vor Wut, und die Aufregung benahm ihr den Atem. Als das Geräusch des Lastwagens näherkam, waren ihre Nerven zum Zerreißen gespannt. Hassan kletterte aus dem Führerhäuschen und lächelte ihr freundlich zu. Mit der schmutzigen Wollmütze und den heruntergetretenen Schuhen hatte er sich wieder in den verwandelt, der er gewesen war.

»Ist was geschehen, *giberet*?« Seine Stimme verriet, wie überrascht er war, sie so früh am Morgen auf dem Dach zu sehen.

»Es ist eine Menge geschehen«, rief sie ihm, über die Brüstung gebeugt, zu.

»Was gibt's, *giberet*?« fragte er sie, als er die Leiter heraufkam.

»Vor allem, daß ihr mich belogen habt.«

»Belogen?« Das dünne Lächeln auf seinem Gesicht verflüchtigte sich.

»Ist die Hochzeit in Tul Karem gewesen?« fragte sie herausfordernd, die Hände in die Seiten gestemmt wie eine Mutter, die ihr Kind beim Lügen ertappt hat.

»Nein, *giberet*. Die Hochzeit nicht in Tul Karem gewesen.«

»Das habt ihr aber gesagt.«

»Habe gesagt: Tante aus Tul Karem. Die Hochzeit nicht. Oben, in einem Dorf neben Kibbuz.«

Er wandte sich fragend an seine Cousins, und Achmad sagte: »Neben Kibbuz Ga'aton.«

»Ga'aton«, wiederholte Hassan, indem er seinen Kopf wieder in ihre Richtung drehte.

»Aber ihr habt nicht gesagt, daß ihr gestern nicht zur Arbeit kommen würdet.«

»Wir geglaubt, könnten in Tul Karem schlafen und kommen her gestern früh, aber nicht möglich gewesen.«

»Das ist eine Sache«, sagte sie, die Erklärung ignorierend. »Die andere ist folgende: Gestern ist David hier gewesen und hat gesagt, ihr hättet nichts richtig gemacht. Ihr habt die Einfassung nicht zwei Zentimeter höher gemacht, wie wir verabredet hatten. Und was die Eisenträger betrifft, habt ihr Achter statt Zwölfer benutzt, und für die eine Wand Fünfzehner- statt Zwanzigerplatten – «

»Das ist Fensterwand, *giberet*. Muß dünner sein.«

»Für die Wand mit dem Schiebefenster sind Dreierplatten nötig«, sagte sie wütend, weil er versuchte sie hinters Licht zu führen. »Aber die andere Wand ist eine Außenwand. Ihr hättet Zwanziger nehmen müssen«, rief sie und fuhr fort, ihn mit

Anklagen zu überschütten, während sie sah, wie sein Gesicht blaß wurde und seine Cousins, die hinter ihm standen, erstarrten.

»Machen alles richtig. Wenn *giberet* wollen, David soll kommen, und werden reden.«

»Ich will nicht, daß ihr redet!« schrie sie. »Ich will, daß ihr arbeitet. Schon seit einem Monat seid ihr hier zugange! Was ihr gemacht habt, läßt sich innerhalb einer Woche erledigen. Ihr kommt nur, um Kaffee zu trinken, und dann verschwindet ihr wieder und arbeitet woanders.«

»Woanders?« fragte er verblüfft.

»Wo seid ihr am Montag gewesen?«

Er runzelte nachdenklich die Stirn. »Montag haben Eisenstangen gebracht.«

»Gut«, sagte sie überheblich, machte einen energischen Schritt und nahm auf der Brüstung Platz. »Ich werde sehen, wieviel ihr heute schafft.«

Sieben Stunden rührte sie sich nicht von der Stelle, ging nicht hinunter, um die Gasflamme des Boilers, den sie morgens angemacht hatte, auszuschalten, unterdrückte den Hunger und das zu gewohnter Stunde auftretende Bedürfnis nach einer Tasse Kaffee, rang mit den Schmerzen in ihrem Nacken, der zur Mittagsstunde nach ein wenig Entspannung verlangte, und beobachtete, wie die Männer zornig und beinahe stumm ihrer Arbeit nachgingen, auf dem Gaskocher, den sie ihnen gegeben hatte, in einer leeren Konservenbüchse Wasser zum Kochen brachten und mit übereinandergeschlagenen Beinen zusammenhockten und flüsternd ihre Mahlzeit einnahmen. Sie schaute ihnen wie gebannt zu; nur hin und wieder wandte sie sich ab, um ihren Blick in die Ferne, über die Wipfel der Zypressen und die Spitzen der violetten Berge wandern zu lassen, deren Anblick sie eines Tages, wenn sie in einer ruhigen Stunde hier oben säße, genießen würde. An dem Tag, an dem sie sich diesen Morgen in Erinnerung riefe, würde ihr schaudern, so als wäre die Geschichte noch nicht beendet: Wie hatte sie den Mut gefunden, so mit ihnen zu sprechen? Sie hätten ohne weiteres auf sie zutreten und sie schlagen können – sie wäre vom Dach gefallen und hätte sich das Genick gebrochen, und ehe sie jemand im Garten hinter dem Haus zwischen den Eisenträgern entdeckt hätte, wäre sie tot gewesen.

Achmad schaute sie von Zeit zu Zeit an wie ein erschrockenes Kind, das nachsieht, ob das Gespenst, das es erblickt hat, immer noch da ist. Hassan hingegen schaute nicht ein einziges Mal zu ihr hin. Als sie die zusammengekniffenen Lippen und die Linie, die sich an der Stelle der zusammengebissenen Zähne über seine Wangen zog, sah, wußte sie, daß sie ihn in seinen Gefühlen verletzt hatte. Doch sie konnte keine Reue in ihrem Herzen entdecken, nur die versöhnende Süße, die jeder empfindet, dem es gelungen ist, sein Recht einzufordern – ein Gefühl, das auftauchte und in ihrem großen Zorn unterging. Sie hoben die Eisenstangen auf den Rand der gerade fertiggestellten Wände, legten sie in regelmäßigen Abständen kreuzweise übereinander und befestigten sie mit feinem Draht. Danach fügten sie die Stangen in der Mitte des Zimmers zusammen und stützten sie mit Holzplanken ab. Als sie fertig waren, berieten sie sich einen Augenblick lang im Flüsterton, steuerten auf die Leiter zu und verabschiedeten sich mit einem leichten Nicken.

»Wartet!« rief sie ihnen hinterher. »Ihr bekommt noch Geld.«

Sie folgte ihnen die Leiter hinunter und ging ins Haus; als sie zurückkam, drückte sie Hassan den Briefumschlag in die Hand. Erst nachdem sie sich wortlos entfernt hatten, fiel ihr ein, daß sie sie keine Quittung hatte unterschreiben lassen und daß sie ihnen die Päckchen, die in Geschenkpapier eingeschlagen auf der Kommode lagen, nicht überreicht hatte.

Als sie Udi am folgenden Tag trotz des rötlichen Ausschlags, den sie an ihm entdeckt hatte – ein Zeichen dafür, daß seine Windeln nicht pünktlich gewechselt worden waren –, der Kinderfrau überlassen hatte, stellte sie sich aufs Dach und wartete, dem Kampf entgegenfiebernd, auf ihre Arbeiter. Heute, dachte sie aufgeregt, werden sie das Dach gießen. Das Eisengerüst und die Stahlstützen sind installiert, die Holzplanken oben angebracht, Haufen von Kies und Sand liegen unter Plastikplanen bereit, und die Zementsäcke stehen geordnet daneben. Heute gießen sie das Dach, es ist freundliches Wetter, die durchsichtigen Wolken sind ein Zeichen dafür, daß es nicht regnen wird.

Als das Geräusch des Lastwagens zu hören war, stürzte sie zur Mauer. Noch ehe sie die Araber erblickte, schien sie Hassans Fehlen bemerkt zu haben. Drei Männer saßen im Führerhäuschen, aber Hassan war nicht dabei. Salach und Achmad kletterten, mit grauen Wollmützen auf den Köpfen, aus der linken Tür. Vom Fahrersitz stieg ein Mann mit rasiertem Schädel; er ähnelte dem entflohenen Verbrecher, den sie in einem italienischen Film gesehen hatte – dieser kam in ein Dorf, drang in das Haus einer Witwe ein und nahm sie als Geisel. Sie bemerkte gleich seine schwarzen Augen, die den dunklen Schächten eines Bergwerks glichen, und seine Augenbrauen, die über der Nase zusammenwuchsen. Sie kam sich mit einemmal häßlich vor, wie damals, als all ihre Freundinnen zum Tanz aufgefordert worden waren und nur sie allein auf einem Stuhl an der Wand saß und die Beine beobachtete, die sich im Dunkeln bewegten.

»Wo ist Hassan?« fragte sie Achmad.

»Hassan nicht kommen. Kommen der hier – Muchammad.«

Von ihrem Platz auf der Mauer aus schaute sie die Männer prüfend an und versuchte die Enttäuschung, die in ihr anschwoll, zu unterdrücken. Sie beobachtete, wie sie sich die Stiefel über die Füße zogen, wie sie mit Spaten Mörtel anrührten, Sand und Kies zum Zement gaben, Wasser angossen und alles so lange mischten, bis sich in dem von Balken umgrenzten Quadrat ein grauer Brei bildete. Danach kletterte Muchammad aufs Dach, und seine Kollegen begannen ihm eimerweise den grauen Baustoff hinaufzuschicken. Er zog die Eimer zu sich hoch und entleerte sie in weiten, bogenförmigen Bewegungen über dem Eisengerüst. Um den herunterfließenden Mörtel zurückzuhalten, beeilte Salach sich, die Spalte zwischen zwei der unter dem Gerüst angebrachten Holzplanken zu verschließen.

Sie saß in aufrechter, gebieterischer Pose mit verschränkten Armen und wippendem Knie und spürte, wie Ärger an die Stelle der Enttäuschung über Hassans Abwesenheit trat. Mit einemmal wurde ihr klar, daß er ihr als Schutzwall gegen die Männer gedient hatte. Wie entblößt stand sie jetzt den drei Arbeitern gegenüber: Salach warf ihr verstohlene Blicke zu, so als schmiede er einen üblen Plan; Achmad grinste sie unverwandt an und fletschte wie ein Tier seine gelben Zähne; und der Neue, der, die Hände in die Seiten gestemmt, mit gespanntem Körper über ihr stand, musterte sie ungeniert – aus ihrem Blickwinkel schien seine Gestalt bedrohlich, und vor dem Hintergrund des Himmels zeichnete sein geschorener Kopf die Silhouette eines unförmigen Eis.

Stundenlang saß sie da, doch längst nicht mehr wegen des Zorns, der sie am Morgen des Vortags ergriffen und zu dem Entschluß gebracht hatte, sich zu ihnen zu setzen, um zu beobachten, wie sie unter Bewachung arbeiteten, sondern weil es ihr peinlich war, vor den Augen der Männer aufzustehen und ihre Beine über die Brüstung zu heben. Die Männer erledigten ihre Aufgabe zügig und mit großem Fleiß, sie beförderten den Inhalt der Zementkuhle nach oben und verteilten ihn über das Eisengerüst. Hin und wieder traten sie zusammen, um sich mit gedämpfter Stimme zu beraten, oder riefen sich etwas auf arabisch zu, sangen ein paar Zeilen in der fremdartigen Koloratur ihrer Sprache oder brachen hinter vorgehaltener Hand in schallendes Gelächter aus. Und während sie spürte, daß der Spott ihr galt, beobachtete sie gekränkt, voll Zorn und Besorgnis, wie sie ihre Mahlzeit zubereiteten, sich auf eine zerrissene Matte knieten und mit den Zähnen Stücke von den Brotlaiben in ihren Händen abrissen.

»Und was passiert jetzt?« sagte sie zu Achmad, indem sie sich bemühte, ihre Stimme fest und entschlossen klingen zu lassen.

»Jetzt muß trocken werden.«

»Und wenn es regnet?«

»Wenn ein, zwei Stunden – gut. Wenn nicht ein, zwei Stunden – nicht gut.«

»Und ihr habt es zehn Zentimeter hoch gemacht?«

»Ja«, sagte er, und sie dachte daran, daß sie sie den ganzen

Morgen kein einziges Mal *giberet* hatte sagen hören. Sie drehte sich um und zeigte auf den mit Mörtel beschmierten Fußboden. »Wascht das ab, bevor es trocknet«, befahl sie, um über ihre Hilflosigkeit hinwegzutäuschen.

»Wird nicht trocken. Das machen mit Wasser.«

Sie ging zur Leiter, faßte das Ende, das über die Mauer hinausragte, und wandte sich scheinbar beiläufig zu ihnen um: »Was ist mit Hassan los?«

»Hassan nicht kommen.«

»Das sehe ich ...«

»Der hier kommen – Muchammad.«

»Kommt Hassan morgen wieder?«

»Morgen, morgen. Hassan nicht da.«

»Ist ihm etwas zugestoßen?«

»Hassan nicht da.«

Sie hob ihre Beine vorsichtig über die Mauer, und noch ehe sie unten angekommen war und sicheren Boden unter den Füßen hatte, hörte sie ein tiefes, kehliges Gelächter. Sie wurde rot. So lachen Männer, wenn sie sich über eine Frau lustig machen.

Als sie am nächsten Morgen wartend am Fenster stand, wußte sie, weshalb ihre Füße sie dorthin getragen hatten, weshalb sie früh aufgestanden war, die Küche aufgeräumt und nachgesehen hatte, wieviel vom Kaffee, den Hassan von zu Hause mitgebracht hatte, noch übrig war.

Salach und Achmad kamen allein. Und sie – ihr Herz sagte ihr, daß sie Hassan nicht wiedersehen würde – war zufrieden, daß der kahlköpfige Muchammad nicht bei ihnen war; sie vergaß ihren Stolz, trat aus dem Haus und ging ihnen entgegen.

»Ist Hassan krank?« fragte sie.

»Nicht krank.«

»Kommt er nicht mehr zur Arbeit?«

»Hassan arbeiten bei jemand anders.«

»Aber weshalb arbeitet er nicht hier? Zu dritt werdet ihr schneller fertig.«

Ein Lächeln zeigte sich tief in Salachs Augen – hatte er den wahren Sinn ihrer Fragen durchschaut? Er grinste wie einer, der um ein Haar in eine Falle getreten wäre.

»Hassan möchten nicht mehr bei *giberet* arbeiten.«

»Er möchte hier nicht mehr arbeiten?«

»Möchten nicht mehr«, sagte Salach, und sie bildete sich ein, das Echo eines Jubelschreis in seiner Stimme zu hören.

»Will er denn sein Geld nicht haben?«

»Will kein Geld, will *giberet* nicht«, sagte er.

Sie wußte nicht, was sie antworten sollte, und sagte wie selbstverständlich: »In Ordnung, dann führt die Arbeit allein zu Ende. Wenn ihr wollt, könnt ihr euch in der Küche Kaffee machen. Es ist noch etwas von dem Kaffee da, den ihr mitgebracht habt.«

Salach und Achmad kamen noch einige Tage, nachdem das Dach getrocknet war. Als die Eisenträger entfernt, die Tür und die Fenstergitter eingesetzt waren, führten sie den Durchbruch vom Dachzimmer zur Eßecke aus. Obwohl sie nie wieder nach Hassan gefragt hatte, erzählten sie ihr eines Tages, daß sie ihn getroffen hatten. Aufgewühlt vom Klang seines Namens, gab sie der Bitte der Männer nach und zahlte ihnen den vollen Lohn aus, noch ehe sie ihre Arbeit beendet hatten – vielleicht würden sie Hassan treffen und ihm von ihrer Großzügigkeit berichten. Danach kamen sie nicht mehr. Sie ließen die Wände unverputzt und vergaßen ihr Werkzeug hinter einer Mauer. Außer sich vor Wut schob sie abermals den Kinderwagen von einer Baustelle zur anderen und heuerte Arbeiter an, die die Wände zu Ende verputzten, das Dach teerten und Stromleitungen legten.

Als Joel heimkam – sie hatte sich noch rasch eine neue Frisur zugelegt –, war auch die Treppe fertig. Sie führte in ein helles, angenehmes Zimmer, durch das man auf eine Dachterrasse gelangte, in deren Ecken drei Kübel mit Palmen standen; die Bäume streckten ihre spitzen Lanzen aus und wucherten, als wäre ein Zauberer am Werk.

Joel blieb stehen und betrachtete staunend das neue Obergeschoß, dann begann er zu lachen. »Wirklich! Da läßt man seine Frau zwei Monate allein, und wenn man zurückkommt, ist alles anders!«

Als sie oben waren, drückte er ihr anerkennend die Schulter, und indem er mit der Hand über die Wände strich, ging er von einem Ende des Dachgeschosses zum anderen und schaute sich um.

»Ich war nicht dafür, das gebe ich zu, aber es ist wirklich schön geworden. Haben die Arbeiter viel Schmutz gemacht?«

»Nicht der Rede wert.«

»Hast du gute Arbeiter gefunden?«

Während sie unbewußt die rauhe Wand streichelte, sagte sie: »Sie waren vergleichsweise gut. Sie kamen aus den besetzten Gebieten.«

»Was? Araber?« fragte er und schaute sie vorwurfsvoll an.

»Ja, Araber. Man findet keine anderen Arbeiter. Aber jeden Tag ist ein jüdischer Baustellenleiter nachsehen gekommen ... der aus der Herzlstraße.«

»Und sie haben sich anständig benommen und dir keine Scherereien gemacht?«

Tief durchatmend, wobei sie die Luft rasch und mit einem pfeifenden Geräusch in sich hineinsaugte, versuchte sie den Aufruhr, der in ihrem Innern erwachte, zu unterdrücken, blickte zur Seite und sah, wie Muchammad auf der Einfassung des Dachs stand und sie haßerfüllt anschaute, wie die Augen der Männer funkelten, als sie heraufkam und sie mit Vorwürfen überschüttete, sah Hassans Hände, zu Fäusten geballt, und die Linie, die sich über seine Wange zog, als er die Zähne zusammenbiß, und sie hörte, wie sie losprusteten, als sie ihre Beine hochhob, um auf die Leiter zu steigen und hinunterzugehen.

»Sie waren in Ordnung. Einmal ist Udi hingefallen, und ich habe einen furchtbaren Schreck bekommen. Einer der Arbeiter hat ihn aufgehoben und beruhigt. Er hat so sanft mit ihm gesprochen, das kannst du dir gar nicht vorstellen. Er hat ganz ruhig mit ihm geredet und ihm die Fingerchen geküßt. Später erfuhr ich, daß er zwei Jahre Medizin studiert hat. Er wollte Kinderarzt werden, aber aus irgendeinem Grund hat er das Studium nicht abgeschlossen. Er hat einen Jungen in Udis Alter und einen, der vier Jahre alt ist ...«

Als sie die verräterische Sanftheit bemerkte, die in den Klang ihrer Stimme einfloß, fügte sie lauter, als sie beabsichtigte, hinzu: »Einmal gab es ein kleines Problem, es ging um Geld. Auch haben sie versucht mich zu betrügen und haben Eisenstangen verwendet, die für die Stützpfeiler zu schmal waren. Araber – du weißt schon ...«

Die Tauben

Bevor man ihr von den Tauben erzählte, bevor sie von der Hand, die den Schwanz eines Vogels auf den Nabel ihres kleinen Bruders drückte, und von den Federn, die auf seinem Bauch lagen, träumte, bevor sie das Schlagen der kräftigen Flügel vernahm, die zum Licht strebend den todkranken Jungen zurückließen, und mit dem Gestank von Federn und Kot in der Nase aus dem Schlaf schreckte, hatte Chaja Bronstein sich ihrem Sohn gegenüber unerbittlich gezeigt: Sie hatte ihn nicht besucht, ihm kein Geld geschickt und sich nie nach ihm erkundigt.

Während der drei Monate, in denen Amnon sich auf seinem Lager wälzte und die Gelbsucht das Blut in seinen Adern pulsieren ließ, waren ihre Lippen fest aufeinandergepreßt und gruben sich tiefe Furchen in ihre Stirn; schweigend tat sie ihre Arbeit, doch sobald sie Schritte hörte, erfaßte sie Unruhe; im Traum sah sie die Augen der Toten aus jenem Krieg, die auferstanden, um sie zu bedrängen; wenn es an der Tür klingelte, blieb ihr das Herz stehen. Einmal in der Woche besuchte Lea, ihre Tochter, Amnon in seiner bescheidenen Parterrewohnung und schaute anschließend bei ihrer Mutter vorbei, um, ehe sie nach Haifa zu ihrem Mann zurückkehrte, ein Weilchen mit ihr zusammenzusitzen. Chaja kam ihr stets entgegengelaufen und schaute ihr mit bangem Blick in die Augen; aber sobald sie sah: der Junge lebt, nahm ihr Gesicht einen unbestimmbaren Ausdruck an, ihre Lippen verschlossen sich, um zu schweigen, nur ihre Ohren lauschten gespannt auf jeden Laut; sie deckte den Tisch und trug ihrer Tochter zu essen und zu trinken auf, als drohe sie zu verhungern.

Doch ließ Lea sich auf das Theater, das ihre Mutter ihr vorspielte, nicht ein. »Dein Sohn hat noch ziemlich hohes Fieber«, sagte sie, während die Mutter ihr den Rücken zuwandte und das Geschirr spülte – ihr Kopf war vornüber geneigt wie der eines Gehenkten, und ihre Lippen zogen sich noch mehr zusammen, als Lea sagte: »Dein Sohn.«

»Er sieht furchtbar aus. Sein Glück, daß er eine liebe Frau hat. Sie würde dir gefallen, wenn du nicht so halsstarrig wärst ...«

An einem Abend im Herbst hatte Chaja, hinter dem dichten Blattwerk eines Baumes stehend, beobachtet, wie ihre Schwiegertochter an einem kahlen Tisch saß und schrieb. Sie hatte niemandem davon erzählt, auch Lea nicht. Sie schämte sich, von bedrückenden Bildern aus ihrer Kindheit verfolgt, zwischen Häusern und Bäumen umherzuschleichen. Stille hatte an jenem Tag in den Straßen geherrscht. Während sich in einem Holzhaus, das als Synagoge diente, Männer in schwarzen Seidenmänteln zum Abendgebet einfanden, war sie an das Fenster ihres Sohnes getreten. Zwei Tage zuvor, als sie zum erstenmal dort gewesen war, war die Jalousie heruntergelassen und das schmale Beet vor dem Haus voller Unkraut. Jetzt konnte sie die Wand am gegenüberliegenden Ende des Zimmers erkennen. Drei Kleiderhaken waren an ihr befestigt; an einem hing ein steifer schwarzer Hut, wie ihn die Männer, die an ihr vorbeigingen, trugen, oder wie die Ausstellungsstücke, die in der Vitrine des Hutmachers an der Straßenecke zu sehen waren. Das Mädchen saß an einem kahlen Holztisch, die Glühbirne über ihr warf ein schwaches Licht auf ihren Rücken und ihren über das Heft geneigten Kopf. Der Kragen, der sich von ihrem gekrümmten Nacken abhob, bildete den Abschluß eines Kleides, das viel zu weit für sie war. Über ihre Arbeit gebeugt, wirkte sie wie ein fleißiges Schulmädchen. Danach fiel Chajas Blick auf das kurzgeschnittene Haar, das unter dem Kopftuch hervorlugte. Es glich Schafwolle. Aber ihren Sohn, der zwei Tage zuvor neunzehn Jahre alt geworden war, sah sie nicht.

»Sie tut alles für ihn, sie wäscht und füttert ihn, sitzt bei ihm und hält seine Hand. Heute hat er geschlafen, und ich wollte nicht, daß sie ihn meinetwegen weckt. Er kann ohnehin kaum sprechen. So habe ich die ganze Reise gemacht und kein Wort mit ihm gewechselt!«

»Er braucht niemanden, der ihm die Hand hält – weder dich noch mich«, sagte Chaja wütend, während sie wie besessen den Topf scheuerte, der längst wieder glänzte. »Er hat Gott.« Sie ließ den Topf auf dem Spülstein aufschlagen. »Bloß daß dieser Gott seine Leute nicht wirklich beschützen kann.«

»Mama, machst du mir bitte etwas zu essen?« fragte Lea und schielte nach ihrer Uhr. »Ich bin todmüde, ich habe den ganzen Tag kaum etwas zu mir genommen. Ich hatte eine Freistunde, aber statt zu essen habe ich mit dem Schulrat gesprochen. Und im Autobus mußte ich den halben Weg stehen.«

»Hier, laß es dir schmecken«, sagte Chaja, indem sie ihre bitteren Gedanken verscheuchte und einen Teller Suppe vor ihre Tochter hinstellte. »Wenn du weiterhin so viel arbeitest, wirst du bald umfallen. Ich habe von einer Frau in deinem Alter gehört, die vor Erschöpfung mitten auf der Straße ohnmächtig wurde. Und in deinem Zustand solltest du doppelt acht auf dich geben. Was macht dein Mann die ganze Zeit, während du ununterbrochen schuftest?«

»Auch er muß hart arbeiten.«

Nach ihrem Sohn fragte sie nicht. Doch was Lea ihr, die Suppe löffelnd, erzählte, nahm sie begierig auf wie ein hungriger Bettler, der Essensreste einsammelt. »Schon seit drei Monaten hat er Fieber. Die Viren fressen ihn auf, aber der Rabbi erlaubt nicht, daß man ihn in ein Krankenhaus bringt. Er befiehlt, an der Klagemauer für den Kranken zu beten, und verbietet ihm, Medikamente zu schlucken. Sie glauben an Gott, vertrauen auf den heiligen Geist! Er ist ganz mager geworden, und seine Augen sind meist geschlossen. Der Rabbi kommt jeden Tag zu ihm«, berichtete Lea ihrer Mutter, die mit großem Interesse den neuen Sprung in der englischen Porzellantasse begutachtete, »er legt ihm die Hand auf den Kopf und betet für ihn.«

Als Chaja zwei Wochen zuvor erfahren hatte, daß der Rabbi

ihm befahl, den Fastentag einzuhalten, war sie fest entschlossen gewesen, zu ihm gehen. Sie kochte Hühnerbouillon mit viel Wurzelgemüse, ließ sie abkühlen und füllte sie in fest verschließbare Gläser, danach stellte sie sie in die Reisetasche und schnallte die Gurte zu. Doch ihre Beine weigerten sich loszugehen. Sie stand in der geöffneten Haustür wie ein Lebensmüder am Rande der Klippe. Schließlich setzte sie die Tasche auf dem Tisch ab, holte die Gläser wieder heraus, goß den Inhalt in den Kochtopf zurück und stellte ihn in den Kühlschrank. Sie zog den Mantel aus und hängte ihn an den Kleiderhaken neben der Tür. Er würde ohnehin nicht essen, was in ihren Töpfen gekocht war. Ihre Küche war für ihn unrein, selbst wenn sie milchige und fleischige Speisen nicht mischte und sein Geschirr in zwei Pappkartons auf dem Balkon aufbewahrte und in verschiedenen Schüsseln mit speziellen Bürsten und Schwämmen abwusch.

Eine innere Stimme sagte ihr, das Fieber in seinem Körper verlösche, die Krankheit sei auf dem Rückzug. Als Lea behauptete, sein Körper glühe so wie zuvor, fragte sie nicht, wie hoch das Fieber sei. Selbst ihr Instinkt hatte sie in die Irre geführt: Ihr Wunschdenken war stärker als ihr Verstand. Allein auf ihre Augen war jetzt noch Verlaß, die aber hatten Amnon bereits sechsundzwanzig Monate nicht zu Gesicht bekommen.

Lea tat so, als sähe sie nicht, was in ihrer Mutter vorging; doch vielleicht bemerkte sie es wirklich nicht. Sie hatte es eilig, die Suppe zu essen und zu ihrem Mann zurückzukehren. Den Besuch bei ihrem Bruder schilderte sie so, als erfülle sie eine lästige Pflicht: Sie sei um vier Uhr angekommen, seine Frau habe ihr ein Glas Tee angeboten, und sie habe bis sechs Uhr gewartet, daß er aufwache, und ihn einmal von der Tür seines Zimmers aus angeschaut. Aber sie habe es nicht übers Herz gebracht, ihn zu wecken. Seine Frau habe ihr erzählt, daß der Rabbi seit vier Tagen jeden Tag zu ihnen komme. Voller Ehrfurcht habe sie seinen Namen ausgesprochen. Der alte Mann verlasse nur noch selten das Haus, er werde bald achtzig. Amnon kenne er seit dem Tag, an dem er ihn auf Empfehlung des Jeschiwavorstehers zu einem

Gespräch empfing. Daß er ihn jetzt besuche, sei eine große Ehre. Gewöhnlich schicke er einen Vertrauten, aber in Amnons Fall erscheine er persönlich. Seine Leute hätten versucht, ihn davon abzuhalten, denn sie fürchteten, er würde sich anstecken; trotzdem sei er an Amnons Krankenlager getreten und habe ihm seine Hände auf die glühende Stirn gelegt. Amnons Frau – sie hieß Orna – sei schon seit zwei Monaten nicht mehr zur Arbeit in den Kindergarten gegangen. Sie lebten von dem bescheidenen Gehalt, das sie weiterhin beziehe. Amnon bekomme kein Geld, denn ein Jeschiwaschüler, der nicht studiere, habe, selbst wenn er krank sei, keinen Anspruch auf Unterstützung. Am Freitag vergangener Woche hätten sie von einem anonymen Wohltäter für den Sabbat ein Paket mit Lebensmitteln erhalten. Ornas Mutter sei, als sie von der Krankheit ihres Schwiegersohns erfuhr, für zwei Tage zu ihnen gekommen und habe ihrer Tochter beim Saubermachen und Kochen geholfen.

Als Chaja hörte, was ihre Tochter ihr zu berichten hatte, war ihr zum Weinen zumute. Selbst wenn Amnons Gesicht sich gewandelt hatte – er blieb der Sohn, den sie liebte. Gelb verfärbt lag er auf seinem Lager, von Fremden umgeben. Mit einem Gefühl der Beklommenheit hatte sie Orna an jenem Abend in seiner Nähe gesehen: Mager und dunkel erschien sie ihr, die Schafwolle unter dem Kopftuch von schwarzen Spangen zusammengehalten und der knochige Körper in einem häßlichen, schlechtsitzenden Kleid, dessen lange Ärmel viel zu weit für ihre schmalen Schultern waren. Was gefiel Amnon an dieser Frau, daß er sie geheiratet hatte? Und was dem Heiratsvermittler, der sie ihm empfahl? Amnon, ihr schöner, hochgewachsener, stolzer Sohn, der von den Mädchen schon als Dreizehnjähriger für sechzehn gehalten und auf dem Heimweg vom Basketball umschwärmt worden war.

»Danke, Mama«, sagte Lea und erhob sich, indem sie ihren Bauch wie eine Last mit beiden Händen umfaßte. Als sie das Manuskript sah, das neben ihrer Tasche auf der Kommode lag, rief sie erschrocken: »Liga zum Kampf gegen die orthodoxe Tyrannei! Ich hoffe, daß du mit denen nichts mehr zu tun hast.

Man liest schreckliche Dinge über sie. Sie machen gemeinsame Sache mit den Arabern!«

Ohne etwas zu erwidern, half Chaja ihr, ihre Sachen in die Tasche zu stecken. Schon seit langem vermieden sie es, ihre Mitarbeit in der Partei zu erwähnen.

»Machst du da wieder mit?« Furcht und Schmerz schnürten Lea die Kehle zu, und sie klang wieder wie das fünfjährige Mädchen, das aus Furcht vor dem Alleinsein die Mutter davon abhalten wollte, aus dem Haus zu gehen.

»Ich schreibe eine Rede für die Eröffnung einer Versammlung«, sagte Chaja mit leiser Stimme, als mache sie ein Geständnis.

»Ich dachte, du wärst aus der Partei ausgetreten und hättest damit nichts mehr zu tun.«

»Ich bin nicht mehr so aktiv wie früher, aber wenn jemand gegen die Orthodoxen auftritt, dann bin ich dabei.«

»Du solltest dich nicht mehr für sie engagieren«, sagte Lea in unnachgiebigem Ton.

»Ich denke wie sie. Das war so, das ist so, und das wird immer so bleiben«, entgegnete Chaja. Ihre Stimme klang unbeugsamer als zuvor, und ihre Hände, die das Gesicht ihrer Tochter hielten, fühlten sich hart an. »Komm nächste Woche wieder, ja?« Sie wußten beide, weshalb sie darum bat.

Schon als sie aus dem Weltkrieg zurückkehrte, war Gott nicht mehr in ihrem Herzen gewesen. Die Bilder, die ihre Augen gesehen, und die Laute, die ihre Ohren gehört hatten, hatten ihn zu Staub werden und den Glauben an ihn wie Wasser, das aus einem Krug fließt, verrinnen lassen. Nachts, auf der Holzpritsche, wenn ein leises Schluchzen in der Baracke zu hören war und von draußen das Gebell der Hunde der Deutschen, hatten sie und ihre Nachbarin immer wieder russische Wörter vor sich hin gesagt: Land, neu, gut, bauen. Wörter, die sich rasch zu Sätzen verbanden: »Wir werden ein neues, gutes Land aufbauen.« Als sich die russischen Soldaten dem Lagertor näherten, versteckten sich die

Mädchen in den Zimmern der in der Dunkelheit geflohenen Deutschen. Gerüchte kursierten, die vorrückenden Soldaten vergewaltigten Frauen. Nur Chaja zog ihnen, von einer Handvoll Männer begleitet, entgegen. »Willkommen, Genossen«, sagte sie auf russisch zu ihnen. »Schon seit langem erwarten wir euch.« Und als sie in die Stadt zurückkehrte – ihr Kopf kahlgeschoren und ihr Magen schmerzend vom plötzlich gestillten Hunger –, suchte sie das Büro der kommunistischen Partei auf und schrieb sich als Mitglied ein.

In ihren Träumen brannten noch die Sabbatkerzen, deren Flammen wie bei heftigem Wind flackerten, und eine weiße Decke war über den alten Tisch gebreitet. Ihr Vater, ein Samtkäppchen auf dem Kopf, beugte sich über das Gebetbuch, dessen weiche Hülle sie mit weißen Narzissen und roten Lilien, jenen Blumen, die das Hohelied nennt, bestickt hatte. Doch je weiter sich diese Tage entfernten, um so matter wurde der Kerzenschein, am Ende verschwand er hinter dem Bild der Augen und bleichen Arme der unzähligen Toten, der Kinderfüße und Mädchenhände, der feinsäuberlich aufgehäuften Berge der in letzter Schwäche herabgesunkenen Glieder.

Noch bevor sie nach Israel ging, war etwas Neues entstanden, das wie eine verborgene Quelle in ihrem Innern rauschte. Innerhalb von zwei Monaten nach ihrer Ankunft fand sie Zugang zu den Versammlungen der kommunistischen Partei und war verblüfft, welch ein Echo die Dinge in ihr hervorriefen. Die Kochnische, das Waschbecken und die Toilette ihrer kleinen Wohnung teilte sie mit einem Einwandererpaar aus Saloniki und dessen Töchterchen, und sie war froh über den glücklichen Zufall, daß ihr Zusammenleben gut funktionierte. Bei den Leuten von nebenan, die sich ebenfalls eine Wohnung teilten, wurde ununterbrochen gestritten. Eine streute der anderen Salz in die auf dem Feuer stehenden Töpfe, die andere schüttelte staubige Decken über der frischgewaschenen Wäsche ihrer Mitbewohnerin aus. In wenigen Monaten wurde das Zimmer, das Chaja bewohnte, ihr und den Parteimitgliedern zum Heim. Manchmal kamen Genossen von weit her, und sie konnten sicher sein, daß Chaja eine Matratze zum Übernachten für sie bereithielt. Die Nachbarn aus Saloniki ließen die Besucher bereitwillig ein, liehen ihnen ihre schönen Laken und boten ihnen den Korridor, der zu ihrem Zimmer führte, als Schlafplatz an.

In kürzester Zeit lernte Chaja ein neues Vokabular: neutrale Außenpolitik, Gleichberechtigung, arabische Minderheit, Unabhängigkeit, mangelnde Identifikation, Lebensstandard; und schon bald hatte sie ein Betätigungsfeld gefunden – die Trennung von Staat und Religion. Das Parteibüro lud sie zu zahlreichen Veranstaltungen ein, und die im Lande Geborenen hörten mit Bewunderung, wie sie Hebräisch sprach. Ihre Stimme hallte fest und entschlossen aus den Lautsprechern. Mit fremdem Akzent, doch mit den richtigen Worten schuf sie Sätze, die wie Schlagzeilen klangen: »Sechs Millionen genügen, Gott ist tot.« Die Journalisten zitierten sie gern: »In den Öfen von Auschwitz ist Gott in Rauch aufgegangen.« Manchmal erschien neben den Artikeln ein Foto von ihr: eine füllige, hochgewachsene Frau, die sich mit zur Seite gestreckten Armen und geballten Fäusten auf das Rednerpult stützte, ein in die Breite gedehntes Dreieck, auf dem ein Kopf mit kurzem Haar thronte. Ihre schmalen Lippen und ihre unauffälligen Kleider ließen sie wie eine Büßerin erscheinen. Die Parteifunktionäre betrachteten sie voller Hoffnung; sie hatten begriffen, daß sie von einer mitreißenden Begeisterung erfüllt war. Die Worte brachen emotionsgeladen aus ihrem Mund und bahnten sich einen Weg in die Herzen des Publikums.

Manchmal erkannte sie vom Rednerpult aus das blasse Gesicht ihrer Cousine Mirjam unter den Zuhörern. Mirjam war die einzige Angehörige, die ihr geblieben war. Nach dem Krieg hatte man sie in einem Durchgangslager wiedergefunden, das die Amerikaner in einem ehemaligen KZ eingerichtet hatten. Wenn die Versammlung vorüber war und sie untergehakt zur Bushaltestelle gingen, sagte sie zu Chaja auf polnisch: »Furchtbare Dinge hast du gesagt. Dies ist doch ein jüdischer Staat! Endlich ist er geschaffen! Wie kannst du so sprechen nach allem, was uns widerfahren ist?«

Und Chaja antwortete ihr auf hebräisch: »Ich spreche so, *weil* wir das alles durchgemacht haben.«

Unter den jungen Männern, die im Parteihaus verkehrten und gelegentlich im Korridor vor der Tür der Salonikier übernachteten, befand sich Joschua Bronstein. Den größten Teil seiner Lebensgeschichte erfuhr sie erst, als sie Witwe wurde: Er stammte aus Wilna; während des Krieges war es ihm gelungen, die Wächter zu überlisten und aus dem Lager zu fliehen; nach der Flucht hatte er sich den Partisanen angeschlossen. Über diesen Abschnitt seines Lebens wußte sie wenig. Von einem Genossen hatte sie erfahren, daß er eine Heldentat vollbracht und zweiundzwanzig Menschen gerettet hatte. Er selbst sprach nie davon. Bescheiden und von kleinem, schmächtigem Wuchs, fühlte er sich von ihrer überbordenden Energie und ihren weit ausholenden Gesten angezogen. Als er sie zum erstenmal auf dem Podest stehen sah – sie schlug mit den Fäusten aufs Rednerpult, und der braune Baumwollstoff ihres Kleides spannte sich über ihren kräftigen Schultern –, war er sogleich von ihr fasziniert. Drei Jahre machte er ihr den Hof mit einer Ergebenheit, zu der nur schwache Menschen befähigt sind. Er folgte ihr auf jede Versammlung und hörte wieder und wieder ihre Anklagen gegen Gott und die Menschen. Aus Enttäuschung über einen Geliebten, der sie verlassen hatte, entschied sie sich überraschend, Joschua zu heiraten. Tief unten in der Schublade ihres Schrankes fanden ihre Kinder später das Hochzeitsbild: sie in einem einfachen kragenlosen Baumwollkleid, mit ernstem Gesicht; er in einem festlichen Anzug, einen halben Kopf kleiner als seine Frau. Sechs Monate nach der Hochzeit wurde Lea geboren, und wenn Chaja zu Versammlungen und Kongressen eilte, kam Joschua, der in einer Werkstatt Stahl schmolz und in Gußformen füllte, früher nach Hause. Lea war ein schwächliches, verschlossenes Kind, ganz das Abbild des Vaters; Chaja schien zu seinen Gunsten auf sie verzichtet zu haben. Später wurde scherzend erzählt, Chaja sei einmal auf der Straße an ihnen vorübergelaufen, ohne sie zu erkennen. So sehr war sie mit ihren eigenen Angelegenheiten beschäftigt, so fremd waren ihr Mann und Tochter.

Als ihr Sohn Amnon geboren war, schien etwas in ihr sanfter zu werden. Zum erstenmal verbrachte sie mehrere Tage hintereinander daheim, ohne ins Parteihaus oder zu den Versammlungen der Gremien zu gehen. Sie beschloß, ihren Sohn zu stillen und nicht wie für Lea Flaschen mit gelöstem Milchpulver bereitzustellen. Wenn an den Wintermorgen die Sonne hervorkam, nahm sie ihn mit ins Parteihaus, und wenn sie ihn stillen wollte, schloß sie sich mit ihm in ein Zimmer ein. Als sein Haar zu wachsen begann und seine Gesichtszüge deutlicher wurden, erkannte sie in ihm ihren Bruder David wieder, den sie sehr geliebt hatte. Je älter er wurde, um so mehr schien er seine Bewegungen, seine Stimme und seinen neugierigen Blick zu kopieren. Manchmal war die Ähnlichkeit so verblüffend, daß sie laut »David« zu ihm sagte und sich in das Mädchen verwandelte, das in ihr schlummerte – dessen Füße bis zu den Knöcheln im Schlamm steckten und dessen Augen aufleuchteten wie Blitze.

Im Lauf der Jahre verblaßten die Erinnerungen an ihre Eltern, ihre beiden Brüder und ihre Schwester, so als strebten sie zu einem anderen Ziel. Nur das Bild Davids, der wenige Tage vor seinem dreizehnten Geburtstag gestorben war, sah sie immer größer und deutlicher vor sich, bis es mit der Gestalt ihres Sohnes verschmolz. David, das wußte sie noch aus Kindertagen, ähnelte ihr, und sie beide waren anders als alle, die sie umgaben. Gemeinsam jagten sie, durch den Mist watend, den Schweinen Janeks, des polnischen Bauern, hinterher und lugten sie durch das Fenster ins Zimmer der irren Mirale, die sich den ganzen Tag mit den Händen durch das lange Haar fuhr und Verse aufsagte. Zwei Monate vor seiner Bar-Mizwa-Feier wurde er krank, sein Gesicht färbte sich gelb wie das eines alten Mannes. Auch seine Augäpfel sahen aus wie altes Pergament. Jede Woche schoben sie sein Bett ein Stückchen weiter von der Haustüre fort, am Ende stand es in dem dunklen Gang, der zur Speisekammer führte. Die Krankheit hatte sich in ihm festgesetzt und weigerte sich zu vergehen. Sie aber schlich sich trotz der Warnungen ihrer Mutter in diesen abgelegenen Winkel der Wohnung, um seine kraftlose Hand zu nehmen und ihm zuzuflüstern: »Verjag die Krankheit, soll sie doch zu Danziger, dem Dieb, gehen!« Aber sein Lachen klang müde, es schien gleichfalls von der Krankheit befallen.

Die Kindheitstage ihres Sohnes waren eine versöhnliche Zeit für sie. Wer sie beobachtete, stellte fest, daß sie nun seltener ans Rednerpult trat und die Fäuste in Richtung des Publikums schwang. Alles zog sie nach Hause, zu ihrem Sohn, der ihr Bruder und Geliebter zugleich war.

In dieser Zeit, in der seit vielen Jahren zum erstenmal eine gewisse Ruhe in sie eingekehrt war, wurden die Streitereien zwischen ihr und ihrem Mann immer heftiger, denn was er im Vortragssaal schätzte, mißfiel ihm daheim: Den Zorn und die donnernden Fäuste, die auf der Bühne so eindrucksvoll waren, wollte er zu Hause nicht dulden. Als sie anfing, Lea und Amnon atheistische Ansichten beizubringen, stellte er sich schützend vor seine sanften Kinder, doch hatte er nicht die Kraft, gegen seine Frau anzukämpfen. Eines Tages brach er in der Werkstatt zusammen, schlug auf den harten Steinboden auf und riß mit der Spitze des Stabes, den er in der Hand hielt, einen abkühlenden Stahlblock herunter. Als Chaja Witwe wurde, war sie nicht einmal dreiunddreißig, doch schien sie allen, auch sich selbst, bereits eine alte Frau. Ihre schlechte finanzielle Situation rief ihr Joschua in den folgenden Jahren immer wieder in Erinnerung. Darüber hinaus aber dachte sie nur selten an ihn. »Euer Vater ließ sich mit Dingen ein, die seine Kraft überschritten«, sagte sie einmal zu ihren Kindern, und in ihre Stimme schlich sich ein Unterton, dessen sie sich sonst nur in ihren Reden bediente, »mit mir und mit Stahlblöcken.« Selbst witzige Bemerkungen sprach sie mit ernstem Gesicht aus.

Von dem Tag an, an dem ihre Kinder vernünftig genug waren, erfuhren sie von dem Krieg und dem Gott, der sein Volk verraten und die ihn liebten nicht beschützt hatte. Lea, die in ihrer eigenen

Welt lebte, in der nur Raum für ihre Bücher und Zeichnungen war, hörte zu und schwieg. Aber Amnon, dessen Augen wie die seiner Mutter blitzten und dessen Fäuste grundlos Schläge austeilten, bewarf die orthodoxen Kinder mit Steinen und lauerte ihnen am Sabbatmorgen an den Häuserecken auf, um sie an den Schläfenlocken zu ziehen oder ihnen ein Bein zu stellen. Jede Woche zitierte sein Klassenlehrer Chaja zu sich. Nach außen hin tat sie so, als höre sie ihm verständnisvoll zu, doch heimlich lachte sie über die Streiche ihres Sohnes: Der Religionslehrer hatte Fotos von nackten Frauen zwischen den Seiten seiner Bibel gefunden, bei der Englischlehrerin erkundigte er sich scheinheilig nach der Bedeutung gewisser Schimpfwörter.

Die Vormittage verbrachte sie in der Stadtbücherei, in der ihr der Parteisekretär eine Anstellung verschafft hatte. Abends blieb sie meist bei ihren Kindern. Manchmal erzählte sie ihnen von ihrem Zuhause in dem fernen Heimatland, das in Rauch aufgegangen war. Von den Ahornbäumen, die an den Hauseingängen gestanden, und von den Apfelbäumen, in deren kahlem Geäst Figuren aus Schnee gesessen und die Kinder zum Lachen gebracht hatten. Eine schmerzliche Sehnsucht sproß in ihr in diesen Jahren, die bisweilen stärker wurde als ihr Zorn. Doch waren es zauberhafte Momente des Friedens, wenn ihre Kinder gefesselt das Foto betrachteten, auf dem die zahlreiche Familie um einen Tisch versammelt saß: Opa, Oma, Mama und Papa, die drei Brüder, die Schwester, ein Onkel, eine Tante und drei jüngere Cousins.

»Und alle, alle sind tot?« fragte Amnon.

»Alle.«

»Alle sind in den Öfen verbrannt worden?«

»Nicht alle. Oma ist zwei Monate vor dem Krieg gestorben, und Opa zu Hause im Ghetto. Auch mein jüngerer Bruder ist zu Hause gestorben.«

»David?«

»Ja, David.«

»Woran ist er gestorben?«

»An einer Krankheit.«

»Einer Krankheit?«

»Ja, an einer Krankheit. Man nennt sie Gelbsucht. Damals war sie eine sehr ernste Sache, vor allem bei Kindern. Man hatte noch keine Medikamente, die so gut waren wie heute.«

»Wie hat man die Leute dann geheilt?«

»Mit allerlei Mitteln, an die heute niemand mehr glaubt.«

»Mit welchen?«

»Zum Beispiel gab es Windgläser. Hast du schon einmal davon gehört?«

»Nein. Was ist das?«

»Das sind Gläser, die man über einer Kerze erhitzt und auf den Körper des Kranken drückt – sie machen ihn wieder gesund.«

»Hat man das auch bei David versucht?«

»Nein. David ...«

Sie wurde auf einmal blaß im Gesicht. Ein Schwindelgefühl wie jenes, das man beim Anblick von Blut spürt, befiel sie. Ihre Mundwinkel zitterten. Doch da Amnon sie anschaute, bemühte sie sich, ihr Gesicht ruhig erscheinen zu lassen.

»David hat man Tauben gebracht.«

»Tauben, die fliegen?«

Die Sätze platzten aus ihrem Mund mit einer Geschwindigkeit, in der sie sonst nie zu ihm sprach – als seien ihr die Worte außer Kontrolle geraten:

»Ja ... Tauben wie die, die wir letztes Pessach auf dem Dach gehabt haben.«

»Wie kann man mit Tauben jemanden gesund machen?«

»Es klingt ein wenig seltsam, gewiß ...«

Das Gurren von Tauben, der Geruch von Federn und das Geräusch flatternder Flügel, die in die Lüfte aufsteigen wollen, erfüllten den kleinen Raum, in den Davids Bett gestellt worden war.

»Hier bringe ich zwanzig Tauben«, sagte Mosche Lubinski, der sich in den umliegenden Dörfern mit seinen Tauben einen Namen gemacht hatte. Seine Schläfenlocken wippten auf und ab, als er sich bückte, um den Sack zu öffnen und nach den zappelnden Krallen einer Taube zu greifen, die, kräftig mit den Flügeln schlagend, versuchte, sich aus seiner Hand zu befreien. Doch hielt er ihre dünnen Beine fachmännisch mit Zeigefinger und Daumen umschlossen und drückte mit der anderen Hand ihre Flügel fest an ihren Körper.

»Diese Tauben«, sagte er zu David, der ihn mit matten Augen anschaute, während es Speicheltröpfchen aus Mosche Lubinskis Mund regnete, »werden mit Gottes Hilfe die Krankheit auf sich nehmen, so wie der Hahn am Versöhnungstag die Sünden Israels auf sich nimmt. Du wirst sehen, Bärle. Ich hörte, der Sohn von Schneider Schmiel ist mit dir in einer Klasse, nicht wahr? Vor einer Woche hab ich ihm Tauben gebracht, und sie haben ihn von seiner Krankheit befreit. Heute ist er wieder stark und kräftig wie Samson der Held. Du wirst sehen, auch du wirst es bald wieder sein. Wart's nur ab. Nein, nein, du brauchst keine Angst zu haben. Schau her, wir setzen die Taube auf deinen Bauch ..., und sie schläft ein. Gleich wirst du's erleben. Es tut überhaupt nicht weh. Du darfst dich nur nicht bewegen. So – siehst du?«

Verzweifelt schlug die Taube mit den Flügeln, als habe auch sie begriffen, was gleich geschehen würde. Mit der anderen Hand zog Mosche den leeren Teerkübel heran, den er bereitgestellt hatte, um die toten Tauben hineinzuwerfen.

»Es klingt ... ein wenig seltsam«, sagte Chaja, indes sie aus dem Traumbild zu Amnon zurückkehrte, der sie erwartungsvoll ansah. »Das ist so ein Glaube, daß die Tauben die Krankheit aus dem Körper des Menschen wegnehmen.«

»Und es geschah wirklich?« fragte Lea plötzlich. Nur selten nahm sie von sich aus an den Gesprächen teil, die ihre Mutter und ihr Bruder miteinander führten; die meiste Zeit hätte man glauben können, sie sei nicht anwesend.

»Von manchen Fällen behauptet man, es habe geholfen. Aber David hat es nicht wieder gesund gemacht«, sagte Chaja, die Augen wie gewohnt Amnon zuwendend.

»Weshalb nicht?« fragte Amnon und nahm von neuem die Position des Gesprächspartners ein.

»Man sagte, die Tauben hätten seine Krankheit nicht annehmen wollen.«

»Ist das wahr?«

Mit einemmal war der Zauber gebrochen, wie eine Melodie, die zu Ende war; Müdigkeit bemächtigte sich Chajas. Als sie, die Erinnerungen von sich abschüttelnd, im Dunkeln die Gesichter ihrer Kinder wahrnahm und die Stimme ihrer Nachbarin Hanka hörte, die ihren Mann warnte, sich bei der Reparatur des Fensterriegels nicht mit dem gebrochenen Arm an der Wand abzustützen, sagte sie: »Unsinn. Das ist alles Unsinn. Wir müssen Licht machen.«

Es geschah in seinem dreizehnten Lebensjahr. Seine Bar-Mizwa, die in den Anfang des Herbstes fiel, feierten sie wie einen gewöhnlichen Geburtstag: Chaja backte einen Kuchen, der wunderbar aufging, sie überzog ihn mit einer süßen braunen Schicht Sahnecreme und verwandte viel Zeit und Mühe auf die Garnierung und das Aufschneiden. Abends kamen Hanka, die Nachbarin, und ihr Mann sowie Cousine Mirjam zu Besuch; am Sabbat erschienen die Tochter von Joschuas Tante und deren Mann, die den ganzen Weg vom Stadtrand zu Fuß zurückgelegt hatten und nun die restlichen Cremeschnitten aßen. Chaja hatte Amnon den roten Ball gekauft, für den er sich entschieden hatte, nachdem sie eines Nachmittags in drei Geschäften gewesen waren, wo er mit kritischer Kennermiene zur Probe verschiedene Modelle auf den Fußboden und gegen die Wand geschmettert hatte. Seine Schwester Lea hatte von dem Geld, das sie mit Privatstunden verdiente, die sie einem Kind reicher Eltern erteilte, ein Buch über die Entdecker der Kontinente für ihn besorgt. Von Hanka bekam er einen Stift, der auf Fingerdruck seine Feder herausschnellen ließ und eine winzige Kugel als Spitze hatte, und von der Cousine seines verstorbenen Vaters ein in schönes Geschenkpapier gewickeltes Buch, das das Sonnensystem mit all seinen Sternen und deren Bahnen erklärte. Er blätterte es rasch durch und sollte nie wieder hineinschauen. Keinem der Gäste, auch Amnon selbst nicht, kam der Gedanke, eine Bar-Mizwa müsse in der Synagoge gefeiert werden.

Am Tag der Bar-Mizwa von Ischai aber, seinem besten Freund, ging er gegen den Willen seiner Mutter zum Gottesdient mit und kehrte krank von dort zurück.

»Was ist geschehen?« verlangte sie zu erfahren. »Was haben diese Kriechtiere dir angetan?«

Eines Tages würde er zu ihr sagen: »Damals hat mich das Licht berührt.« An jenem Tag aber ging er sofort zu Bett, zog sich die Decke über den Kopf und fiel in einen fiebrigen Schlaf.

»Sie haben dich vergiftet«, sagte sie zornig, während sie ihn von der Tür aus anschaute. »Die Luft dort ist wie Arsen.«

Später würde sie sich nicht erklären können, wie es dazu gekommen war, daß ihr Sohn sich allmählich von ihr entfernt hatte. Es war so, als befinde er sich, von einer Menschenmenge umgeben, am Meeresstrand und als untergrabe die friedliche See in beinahe unmerklichem Tempo den sandigen Boden, auf dem er stand. Schon schlugen die plätschernden Wellen ihm gegen die Knie, und kurz darauf, während seine Augen noch zum Horizont blickten, reichte das Wasser ihm bereits bis zum Hals. In stummem Fließen rückte die Uferlinie weiter und weiter von ihm fort, und jenseits des Wellenkamms gingen die Menschen, so klein wie aus der Sicht eines fliegenden Vogels. Den Kopf, der fern auf den Fluten trieb, würden sie nicht erkennen, das Rufen seiner Stimme nicht hören. Ein Jahr lang erzählte er ihr, wenn er mit dem Ball unterm Arm loszog, er wolle in den Meir-Park zum Sportplatz gehen; doch in Wahrheit überquerte er ihn nur, um in der Bograschowstraße das Haus eines Rabbis zu betreten, dessen Vorträgen er andächtig lauschte. Sie aber wußte nichts von alldem. Erst als nachts ein Murmeln aus seinem Zimmer kam, fuhr sie erschrocken hoch. Es spülte Gedanken heran, die sie nicht länger ertrug. Wie ein kranker Vogel ging er mit eingezogenem Kopf, und seit Monaten schon wich er ihr aus, wenn sie ihn prüfend ansah oder ihm Fragen stellte.

»Fühlst du dich nicht wohl?«

»Mir geht es gut.«

»Weshalb siehst du dann aus, als wärst du krank?«

»Ich bin nicht krank.«

»Sollen wir dich beim Arzt anmelden? Jahrelang zahle ich ein, und wenn einer den Arzt braucht, geht er nicht hin.«

»Das ist nicht nötig. Ich fühl mich wohl.«

Was bedeuten dann die Schatten auf deinen Lidern und die Ringe unter deinen Augen? wollte sie ihn fragen, doch sie wagte es nicht. Und weshalb entziehst du dich mir, tust so, als schliefest du, wenn ich dich etwas fragen will? Und weshalb schließt du dich stundenlang in dein Zimmer ein, läufst ruhelos umher und verläßt das Haus ohne ein Wort?

In der Bücherei suchte sie, auch nach Ende der Dienstzeit, in wissenschaftlichen Büchern Erläuterungen über die Zeit des Erwachsenwerdens und fand Trost in den Schilderungen der Absonderlichkeiten, zu denen die Jugendlichen verdammt waren. Wenn sie mit ihrem Sohn einige Worte wechselte, betrachtete sie sein Gesicht und seinen Körper in der steten Erwartung einer Veränderung. Er aber verkroch sich vor ihr und ihren Blicken, die ihn aus allen Richtungen trafen, und verschwand hinter seiner bekümmerten Miene.

Ungefähr ein Jahr später nahm er die Mahlzeiten nur noch selten bei ihr in der Küche ein. Er hütete sich, Fleisch anzurühren, und begann nach einer Weile ganz unverhohlen in seinem Zimmer eigene Teller und Tassen zu benutzen, die er in verschiedenen Schubladen aufbewahrte. Damals weigerte sie sich noch, die Zeichen zu deuten, sie unterdrückte den Verdacht, den sie hegte, und wenn ihre Cousine Mirjam versuchte, die Symptome zu erklären, stellte sie sich taub. Erst als er beschloß, ein Käppchen zu tragen, erwachte sie.

Da aber war die Sache bereits offenbar und unwiderruflich: Er trug Schaufäden, war hager geworden, und seine Augen glänzten in einem anderen Licht. Eines Abends – jetzt erkannte sie das Unglück, dessen Herannahen sie seit vielen Monaten geahnt und das sie sich zu sehen geweigert hatte – führte sie mit ihrem Sohn ein langes Gespräch, das bis zum Morgengrauen dauerte. Sie sprach Warnungen aus und vergoß Tränen, sie erklärte und drohte ihm. Auf jedes ihrer Argumente antwortete er mit einem Zitat aus den heiligen Schriften. Als der Morgen kam, wußte sie, daß ihr Sohn Amnon ihr den Rücken gekehrt hatte. Mit brennenden Augen fragte sie: »Und was nun?«

»Nun bin ich ein gläubiger Mann«, sagte er und erschien ihr mit einemmal wie ein Fremder.

In den folgenden Monaten unterhielten sie sich immer seltener und gingen sich aus dem Weg. Auch an ihr war eine neue Entwicklung erkennbar: Die kleinen Quellen der Sanftmut, die nach den Jahren des Krieges unter schweren Steinen begraben und von der Last der Toten zugedeckt waren, diese Quellen der Sanftmut, die sich einen Weg gebahnt hatten zu ihrem wilden Sohn und der Gestalt seines prächtig gedeihenden Körpers, wurden mit einemmal wieder zugeschüttet, und der alte giftige Zorn kehrte mit einem schweren Beben in sie zurück. Doch waren ihre Glieder nicht mehr an ihn gewöhnt, verwirrt fuhr sie hoch wie ein Wächter, der auf seinem Posten eingenickt war.

»Was meinst du?« fragte sie eines Tages Mirjam um Rat. »Soll ich zu diesem Rabbi gehen und versuchen Einfluß zu nehmen?«

»Was heißt ›Einfluß nehmen‹? Wie willst du das anstellen? Wenn er damit aufhören will, wird er es von selbst tun. Und wenn er nicht aufhören will, gibt es kein Mittel, ihn dazu zu bewegen.«

»Ich begreife immer noch nicht, wie er dahin gekommen ist!«

»Und wie du geworden, was du bist, kannst du erklären?«

»Ich verstehe.«

»Das ist die Antwort«, sagte Mirjam, und als sie gegangen war, dachte Chaja im stillen: Ganz unverhofft sagt der Tor weise Dinge, auch wenn er selbst nicht versteht, was er spricht.

Mit Staunen bemerkte Chaja, daß ihre Tochter Lea, die damals bereits in den Abiturprüfungen stand, allmählich einen Zugang zu ihrem Bruder fand. Abends unterhielten sie sich in leisem, vertraulichem Ton und verließen bisweilen gemeinsam das Haus – er wie ein welker Sproß mit hängendem Kopf, sie eine Heranreifende mit gerundetem Körper. In diesen Augenblicken verübelte Chaja ihr, daß sie sich zwischen Amnon und ihre Träume schob. Und obwohl sie um die Absurdität ihres Vorwurfs wußte, beschuldigte sie sie insgeheim, alle Lebenskraft aus ihm herauszusaugen. An manchen Abenden suchte sie ihre Nähe, um auf diese Weise die Verbindung zu ihrem Sohn nicht zu verlieren. Aber Lea, die seit dem Tod ihres Vaters niemand wirklich gemocht hatte und die, obwohl sie im selben Haus wohnten, von ihrer Mutter stets übersehen worden war, verriet Amnon und seine Geheimnisse nicht.

»Tut er das alles aus Trotz?« fragte sie ihre Tochter, um ihr eine Äußerung über Amnon zu entlocken.

»Es hat nichts mit Trotz zu tun. Er versucht seinen Weg zu finden, das ist alles.«

»Er versucht seinen Weg zu finden und will mir, wenn möglich, damit wehtun. Aber weshalb, frage ich mich. Er weiß allzu gut, was er mir bedeutet und was ich für ihn getan habe – auch du weißt es. Habe ich recht?«

»Sprich mit ihm. Er macht kein Geheimnis aus der Geschichte.«

»Er weicht mir aus. Seit mehreren Monaten fängt er immer dann an zu beten, wenn ich sein Zimmer betrete, oder er läuft hinaus oder muß sich dringend mit irgend etwas anderem beschäftigen, mit Mesusot oder sonst etwas. Schon seit einem halben Jahr hat er mir nicht mehr in die Augen gesehen, verstehst du?«

»Er hat einen anderen Tagesablauf – anders als unserer.«

Ohne sein Wissen suchte sie seinen Klassenlehrer auf.

Der Junge ist ein wenig stiller als die anderen, gab der Lehrer zu. In seinem Alter machen die Jugendlichen große Veränderungen durch, aber im Falle Ihres Sohnes ist es ein Wandel zum Guten. Ich nehme an, es hat mit dem Käppchen zu tun, das er seit einiger Zeit auf dem Kopf trägt. Er ist fleißig und aufmerksam und wirkt erwachsener als noch vor einem Jahr. Ja, und der Religionslehrer ist tief beeindruckt von seinen Leistungen. Er verfügt über ein Wissen, das über den Unterrichtsstoff hinausgeht. Nein, ein Außenseiter ist er nicht. Obwohl auch bemerkt werden muß, daß er im Gegensatz zum vergangenen Jahr nicht länger einen Unruheherd bildet – was auch die Tatsache beweist, daß Sie seit Schuljahresbeginn nicht mehr in meine Sprechstunde bestellt worden sind. Im großen und ganzen besteht kein Anlaß zur Sorge. Der Junge entwickelt sich durchaus positiv. Ja, und vor einem halben Jahr hat die Schule alle Schüler von einem Arzt untersuchen lassen. Eine Verschlechterung des Gesundheitszustands Ihres Sohnes konnte nicht festgestellt werden. Wäre das der Fall gewesen, hätten wir Sie sofort benachrichtigt. Es besteht wirklich kein Grund zur Sorge. Der Junge ist seinen Kameraden in der Entwicklung voraus, das ist alles.

Insgeheim trauerte sie bereits um ihn. Ihre Trauer war die natürliche Abwehr eines Menschen, der weiß, daß, wenn das Schlimmste vorüber ist, er nichts mehr zu fürchten hat. Der Junge, der durch ihr Haus ging, war nicht mehr das Kind, für das sie ihre Parteikarriere und ihren Traum von der wunderbaren Erlösung aus den Schrecken der Diaspora aufgegeben hatte.

Nur durch einen Zufall erfuhr sie, daß er durch die Viertel der Stadt zog, bei den Leuten anklopfte und sie um eine Spende für die Renovierung einer Synagoge in Bne Braq bat, sie von der Wichtigkeit der Gebote zu überzeugen suchte und sich bereit erklärte zu überprüfen, ob ihre Mesusot in Ordnung waren und sie tatsächlich ein von einem Thoraschreiber beschriebenes Stück Pergament enthielten. Die meisten Türen, so erzählte man ihr, wurden ihm vor der Nase zugeschlagen. Den anderen aber, die ihn hereinbaten, war es vergönnt zu erfahren, daß nicht nur an der Eingangstür, sondern an allen Türen des Hauses, mit Ausnahme der des WCs, eine Mesusa angebracht werden müsse. Wer ihm freundlich gesinnt war, erfuhr außerdem, daß im Buch Sohar steht, das auf das Pergament in der Mesusa geschriebene Wort *Schadai* bedeute *Wächter der Türen Israels*. Und wer besonders geduldig war, hörte sich noch die Geschichte des Proselyten

Onkelos, des Neffen eines römischen Kaisers, an, der die Legionen seines Onkels zum Judentum bekehrt hatte.

»Hättest du das gedacht?« fragte sie Mirjam im Flüsterton, obwohl sie allein im Wohnzimmer saßen. »Amnon Bronstein geht von Tür zu Tür wie ein Bettler, fällt den Leuten mit seinen Mesusot auf die Nerven und sammelt Spenden für eine Synagoge in Bne Braq. Wenn ich nur daran denke, wie sie dasitzen und sich über ihn lustig machen, ohne daß er es merkt. Sie brauchen ihn nur hereinzubitten, schon bekommen sie eine Gratisvorstellung. Ich sage dir: Wenn ich nicht vor Scham gestorben bin, als ich von alldem hörte, bedeutet das, daß ich ewig lebe.«

Dann plötzlich, als er sechzehn Jahre alt war, erwachte er – wie in einem Märchen, das die Großmütter erzählen – zu neuem Leben, und Chaja fühlte, daß der verlorene Sohn zu ihr zurückkehrte, daß er auf wunderbare Weise wie ein Zugvogel den richtigen Weg fand. Seine Stimme wurde kräftiger, als gesunde er von einer schweren Krankheit. Seine umherirrenden Augen blickten geradeaus. Morgens biß er mit Appetit in sein Brot; freudig bereitete ihm Chaja die Schnitten und schaute ihm zu, während er aß: Den ersten Anzeichen mißtrauend, schien er das Wunder, das ihm widerfuhr, noch nicht zu begreifen. Er aß lustvoll und mit großem Vergnügen, warf Oliven in die Luft und fing sie mit dem geöffneten Mund.

Wie es zu dem Wandel gekommen war, konnte sie sich nicht erklären; sie wollte es auch nicht wissen, als fürchte sie, dies sei nur ein schöner Traum, der durch den Klang ihrer Fragen verscheucht würde. Tagelang war sie von dem Gefühl beherrscht, das Schreckliche, das ihr zugedacht war, habe sie nicht getroffen, wie eine Revolverkugel, die aus unerklärlichem Grund aus der Bahn gerät. Trotzdem wußte sie, daß die Flamme, die in ihm brannte, auflodern und ein Feuer entfachen würde, das er nicht imstande wäre, unter Kontrolle zu halten. Eines Morgens rasierte er den Flaum, der auf seinen Wangen gewachsen war, und schnitt die Schläfenlocken ab, die er hinters Ohr gekämmt trug. Als sie sah, was er tat, und hörte, wie er dabei auf französisch vor sich hin trällerte, bedrängte sie das Gefühl, daß eine Katastrophe herannahte.

An den Abenden, kam ihr zu Ohren, könne man ihn eng umschlungen mit Mädchen über die Promenade gehen sehen. Doch brachte er keines von ihnen je mit nach Hause, um sie seiner Mutter vorzustellen. Er schien zu ahnen, daß für sie beide nichts Gutes dabei herauskäme. Manchmal, wenn sie ihm das Essen auftrug, war sie dicht daran, ihm Fragen zu stellen, aber ihre Furcht war stets stärker als ihre Neugier. Auch über das, was ihm in der Zeit davor widerfahren war, sprachen sie nicht, so als wäre nichts geschehen und als könnte das Schweigen die Erinnerung abtöten. Die großen schwarzen Bücher, deren feste Einbände Goldbuchstaben zierten, verschwanden aus seinem Zimmer. Als sie bei ihm saubermachte, stellte sie fest, daß die Schublade, in der er die unterschiedlichen Geschirre aufbewahrt hatte, leer war. Doch wollte er auf die Unterscheidung zwischen Tellern für milchige und fleischige Speisen fortan nicht mehr verzichten. In allen Einzelheiten erklärte er ihr, wie sie das Geschirr getrennt aufbewahren und es in zwei Schüsseln mit verschiedenen Schwämmen abwaschen müsse.

Nur wenn sie mit ihrer Cousine Mirjam zusammen war, ließ sie ihr Herz sprechen, doch verlor sie angesichts der verwirrenden Zeichen nie die Beherrschung.

»Hast du den Film mit Bette Davis über die zwei Schwestern gesehen, von denen eine eine Bettlerin, die andere eine reiche Frau ist? Eines Tages bittet die Bettlerin ihre Schwester, zu ihr zu kommen, weil sie sehr krank sei. Zwar hätten sie in keinerlei Verbindung zueinander gestanden, aber sie wolle ihr Lebewohl sagen. Die Reiche geht zu ihr. Doch als sie im Zimmer der Bettlerin ist, bringt diese sie um, zieht ihr ihre Kleider an und hinterläßt einen Brief, in dem sie schreibt, sie werde sich das Leben nehmen. Dann zieht sie die Kleider der reichen Schwester an und steigt in die Kutsche, die unten wartet. Da sie Zwillinge sind und sich sehr ähnlich sehen, bemerkt niemand etwas. Verstehst du, was ich damit sagen will? – Das ist ein seltsames Gefühl.«

Er war in diesem Sommer schön und von der Sonne gebräunt, wie es nur ihr Bruder David hätte sein können, wenn er nicht von der Gelbsucht heimgesucht worden wäre. Doch ahnte sie nicht, daß er all seine Kraft auf diese Monate wilder Blüte verwandte, wie ein Todkranker, dessen Lebensfreude zum Erstaunen der Ärzte noch einmal aufschäumt, ehe er stirbt.

Wenn sie ihn von fern erblickte, begann ihr Herz vor Stolz wild zu schlagen: mein schöner, großer, gutgewachsener Sohn. Eine Wonne, ihn anzusehen in seinen weißen Sporthemden mit den Ziffern auf Brust und Rücken. Auch Ischai, sein Freund, kam ihn wieder häufig besuchen; gemeinsam gingen sie aus dem Haus, mit großen, geschmeidigen Schritten wie zwei junge Panther. Sie schaute ihnen hinterher und wurde traurig, doch wußte sie nicht, weshalb.

Wie ein schöner Traum war der Sommer – und wie jener sollte er rasch vergehen. Im Herbst wurde das Leuchten in seinen Augen abermals schwächer, und seine Schultern hingen kraftlos herab. In wenigen Tagen färbte sein Gesicht sich aschfahl; wenn sie ihn anschaute, überlegte sie voll Verwunderung, wie es möglich war, daß er vor ihren Augen sein früheres Aussehen angenommen und sie es nicht bemerkt hatte. Sie glich einem staunenden Kind, das wie gebannt den Zauberkünstler anstarrt.

In dieser Zeit war ein Teil ihrer Aufmerksamkeit von Lea in Anspruch genommen, die einen schüchternen, hochgewachsenen Jungen mit einem sanften Händedruck und überraschend intelligent blickenden Augen mit nach Hause brachte. In zurückhaltendem Ton erzählte er von dem Betrieb, den er leitete, in dem Gußformen zur Herstellung von Spielzeugen und Baumaterialien produziert wurden. Lea, die kurz vor dem Ende ihres Militärdienstes stand, ging abends ins Seminar, um ihre Ausbildung fortzusetzen, und wenn sie nichts zu tun hatte, saß sie bei ihrem Bruder und führte mit ihm hinter verschlossener Tür Gespräche, die ihrer Mutter ein Ärgernis waren.

Die kurze Zeit der Versöhnung, die ihr der zurückliegende Sommer beschert hatte, hatte ihre Bitternis ein wenig gemildert;

im Herbst aber erwachte sie zu neuem Leben, und sie beschloß, ihren Sohn zu einer Aussprache zu zwingen.

»Was für ein Spiel treibst du hier? An einem Tag Mutters Liebling, am anderen ein Chassid!«

Er schwieg eine Weile. Dann sprudelten die Worte wie von selbst aus seinem Mund.

»Ich glaubte, ich hätte mich getäuscht. Aber ich habe den rechten Weg wiedergefunden.« Ein qualvoller Ausdruck legte sich auf sein Gesicht, als durchfahre ihn ein plötzlicher Schmerz.

»Du glaubtest, du hättest dich getäuscht?«

»Ja.«

»Und was ist dann passiert?«

»Das Licht ist in mich zurückgekehrt.«

»Es ist zurückgekehrt! Herzlichen Glückwunsch!« spottete sie wütend. »Für wie lange diesmal?«

Er faltete die bleichen Hände und sagte: »Mit Gottes Hilfe für immer.« Danach schauten seine glanzlosen Augen an ihr vorbei.

»Und was wird aus der Schule?«

»Ich gehe nicht mehr hin.«

»Du willst das Abitur nicht machen?«

»Ich brauche kein Zeugnis.«

»Und was ist mit der Armee?«

»Ich gehe nicht zur Armee.«

»Was tust du dann?«

»Ich werde eine Jeschiwa in Bne Braq besuchen.« Er senkte den Blick und fügte, als sei er zu schwach, um die Worte zurückzuhalten, hinzu: »Es tut mir leid.«

»Du zerstörst deine Zukunft«, sagte sie und dachte dabei an den Krieg.

»Ich glaube nicht, daß ich das tue«, brachte er mühsam hervor. Es war offensichtlich, daß er die Unterhaltung nicht fortführen wollte. So breit war nun wieder die Kluft zwischen ihnen. Sie benutzten dieselben Wörter, doch bezeichneten sie verschiedene Dinge. Die Trauer und der Schmerz in seinem Gesicht waren so groß, daß sie auch Chaja ansteckten. Die Last, die sie auf ihrem

Körper spürte, konnte sie nur durch Tränen oder Flüche abschütteln; und da ihr das Weinen nicht lag, sagte sie flüsternd, mit zitterndem Körper: »Offenbar bist du eine Strafe für mich. Ich hatte geglaubt, du wärst meine Rettung. Vielleicht habe ich mich geirrt. Vielleicht habe ich keine Rettung verdient. Als du klein warst, war ich eine große, stolze Frau. Ich hatte das schönste, klügste und kräftigste Kind von allen. Ich habe geglaubt, ich würde alles, was ich mir wünschte, erreichen. Wir vermögen weitaus weniger, als wir glauben.« Und nach einem Augenblick nachdenklichen Schweigens fügte sie hinzu: »Ich weiß nicht, was du darüber denkst, ob du es mit meinen Augen sehen kannst. Für mich ist es ein Unglück. Eine furchtbare Strafe.«

Und er, der die Dinge längst von seinem eigenen Standpunkt aus sah, sagte: »Alles liegt in den Händen des Herrn.«

Während des halben Jahres, das er danach noch zu Hause verbrachte, sprachen sie kaum miteinander. Wie ein Berg stand Chajas bitteres Schweigen zwischen ihr und ihrem Sohn. Alles, was zu sagen war, hatten sie in jener Nacht ausgesprochen. Ihre Küche betrat er nicht mehr, nur zum Schlafen kam er nach Hause – groß und hager, mit eingefallenen Wangen und dunklen Ringen um die Augen. Eines Abends, als sie ihm in der Wohnung begegnete – sein Gesicht voller Schatten wie das eines Toten –, verlor sie die Fassung. »Im KZ«, sagte sie, »habe ich Leute gesehen, die drei Jahre gehungert hatten – die sahen besser aus als du.«

Eines Tages packte er seine Sachen und ging. Als sie von der Bücherei zurückkam, fand sie einen Zettel, auf dem er ihr mit einer Handschrift, die gleichfalls bereits von Fremdheit gezeichnet war, mitteilte, er sei in eine Jeschiwa gezogen. In welche, das erwähnte er nicht – als habe er beschlossen, daß sie ihn nicht wiedersehen sollte. Doch war sie auf sein Verschwinden längst vorbereitet: Immer wieder hatte sie ihn morgens betend am Fenster stehen sehen, seinen asketischen Körper wie ein Besessener schüttelnd; auch hatte er während der zurückliegenden Wochen in ihrer Gegenwart stets zu Boden geschaut. Er hatte sich mit seiner Schwester in sein Zimmer eingeschlossen, und Chaja war, gekränkt und hilflos, von Eifersucht getrieben, durch die Wohnung gegangen, hatte versucht, von dem, was gesprochen wurde, etwas aufzufangen, und, ihr eigenes Verhalten verfluchend, sich immer wieder gezwungen, sich von seiner Tür zu entfernen, um schon Sekunden später unter irgendeinem Vorwand in ihre Nähe zurückzukehren.

Am Tag, an dem er fortging, kam ihre Tochter und setzte sich zu ihr wie zu einer trauernden Witwe.

»Hast du gewußt, daß er heute fortgehen würde?« fragte Chaja sie mißtrauisch, mit einem feindseligen Unterton.

»Ja.«

»Und du hast nichts gesagt?!« Die Schadenfreude, die sie sich einbildete, in den Augen ihrer Tochter zu sehen, ließ Wut in ihr aufsteigen.

»Was gibt's da zu sagen?«

»Wie kommst du auf die Idee, da gäbe es nichts zu sagen?! Findest du das in Ordnung?«

»Welches Recht habe ich, mich einzumischen? Das geht nur ihn etwas an. Ob es in Ordnung ist? Wer bin ich, daß ich an seiner Stelle entschiede, was richtig und was falsch ist. Er hat hier gewohnt, aber schon seit langem befand er sich an einem anderen Ort.«

»Ich frage dich, ist das nicht Gehirnwäsche? Ein Kind geht zur Bar-Mizwa seines Freundes in die Synagoge, und dort liegen sie schon auf der Lauer. Er ist ihnen in die Falle gegangen. Es ist nicht schwer, Kindern in diesem Alter den Kopf zu verdrehen, sie sind völlig durcheinander. Und das alles hinter dem Rücken der Eltern! Heimlich! Findest du es in Ordnung, wie sie den Angehörigen das Herz brechen? Ist das moralisch?«

»Ob es moralisch ist oder nicht – mittlerweile sieht er das alles ganz anders.«

»Wie sieht er es denn?«

»Er hat eine Menge Antworten parat«, sagte Lea, die nur widerwillig auf die Fragen ihrer Mutter einging.

»Ja? Zum Beispiel?«

Als Lea sah, daß sie sich auf eine Diskussion einließ, die sie nicht beabsichtigt hatte, versuchte sie das Rad zurückzudrehen. Aber Chaja beharrte auf ihrer Frage: »Nun sag schon! Welche Antwort zum Beispiel? Ich bin bereit zuzuhören.«

»Ich weiß nicht genau.«

»Vielleicht lasse ich mich überzeugen«, versuchte Chaja es mit einer anderen Methode. »Vielleicht werde ich sagen: Vielen Dank, ihr habt meinen Jungen gerettet.« Diese Worte hinterließen einen eigenartigen Geschmack auf ihrer Zunge, so als habe sie sich einer ungewohnten Sprache bedient.

»Zum Beispiel, daß er für Sünden büßen müsse.«

»Für welche Sünden?«

»Für alle möglichen Sünden.«

»Was heißt ›für alle möglichen‹? Ich möchte gerne verstehen. Für wessen Sünden?«

»Für seine und deine und die des jüdischen Volkes.«

»Was du nicht sagst! Für die Sünden des jüdischen Volkes! Was höre ich da? Ich hätte euch mehr über die Konzentrationslager und den Krieg erzählen sollen. Ich habe es nicht getan, weil ich euch keinen Kummer bereiten wollte. Das war ein Fehler. Anscheinend habe ich mehr Fehler begangen, als mir bewußt ist. Ich kann dir nur sagen: Das jüdische Volk hat bis zum Ende aller Zeiten für seine Sünden bezahlt! Jetzt ist Gott an der Reihe, für die eigenen Sünden zu zahlen!«

»Genug, Mama ...«, protestierte Lea und versuchte, sich mit den Händen die Ohren zuhaltend, die Worte, die sie seit ihrer Kindheit verfolgten, zu bremsen. »Wenn du's genau wissen willst – dann bist auch du schuld ...«

»Was du nicht sagst!« rief Chaja gekränkt.

Lea, die es bis vor kurzem nicht gewagt hätte, sich derart gegen ihre Mutter zu stellen, sah ihr unverwandt in die Augen und sagte: »Deswegen, weil du die ganze Zeit dagegen gesprochen hast.«

»Wogegen?«

»Gegen Gott, die Religion, die Gläubigen. Vielleicht hat ihn das dahin gebracht.«

Laut und deutlich sprach ihre Tochter Dinge aus, die sie nur geahnt hatte. Ähnliches hatte schon Mirjam zu ihr gesagt – sie, die nicht intelligent, sondern wie viele andere, die dem Krieg entronnen waren und die im Leben alles gesehen hatten, erst durch Erfahrung zu Klugheit gelangt war.

Als habe sie in ihrer Tochter eine Vertraute gefunden, sagte Chaja unvermittelt mit heiserer, zwischen Verzweiflung und Hoffnung schwankender Stimme: »Also, was meinst du? Wird es lange dauern oder vorübergehen? In seinem Alter macht man allerlei Unsinn. Im vergangenen Sommer schien er bereits genug davon zu haben.«

Wie ein alter Mensch, der zu einem Kind spricht, wählte Lea einfache, verständliche Worte: »Bei ihm ist es ziemlich stark.«

»Also, wo wird er wohnen?«

»In einem Internat. Mit anderen Jungen aus der Jeschiwa.«

»Wo?«

»In Bne Braq.«

»Wer hat das für ihn arrangiert?«

»Der Rabbi.«

»Der, den er bei Ischais Bar-Mizwa getroffen hat?«

»Nein, ein anderer. Er steht schon seit zwei Jahren mit ihm in Verbindung.«

»Und was wird aus dem Abitur und der Armee?«

»Das Abitur will er nicht machen. Und von der Armee sind die Jeschiwaschüler automatisch befreit.«

»Aber es gibt doch orthodoxe Burschen, die ihren Militärdienst leisten.«

»Seine Jeschiwa gilt als besonders extrem.«

»Was soll das heißen? Wie Me'a Sche'arim?«

»So etwas Ähnliches.«

»Gott bewahre«, entfuhr es ihr in flüsterndem Ton.

»Ja«, sagte Lea, sich die Hände vor das Gesicht haltend, damit ihre Mutter ihre Augen nicht sah.

»Er ist fortgegangen, ohne auf Wiedersehen zu sagen, weißt du das? Einen Zettel hat er mir hingelegt, ohne Adresse.«

»Er hat schon vor einem Jahr fortgehen wollen.«

Chaja schaute zu Boden. Dann hob sie den Blick und sah ihre Tochter an. »Bin ich denn eine so schlechte Mutter gewesen, daß ihr vor mir flüchten müßt?«

»Er ist nicht vor dir geflohen«, antwortete Lea, den Mund noch immer hinter den Handflächen verborgen. »Er hat eine Richtung gefunden, die zu ihm paßt.«

Ein Jahr lang hielt sie sein Zimmer für ihn in Ordnung, öffnete am Morgen die Vorhänge und ließ am Abend die Jalousien herunter. Sogar sein Geschirr bewahrte sie für ihn in einer Schublade auf, in der Erwartung, er werde zurückkehren und sie würden zusammensitzen und gemeinsam über seine sonderbare Jugendrevolte lachen, er werde von neuem voll Appetit essen, zu Kräften kommen und sich mit seinen Freunden verabreden. Manchmal stattete Ischai ihr einen Besuch ab, so als habe er sich mit dem Weggehen seines Freundes nicht abgefunden und als hege er die absurde Hoffnung, ihn bei ihr zu finden. Chaja versuchte vor ihm zu verbergen, daß alles, was sie über ihren Sohn wußte, auf dem Umweg über ihre Tochter zu ihr gelangte. Eines Tages kam Ischai in seiner Armeeuniform. Er war kein Junge mehr, sondern wirkte wie ein erwachsener Mann. Er gab ihr für Amnon ein Foto aus seiner Grundwehrdienstzeit, das ihn erhobenen Hauptes mit einem Gewehr in der Hand zeigte – im Hintergrund waren die Baracken des Militärlagers zu sehen, neben einer Hütte der sozialistischen Kibbuzvereinigung stand ein Soldat, dessen Augen unter dem Helm verschwanden, an seiner Seite zwei Burschen in Uniform, die an einem Gurt über der Schulter ein Gewehr trugen. Dieses Leben hatte Amnon gegen ein anderes eingetauscht!

»Damit er mich nicht vergißt«, erklärte Ischai verlegen lächelnd wegen des prüfenden Blicks, den sie dem Foto widmete. »Ich habe mich für den Fotografen in Heldenpose geworfen. In Wahrheit ging es uns ziemlich schlecht.«

Einmal kam er in Begleitung einer Soldatin, die er ihr mit Namen vorstellte: Bruria. Als sie fortgingen, schaute sie ihnen hinterher und beobachtete, wie er den Arm um ihre Hüften legte. Ihr Sohn hockte indes in einem Klassenzimmer und lernte Thora; das Gesicht totenblaß, rückte er in immer weitere Ferne und verschwand in Bildern, die aus der Zeit vor dem Krieg stammten: Hagere Burschen, wie Krüppel gebückt, standen aufgereiht mit Gebetschals über den Schultern und versenkten sich, vor und zurück schaukelnd, ein jeder in sein Gebet. Von der Frauenempore aus sah sie nur die Käppchen auf den sich niederbeugenden Köpfen und die knöchernen Finger, die nach den Schals tasteten, um zu verhindern, daß sie hinabglitten.

Monate vergingen, ohne daß sie das Gesicht ihres Sohnes gesehen hätte. Die Sehnsucht, die in ihr aufbrach, war auf andere Dinge gerichtet. Selbst zur Hochzeit seiner Schwester erschien er nicht – er hatte sich endgültig von ihnen und ihrer Welt losgerissen. Lea, die mit ihrem Mann ein schönes Haus mit Blick aufs Wadi in Haifa bezog, fuhr zweimal in der Woche nach Tel Aviv, um ihre Ausbildung fortzusetzen. Manchmal besuchte sie ihren Bruder und legte auf dem Rückweg einen Zwischenhalt bei ihrer Mutter ein. Durch sie erfuhr Chaja von ihrem Sohn: daß er lernte, ein wenig arbeitete, sich mit einem Mädchen verlobte, das ein Heiratsvermittler für ihn ausgesucht hatte, und daß er geheiratet hat.

Obwohl sie einander genau kannten, versuchte Chaja ihre Tochter nicht in ihr Innerstes schauen zu lassen; als sie von seiner Hochzeit erfuhr, fragte sie ungerührt: »So heiraten sie dort? Ohne die Eltern einzuladen?«

»Die Hochzeit wurde in bescheidenem Rahmen gefeiert.«

»In bescheidenem Rahmen, gewiß. Aber ohne seine Mutter? Betrachtet er sich schon als Waise?«

»Es war ihnen lieber so.«

»Was für ein Rabbi ist das, der ihn nicht dazu anhält, seine Mutter einzuladen?«

»Er ist ein anderer Mensch geworden«, sagte Lea und wandte den Blick ab.

»Ich will dich etwas fragen. Du bist jetzt erwachsen, eine verheiratete Frau. Also sag mir: Hältst du das, was geschehen ist, für gerecht? Daß er einfach fortgeht, anderswo wohnt und nicht einmal nach uns fragt?«

»Das ist keine Frage der Gerechtigkeit. Er glaubt an etwas. Er hat sich entschieden, so zu leben – und du lebst anders. Das ist alles.«

»Das ist alles. Ich lebe anders. Ist das so einfach für dich? Aber ich bin noch Jüdin, nicht wahr? Hitler hat mich für eine Jüdin gehalten, verstehst du? Und bin ich nicht wie zuvor seine Mutter? Wohin er auch geht, wie immer er lebt, wen er auch heiratet, ich bin seine Mutter!«

»In seinen Augen bist du ...«, setzte Lea an, doch dann verstummte sie.

»Was?«

»Du bist so etwas wie eine Ungläubige.«

»Ich bin vor allem seine Mutter. Und er weiß, daß geschrieben steht: Du sollst deinen Vater und deine Mutter ehren. Meinst du, ich sorge mich nicht um ihn? Meinst du, ich will nicht wissen, wie es ihm geht? Daß ich einfach so auf mein Kind verzichte?«

Leas Gesicht verzog sich zu einem Lächeln. »Wenn du willst, bist du herzlich willkommen.«

»Was heißt ›herzlich willkommen‹? Die Hochzeit ist schon gewesen, hast du gesagt.«

»Nicht zur Hochzeit. Zu einem Besuch.«

»Einem Besuch?«

Chaja schwieg einen Augenblick. Dann fragte sie: »Und woher soll ich das wissen?«

»Ich sage es dir.«

»Kann er nicht herkommen oder schreiben? Lädt man so andere Leute ein – durch die Luft? Und du erzählst mir das, als sagtest du deiner Nachbarin, daß du Schnupfen hast?«

»Ich wußte, daß du ihn ohnehin nicht besuchen willst.«

»Zuerst sollen sie lernen, wie man Einladungen ausspricht«, sagte sie wütend.

Als sie später jedoch auf der Kommode einen von einer fremden, kindlichen Hand beschriebenen Zettel fand, legte sie ihn in die Schublade zwischen die Taschentücher. Kurz zuvor hatte sie ihrer Tochter einige Geldscheine in die Hand gedrückt und gesagt: »Kauf ihm etwas.« Doch was sie ihm dafür kaufte, sollte sie nie erfahren.

Einen Monat nach seiner Hochzeit war alles entschieden. Sie ließ eine Anzeige in der Zeitung veröffentlichen und wählte unter den Leuten, die bei ihr anklopften, um das Zimmer zu mieten, eine Studentin aus, von der sie drei Monatsmieten im voraus verlangte. Es war ein Akt der Resignation und das Eingeständnis, daß sie für das, was sie zu geben imstande war, keine Liebe erhielt – nur Geld.

Als der Jom-Kippur-Krieg ausbrach, war sie erregter als jemals zuvor. Wie in jenem anderen Krieg spürte sie die Hand, die ihr die Kehle zuschnürte, sie fürchtete zu ersticken, fühlte sich ohnmächtig und verloren. Als Lea sie in der dritten Woche der Kämpfe besuchte, kam sie gerade vom Arzt zurück; ihre Augen funkelten.

»Was hat der Arzt gesagt?«

»Es herrscht Krieg im Land, weißt du das?« sagte sie in schreiendem Ton, als hätten sie nicht bereits am Vortag am Telefon darüber gesprochen.

»Was ist los mit dir?«

»Sie sterben!« rief Chaja mit kreischender Stimme, während sie vergeblich versuchte, den Schlüssel ins Türschloß zu stecken. »Sein halber Jahrgang ist gefallen. Ganze Regimenter! Ischai wurde am zweiten Tag in der Nähe des Kanals getötet. Auch Gideon lebt nicht mehr. Und Jonathan. Und Gabi Aaron. Eben habe ich die Mutter von Assaf Schalom getroffen. Er ist verwundet. Und wo ist mein Sohn? Er sitzt im sicheren Kämmerlein und betet! Zu wem betet er, kannst du mir das sagen? Zu einem Nichts! Zu einem, der uns seit vierzig Jahren von dort oben zuschaut und über uns lacht!«

»Komm, laß uns hineingehen«, sagte Lea und schob sie in die Wohnung.

»Er betet!« schrie Chaja, während sie die Jalousie öffnete, und ihre kräftige Stimme schallte zum Fenster hinaus. »Wie kann einer in diesen Tagen drinnen hocken, frage ich dich! Schämst du dich nicht, solch einen Bruder zu haben? Ich schäme mich! Das ist die Wahrheit! Verkriecht sich wie eine Ratte in seinem Loch und überläßt das Kämpfen und Sterben den anderen.«

»Ich bin heute bei ihm gewesen«, sagte Lea ruhig.

»So?« rief Chaja und verzerrte ihr großes Gesicht zu einer bitteren Grimasse voll Schmerz und Hohn. »Wie geht es dem Herrn?«

»Er ist schwach. Mager und erschöpft ...«

»Erschöpft!« unterbrach Chaja sie. »Ich möchte wissen, wovon. Erschöpft! Herr im Himmel! Was tut er, daß er erschöpft ist? Kämpft er? Übernachtet er im Gefechtsstand? Wird er beschossen? Sieht er, wie seine Kameraden ringsum verletzt und getötet werden? Interessiert ihn das alles? Seine früheren Freunde kämpfen und sterben – und er *betet*!«

»Genug, Mama. Reg dich nicht so auf.«

Chaja stand in der Mitte des Raumes und streckte ihre Hände, die, einer alten Gewohnheit folgend, den Tisch suchten, auf dem sie zu Fäusten geballt aufsetzen wollten. Der Geist jener Tage, der ihre Zunge angespornt und die Sätze, die tags darauf in der Zeitung zu lesen waren, wie ein Unwetter hatte niedergehen lassen, dieser Geist schüttelte sie von neuem, doch vor ihr stand allein ihre Tochter, die sie sorgenvoll und ein wenig mitleidig anschaute.

»Du hast recht«, sagte Chaja müde, während die Hand, die nach dem imaginären Tisch ausgestreckt war, nach einem Stuhl tastete. »Auch der Arzt sagt, ich dürfe mich nicht aufregen. Er hat festgestellt, daß ich unter hohem Blutdruck leide. Hättest du das geglaubt? Von allen Krankheiten der Welt bekomme ich ausgerechnet solch eine, bei der es verboten ist, sich zu erregen. Aber wie man das in diesen Tagen vermeiden kann, hat mir der Arzt nicht gesagt.«

Sie sank auf den Stuhl und schaute ihre Tochter an.

»Ischai ist tot, hättest du das gedacht? So ein schöner Junge und ein treuer Freund. Weißt du, daß er mich ein paarmal besucht hat, einmal sogar mit seiner Freundin, einer Soldatin. Ich glaube, Bruria war ihr Name. Ja natürlich, du weißt es. Du hast ja das Foto, das mir Ischai gegeben hatte, Amnon gebracht. Du erinnerst dich an das Foto, nicht wahr? Erinnerst du dich auch an Gideon? Ein Kleiner mit Brille. Er sah immer wie ein verstörtes Kind aus. Es heißt, er habe Heldentaten vollbracht, die anfangs sogar die Generäle nicht für möglich gehalten hätten. Mehrere Stunden hat er allein einen Stützpunkt verteidigt und damit anderen Soldaten, die sich verloren glaubten, neuen Mut gegeben.«

Sie verbarg ihr Gesicht in den Händen und gab ein leises Schluchzen von sich, das sich immer wieder unvermittelt in einen Schrei wandelte.

»In welch einer Welt leben wir! Wir ziehen unsere Kinder auf und schicken sie in den Tod. Ich hatte geglaubt, nach jenem Krieg könnte mich nichts mehr erschüttern. Heute beim Arzt habe ich Assaf Schaloms Mutter getroffen. Auch sie hat zu hohen Blutdruck. Ihm sind beide Beine amputiert worden, und er kann nur noch auf einem Auge sehen, außerdem hat er Verbrennungen an der Brust. Sie ist froh, daß er nicht am Kopf verletzt ist. Und weißt du, Avner Malamud – das ist der, der am Ende der achten Klasse die Auszeichnung für besondere Leistungen erhielt – ist in Gefangenschaft geraten. Er ist auf einem Foto erkannt worden, auf dem er sich mit einer weißen Fahne in der Hand den Ägyptern ergibt. Seine Mutter ist überzeugt, daß sie ihn umgebracht haben. Jeden Tag geht sie in die Bunker, wo Filme mit Aufnahmen von den Gefangenen gezeigt werden, aber sie hat ihn bisher nicht gesehen.«

Nachdem sie am späten Abend wieder zur Ruhe gekommen war, erhielt sie die Nachricht, ihr Schwiegersohn sei am selben Tag eingezogen und sein Bruder mit schweren Verbrennungen, die er sich in einem in Brand geschossenen Panzer festsitzend zugezogen hatte, ins Tel-Ha-Schomer-Krankenhaus eingeliefert worden. Um ihren Schwager täglich besuchen zu können, bat Lea sie, bei ihr übernachten zu dürfen.

Im Laufe des Jahres, das dem Krieg, aus dem die jungen Burschen nicht zurückkehrten, folgte, fand sie sich damit ab, daß auch ihr Sohn nicht mehr existierte. Jeder ihrer Träume ließ ihn auf eine andere Art sterben: Einmal traf ihn eine Kugel am Kopf, ein andermal ging er mit seinem abstürzenden Flugzeug in Flammen auf oder wurde von einer einstürzenden Wand begraben. Abends ging sie manchmal in die Parteizentrale; und obwohl sie keine Reden mehr hielt, brachte ihre Stimme die anderen zum Schweigen und verschaffte ihr rund um den Tisch gespannte Aufmerksamkeit. Die Jüngeren scharten sich um sie und fachten die Diskussion an. Wie in früheren Tagen brach das Feuer aus ihr hervor, verrostetem Kriegsgerät gleich, das unerwartet eine präzise gesteuerte Salve abschießt, doch verbrauchten die Debatten rasch ihre Kräfte. Im Aktionskomitee gegen die orthodoxe Tyrannei war der Platz an der Seite des Vorsitzenden für sie reserviert. Mit energischer Stimme sprach sie kurze, messerscharfe Sätze. Einmal begegnete sie einem alten Aktivisten, der zu ihr sagte: »Seit du vom Rednerpult abgetreten bist, haben wir nie wieder einen Redner wie dich gehabt. Sneh sagte, du seist eine große Hoffnung für die Partei.«

Trotzdem zeigte sie sich immer seltener bei ihren Genossen, mußte sie sich doch unentwegt fragen, wer von ihnen über ihren Sohn, der in einen schwarzen Seidenmantel gekleidet durch die Straßen von Bne Braq zog, Bescheid wußte. Sie bildete sich ein, aus jedem Blick schnelle ihr eine Flamme entgegen: »Wenn sie spricht, eine große Frau. Eine brillante Rednerin und vorzügliche Didaktikerin! Nur ihren Sohn konnte sie nicht erziehen. Er ist zu den Schwarzen gegangen.«

Die Studentin, die bei ihr wohnte, widmete sich intensiv ihrem Studium. Entsprechend dem Vertrag, den sie geschlossen hatten, beherbergte sie nie Jungen in ihrem Zimmer. Manchmal kam ihre Freundin vorbei, und sie saßen plaudernd zusammen. Wenn sie herumalberten, ärgerte sich Chaja insgeheim über sie, als täten sie etwas Verbotenes in ihrem Haus.

Die Männer hielten Distanz zu ihr. Einmal hatte sie einen Mann zum Mittagessen eingeladen und sich mit ihm in einem Café in einer modischen Straße der Stadt verabredet. Er erschien oft in der Bücherei, um Bücher auszuleihen, und war ein angenehmer, amüsanter Gesprächspartner. Doch kamen ihr Gerüchte zu Ohren, denen zufolge er als Lügner bekannt war. Er wohnte zur Miete in einer armseligen Wohnung und behauptete, ein wohlhabender Mann zu sein; über seine Tochter, die in einem Kibbuz auf den Golanhöhen lebte, erzählte er, sie studiere in Deutschland Medizin. Als Chaja ihn unverblümt nach der Wahrheit fragte, schaute er ihr in die Augen, machte ein beleidigtes Gesicht und widerrief, was er gesagt hatte. Doch kam er sie nie mehr besuchen. Seiner Karteikarte entnahm sie, daß er jetzt außerhalb ihrer Dienstzeit Bücher entlieh.

Mitten in diese neu entstandene Stille platzte eines Abends zu ungewohnt später Stunde ihre Tochter, deren Gesicht traurig wirkte.

»Was ist geschehen?« fragte Chaja erschrocken, den Blick auf Leas Bauch gerichtet, der sich sichtbar zu wölben begann.

»Amnon ist krank.«

Seit nahezu einem Jahr war sein Name in Chajas Haus nicht mehr genannt worden, und jetzt, da sie sich an seine Abwesenheit gewöhnt hatte, schien sein Klang ihr befremdlich.

»Weshalb teilst du mir das plötzlich mit?« fragte sie vorwurfsvoll und beunruhigt zugleich, wie jemand, der von einem Bettler belästigt wird und, wissend, was auf ihn zukommt, eine abweisende Miene aufsetzt.

»Ich dachte, du solltest es wissen.«

»Es gibt so viele Dinge, von denen ich nichts weiß«, sagte sie und versuchte das Zittern ihrer Finger zu unterdrücken.

»Er ist sehr krank.«

Ein Schweigen trat ein, und Chaja erhob sich.

»Ich gehe Tee machen.«

Von der Küche aus, wo sie, in Sicherheit vor dem Blick ihrer Tochter, resolut mit den vertrauten Geschirrstücken hantierte, fragte sie: »Seit wann?«

»Das Fieber geht schon seit einem Monat nicht herunter.«

»Und was hat er?«

»Gelbsucht.«

»Gelbsucht«, wiederholte sie mit brüchiger, kaum hörbarer Stimme, die an das Geräusch zertretenen Reisigs erinnerte. Sie ließ sich auf den Küchenstuhl fallen und fühlte, daß sie die ganze Zeit über gewußt hatte, daß dieses Unglück über sie kommen würde. Nun, endlich, war es geschehen.

»Was sagt der Arzt?«

»Er geht nicht zum Arzt. Der Rabbi hat es ihm verboten.«

»Und was machen sie statt dessen mit ihm?«

»Sie tun nichts. Er liegt da, und sie beten Psalmen an seinem Bett.«

Die Stimme der jungen Frau schwoll an und wandelte sich in Geschrei. Ihre Mutter verstand: Mit einemmal rief ihre Tochter sie zum Kampf. Sie, die den Weg ihres Bruders und all sein Tun akzeptiert hatte, war überzeugt, ihm werde ein Unrecht zugefügt.

»Wie, glauben sie, wird er gesund werden?« fragte Chaja von der Küche aus.

»Von selbst. Kraft des Glaubens.«

»Der Glaube«, sagte Chaja angewidert, so als spucke sie einen Wurm aus. »Sie werden ihn umbringen mit ihrem Glauben.«

Und mit leiser Stimme, die nicht an das Ohr ihrer Tochter drang, fügte sie hinzu: »Hättest du geglaubt, daß es im zwanzigsten Jahrhundert noch solch eine Primitivität gibt? Die sind um Jahrhunderte zurück. Sie glauben noch, auf dem Mond wohne Gott. Haben nicht mitbekommen, daß die Amerikaner bereits da oben waren.«

»Seit einem Monat schon will die Temperatur nicht zurückgehen«, sagte Lea, um ihre Mutter zur Revolte zu treiben, während sie von jenseits der Wand ein Gemurmel hörte, das sie nicht zu verstehen wünschte.

»Er ist freiwillig zu ihnen gegangen«, sagte Chaja, indem sie ihren Zorn zwischen sich und ihre Liebe stellte. »Er gehört zu ihnen.« Noch immer verharrte sie in der Küche, damit Lea nicht ihr Gesicht sah.

Doch in der Nacht quälten sie Alpträume: sein welkes Gesicht, bevor er fortging, und das Gesicht des fünfjährigen Jungen, der noch zu ihr gehörte, der seine Ärmchen um ihren Hals schlang und in ernstem Ton zu ihr sagte: »Ich heirate dich und paß auf dich auf«, als sie ihm erklärte, daß sein Vater, ihr Mann, nicht mehr am Leben war; auch das Gesicht ihres Bruders David, der fiebernd in seiner finsteren Ecke lag; die Tauben und der leere Teerkübel, den der Quacksalber Mosche Lubinski hinter sich herzog.

Beim Anblick der Tauben erwachte sie, ihr Körper war hart, wie mit Eisen gefüllt. Hastig schaltete sie das Licht ein, ging hinaus, um einen Schluck Wasser zu trinken; danach legte sie sich wieder hin und starrte, bis der Morgen graute, zum Fenster. Lea, die trotz des Kindes, das in ihrem Bauch wuchs und ihr das Atmen erschwerte, regelmäßig ihren Bruder besuchte, kam jede Woche zu ihr. Ihr anfänglicher Zorn war verloschen, nur ihr Kummer war noch lebendig. In Chaja hingegen flammte das alte Feuer von neuem auf.

»Er wird dich noch anstecken«, sagte sie mit zusammengekniffenem Mund. »In deinem Zustand solltest du vorsichtig sein.«

Als sie Abschied genommen und einander versprochen hatten, sich kommende Woche wiederzusehen, sagte Lea im Hinausgehen wie zufällig: »Morgen wollen sie versuchen ihn zu behandeln. Sie haben irgendeine Methode. Seine Frau sagt, sie kenne jemanden, dem es sehr schlecht gegangen und der dadurch gerettet worden sei.«

»Ja«, entgegnete Chaja voller Hohn, während sie mit der Hand den Türrahmen berührte, »sie haben ihre eigenen Methoden. Eine habe ich kennengelernt. Das Mittelalter ist bei denen noch nicht vorbei.«

»Du hast recht, so etwas Ähnliches haben sie vor. Sie nehmen zwanzig Tauben und pressen den After jedes Vogels auf seinen Bauchnabel ...«

Chaja sah bereits, was geschehen würde. Der furchtsame Blick Mosche Lubinskis, der dreinschaute, als habe er Verbotenes gesehen. Seine Hände – die Hände eines Menschen, dessen Opfer keinen Gefallen vor Gott fand – hielten eine Taube nach der anderen zum Fenster hinaus und ließen sie frei. Die kräftigen Flügel flogen zum Licht, ihre Enden gespreizt wie die zum Fächer geordneten Spielkarten in der Hand eines Zauberkünstlers. Die Augen ihrer Mutter, die plötzlich schrie: »Die Tauben leben! Sie haben die Krankheit nicht von ihm genommen!« Und der verängstigte Blick Mosche Lubinskis, dessen Stimme in seinem Bart zu ersticken schien: »Er ist nicht bereit, die Krankheit von sich zu geben. Er hält an ihr fest.« Und sich dem großen, leeren Teerkübel zuwendend: »Vorige Woche bei Berl sind alle Tauben gestorben. Mit zwanzig lebendigen Vögeln war ich gekommen, mit zwanzig Kadavern verließ ich das Haus. Der Kübel war so hoch gefüllt.« Mit der Fußspitze deutete er auf die Stelle. »Dein David hält an der Krankheit fest.« Er beugte sich vor, um ihr das kotverschmierte Tuch zu zeigen, das über die unmißverständliche Blässe des kranken Körpers gebreitet war.

Ihre Hand, die auf dem Türrahmen ruhte, bewahrte sie jetzt vor dem Fall. Tief erschüttert sagte sie: »Ich hatte geglaubt, so etwas gäbe es heute nicht mehr. Selbst bei ihnen nicht.«

»Und am Wochenende ist der Neunte Av, ein Fastentag. Das vergaß ich dir zu erzählen«, fuhr Lea mit einer Stimme, die wie ein Weinen klang, fort. »Der Rabbi hat gesagt, er müsse fasten, um seinen Körper zu reinigen. Aber er nimmt ohnehin kaum etwas zu sich. Löffel für Löffel muß seine Frau ihm das Essen einflößen, wie einem kranken Säugling.« Mit einemmal zerbrach ihre Stimme zu einem langgezogenen Heulen: »Wie ein Skelett sieht er schon aus.«

Davids Augen waren geschlossen, sein Mund ging auf und zu, dem Mund eines Fisches gleich, den das Messer noch nicht durchbohrt hatte. Sein in das Kissen versunkenes Gesicht schien nicht größer als das eines Kindes. Plötzlich schlug er die Lider auf; von allen, die sich im Zimmer befanden, schaute er sie an, und sie erkannte die große Müdigkeit und die Qual, die sich nur jene vorstellen können, die sie am eigenen Leibe gespürt haben. Nicht der Blick der Zehntausenden Toten, die sie im Krieg gesehen hatte, sondern der letzte Blick Davids begleitete sie, wohin sie auch ging.

Plötzlich traf es sie wie ein Schlag – im Fasten, im Fasten lag das Geheimnis, das die Verbindung von Gegenwart und Vergangenheit darstellte. Als ihrem Vater eine Woche vor Davids Tod die Bibel aus der Hand geglitten war, war jedem der zweiundzwanzig Anwesenden ein Fastentag auferlegt worden. Doch als ihre Mutter vierzehn Tage zuvor wegen eines furchtbaren Traumes um die Erlaubnis gebeten hatte zu fasten, hatte der Rabbi es ihr verboten – schließlich habe sie nicht von der Entweihung des Sabbats geträumt. Jetzt aber befahl der Rabbi ihrem Sohn, den Neunten Av einzuhalten.

»Du sagst, der Rabbi habe ihm befohlen zu fasten?«

»Ja.«

»Das hat er wirklich verlangt?«

»Ja.«

»Morgen«, sagte Chaja zu ihrer Tochter mit weit in ihre Höhlen zurückgezogenen Augen, »morgen gehe ich zu ihm.«

Im Hauseingang sah sie die Tauben.

In dem großen, auf Stelzen stehenden Käfig versuchten sie einander zur Seite zu drängen, machten abrupt endende Sprünge in den begrenzten Raum und klammerten sich mit ihren dreizehigen Füßen an den dünnen Draht, der die Holzstäbe des Käfigs zusammenhielt; ihr tiefes Gurren, das wie Laute einer menschlichen Stimme klang, schien von weit her zu kommen. Selbst als sie an dem Käfig vorbeigegangen war, konnte sie ihren Blick nicht von ihm lösen; sie bewegte sich einige Schritte zurück und beugte sich über ihn, um ihn zu betrachten: Zwischen den Drähten, von feinen schmiedeeisernen Ringen gehalten, ragten zarte metallene

Zweige mit blattförmigen, seitwärts gerichteten Dornen empor und streckten sich zu den üppigen Blüten, mit denen der obere Teil des Käfigs ringsum verziert war.

Die Haustür stand offen; da sie keinen Klingelknopf fand, überlegte sie, ob sie anklopfen sollte. Plötzlich trat – wie aus einem Spiegel, der ihr Ebenbild zeichnete – die junge Frau mit einem Glas in der Hand aus der Küche. Wie eingerahmt standen sie da, zwei Bilder, die einander zugewandt waren, und starrten sich an. Als habe sie gewußt, daß ihre Schwiegermutter zu Besuch kommen würde, murmelte die Jüngere etwas, das wie eine Begrüßung klang. Diesmal schien sie noch magerer als an dem Tag, an dem Chaja sie durchs Fenster gesehen hatte. Ihre Augen, so schwarz, daß ein bläulicher Schimmer darin zu erkennen war, waren weit aufgerissen wie die eines verängstigten Wesens, und ihre bleichen Wangen wirkten, als habe die Krankheit auch nach ihr die Hand ausgestreckt und sie befallen.

Chaja, die während des ganzen Weges ihre Kampfeslust angefacht hatte und entschlossen war, Stärke zu zeigen und ihrer Wut freien Lauf zu lassen, hatte bereits mehrere Schritte in Richtung eines schräg gegenüberliegenden Raumes zurückgelegt und steuerte, von einer Ahnung geleitet, direkt auf das Zimmer des Kranken zu. Die junge Frau eilte ihr voraus und ergriff hastig die Türklinke; indes sich ihre schmalen Schultern zu einem breiten Rechteck ausweiteten, flüsterte sie: »Der Rabbi ist gerade bei ihm.«

Chaja bemerkte den leicht orientalischen Klang ihrer Sprache.

»Genau den suche ich«, entgegnete sie laut und machte einen weiteren Schritt voran.

Die junge Frau klammerte ihre Hand so fest um die Türklinke, daß die Anstrengung die Adern ihres Armes hervortreten ließ; und ihre Lippen, die sie entschlossen kräuselte, zeigten an, daß sie den Weg nicht freigeben würde. Mit ruhiger, sicherer Stimme sagte sie: »Wenn der Rabbi bei ihm ist, darf man nicht stören.«

Ihr Handgelenk färbte sich weiß. Und Chaja, die plötzlich begriff, daß eine andere den Krieg führte, den sie selbst, seit er ein

Kind war, für ihn hatte führen wollen, war mit einemmal ein wenig milder gestimmt und sagte in einem Ton, der friedfertiger klang, als sie beabsichtigte: »Laß mich hineingehen.«

Als die junge Frau den veränderten Klang ihrer Stimme vernahm, lockerte sie wie auf ein geheimes Kodewort hin ihren Griff und öffnete vorsichtig die Tür. Als Chaja die Schwelle überschritt und ihn sah, spürte sie, wie das Fleisch ihres Körpers in seiner harten Hülle zu beben begann. Ein Schatten lag auf seinem Gesicht, so als stehe jemand zwischen ihm und dem Licht. Es war mager und abgezehrt, die gelben Lider regten sich nicht. Die kantigen Knochen bohrten sich in die dünne Haut. Die Decke, die bis zu seinem kraftlosen, gelb verfärbten Hals gezogen war, lag ordentlich auf seinem Körper, als werde sie unentwegt glattgestrichen. Wie einer, der mühelos aus dem Schlaf auftaucht, um kurz darauf wieder in ihn hinabzugleiten, öffnete er unvermittelt die Lider, die tief eingesunkene bernsteinfarbene Augäpfel umschlossen.

Sie schaute sich rasch im Zimmer um. Die kahlen Wände, der nackte Fußboden, die zugezogenen Gardinen, die für das Fenster viel zu klein waren. Neben seinem Bett, auf einem Nachttischchen, einige Bücher. Vor ihm, in eine schwarze Robe gehüllt, stand der Rabbi und betete, seine Stimme schallte hell wie die eines Jungen. Sie wußte, daß sie die Stimme mit dem osteuropäischen Tonfall und die Worte, die sie sprach, schon einmal gehört hatte: »… Stolze verhöhnen mich gar sehr; doch ich weiche nicht ab von deinem Gesetze. Ich gedenke deiner Urteilssprüche seit alten Zeiten, o Herr, und tröste mich damit. Wut erfaßt mich wegen der Gottlosen, die dein Gesetz verlassen …«

Amnon schaute sie an; seine Augen regten sich, als wolle er etwas sagen. Doch wußte sie nicht, ob er sie erkannte, ob er sie begrüßte oder ein Gebet murmelte. Der Rabbi stand mit dem Rücken zu ihr. Tausende solcher Rücken hatte sie in ihrem Leben gesehen: in langen Mänteln und mit schwarzen Hüten, über deren Krempe ein glänzendes Band angebracht war. Als der Rabbi das Geräusch der sich öffnenden Tür hörte, drehte er sich um. Tausende solcher Gesichter hatte sie schon gesehen: Sie hatten an der Seite ihres Vaters in der Synagoge gebetet; waren auf der Straße an ihr vorübergegangen; waren in Eisenbahnwaggons geklettert, getrieben von Soldaten in hohen Stiefeln und mit Reitpeitschen in den Händen; waren in endlosen Kolonnen durch das Tor des Lagers geschritten.

»Das ist Amnons Mutter«, sagte die junge Frau, indem sie wegen der Schwerhörigkeit des Rabbis die Stimme hob.

»Amnons Mutter«, wiederholte er, jede Silbe einzeln aussprechend. »Gesegnet sei, die da kommt. Mit Gottes Hilfe soll es heute geschehen.«

»Er muß in ein Krankenhaus«, rief Chaja. »Hat Gott ihm in den vergangenen drei Monaten geholfen?!«

Der Rabbi betrachtete sie verwundert und ein wenig erschrocken, als stehe er vor einem Rätsel, dessen Lösung er unbedingt finden müßte. Er schüttelte den Kopf; einen Augenblick schien er zu glauben, seine Ohren hätten ihre Worte mißdeutet. Er sah Amnon und seine Frau an und danach wieder Chaja, die, einen Kopf größer als er, mit gespanntem Körper vor ihm stand. Seine Kleider, die Erscheinung seines Gesichts, seine niedergeschlagenen Augen, die auf der Suche nach einer Antwort zu seinen Gesprächspartnern aufschauten, rissen sie fort zu Bildern aus der Vergangenheit, die sie glaubte schon vor vielen Jahren abgeschüttelt zu haben. Im Krieg hatte sie Zehntausende dieser Augen gesehen. Heute gibt es so sanfte, ein wenig unterwürfig blickende Augen nicht mehr, denen alles offenbart ist und die sich weigern, mit einer anderen Waffe zu kämpfen als der des Wortes.

»Medikamente und medizinische Betreuung benötigt er«, sagte sie in lauterem Ton als zuvor, sich der Gefühle, die sich mit aller Gewalt ihrer bemächtigten, widersetzend.

»Der Glaube – «, sagte der Rabbi, »der Glaube ist besser als Medizin.«

Sie versuchte sich der einschmeichelnden Melodie zu erwehren. Doch schien ihr Widerstand zwecklos. Aus der Kehle des

Rabbis sprach die Stimme ihres Vaters zu ihr; mit einer Intonation, derengleichen sie seit ihrer Kindheit nicht mehr gehört hatte, sagte er: »Die Gesetze des Herrn sind die Gesetze des Lebens!«

Plötzlich hatte sie eine Vision: Auf einem weißen Tischtuch standen glitzernde Sabbatkerzen, wie ein Kranz waren silberne Teller und kunstvoll geformte metallene Blumen um den Leuchter geordnet. Mit sanften, wie von Tränen geröteten Augen blickte der Vater durchs Dämmerlicht seine Tochter an, als betrachte er ein verschwommenes Foto; er legte ihr seine warmen Hände aufs Haupt, wobei seine Daumen ihre nackte Stirn berührten.

»Er wird geheilt werden.«

»Er wird geheilt werden?« fragte sie mit brüchiger Stimme aus den Tiefen des Traums.

»Den Ärzten wurde erlaubt zu heilen – «

»Heißt es nicht: Der beste unter den Ärzten – «, sagte Chaja, und es war, als spräche nicht sie.

»Gewiß, so heißt es. Und nicht umsonst haben unsere heiligen Lehrer gesagt, daß selbst der beste Arzt – «

»Zur Hölle geht?« Wie aus einer anderen Welt waren die Worte in ihren Mund gelangt.

»Es ist eine Sache des Glaubens«, antwortete er. »Unsere heiligen Lehrer – «

Doch dann war sie wieder sie selbst. Eine unbekannte, aber lebendige Vernunft hatte den Zauber an einem der Worte des Rabbis zerbrechen lassen. Der Blick ihres Vaters war aus seinen Augen verschwunden; vor ihr stand ein kleinwüchsiger, dunkler Mann, seine zittrige Hand zeigte auf ihren Sohn, der seine gelben Augen wieder geschlossen hatte.

Beinahe tonlos sagte sie: »Die Religion hilft ihm nicht.« Und dann, plötzlich, mit schreiender Stimme: »Er muß in ein Krankenhaus!«

Amnon bewegte sich, er versuchte sich im Bett aufzurichten, sank aber wieder zurück. Er streckte seine magere Hand unter der Decke hervor, doch kam kein Laut aus seiner Kehle.

»Ich hörte, Sie hätten ihm befohlen, den Fastentag einzuhalten!« donnerte ihre Stimme, als käme sie aus der Kehle einer anderen Person.

Die junge Frau versuchte zwischen sie und den Rabbi zu treten, aber Chaja hielt sie fest und schob sie beiseite. Dieser Augenblick verlieh ihr Kräfte, die sie seit langem nicht mehr verspürt hatte.

»Der Körper muß gereinigt werden«, erklärte der Rabbi in mildem Ton. Seine Ruhe stand in krassem Widerspruch zu Chajas Hartnäckigkeit.

»Der Körper braucht Nahrung! Und *sein* Körper braucht zusätzlich Medikamente!« schrie sie, während ihre Hand gleich einer Fessel den Arm ihrer Schwiegertochter umschlossen hielt. »Da kommt ein junger, gesunder Bursche zu euch, und was macht ihr aus ihm?« schrie sie, mit der freien Hand auf Amnon zeigend. »Einen Kadaver!«

»Diese Dinge liegen in Gottes Hand«, entgegnete der Rabbi in leisem Ton.

Mit glühenden Augen sah sie ihn an. »Ich bin hier, um eine klare Antwort zu bekommen: Darf er am Neunten Av essen, oder muß er fasten?«

Plötzlich stand ein Anhänger des Rabbis, ein junger Mann mit einem Hut auf dem Kopf, mit ausgestreckten Händen in der Tür. Durch ein Kopfschütteln verbot ihm der Rabbi näherzutreten; zu Chaja sagte er: »Mit Gottes Hilfe ist er am Neunten Av wieder gesund.«

»Der Neunte Av ist in fünf Tagen, und er hat schon seit drei Monaten Fieber!«

Mit nachdenklicher Miene wandte der Rabbi seine Augen von ihr. Er stand bewegungslos da, nur sein Blick wanderte über Amnons im Kissen versunkenes Gesicht und das Gesicht der jungen Frau, die – den Kopf geneigt und die Augen weit geöffnet – den Kranken ansah, hin zur Mutter, die sich vor ihm aufgebaut hatte und, mit beiden Füßen fest auf dem Boden stehend, den Schlag erwartete, den sie zu erwidern bereit war.

»Ist dies kein Fall von Lebensgefahr?!« schrie sie. Nur das Echo der Worte transportierte ihr Flehen, und nur das Ohr des

Rabbis verstand die Geheimsprache, die zwischen ihm und ihr existierte.

Langsam antwortete er: »Es ist ein Fall von Lebensgefahr.«

»Ist ›Du sollst deinen Vater und deine Mutter ehren‹ ein wichtiges Gebot?«

Der Rabbi nickte.

»Ich möchte eine klare Antwort: Soll er fasten – ja oder nein?«

Der Rabbi senkte den Blick. »Am Fastentag ...«, murmelte er, als spräche er zu sich selbst.

»Darf er etwas essen oder nicht?« rief sie, indem sie all ihre Verzweiflung in den Klang ihrer Stimme legte.

»Er darf essen«, flüsterte der Rabbi, als verlasse ihn mit dieser Antwort all seine Kraft.

»Er darf essen!« verkündete sie ihrer Schwiegertochter mit erhobenem Zeigefinger und ließ ihren Arm los. »Habt ihr gehört? Habt ihr das alle begriffen? Der Rabbi sagt: Er darf essen.«

Sicheren Schrittes ging sie zur Tür und stellte ihren Korb auf den Tisch, an dem ihre Schwiegertochter gesessen hatte, als sie sie zum erstenmal sah. Tief bewegt blieb sie stehen und gab vor, etwas in ihrer Tasche zu suchen; das wilde Pochen ihres Herzens übertrug sich auf die sinnlosen Bewegungen ihrer Hände. Sie blickte auf ihren fremden Sohn, der die Lider vor Schwäche wieder geschlossen hatte, in die Augen ihrer Schwiegertochter, die sie verstohlen anschaute, und auf den alten Mann, der, als wolle er sich schützen, die Hände ausstreckte. Dann schaute sie wieder auf das Gesicht ihres Sohnes, das so weiß war wie damals, als er ein kleiner Junge war und mit Fieber in ihrem großen Bett lag.

Sie zog ein Papiertuch aus ihrer Tasche und wischte sich das Gesicht. Danach wandte sie sich jählings ab und rief im Hinausgehen: »Der Rabbi sagt: Er darf essen. Ihr gehorcht doch dem Rabbi, nicht wahr?«

Mit einer schwungvollen Bewegung öffnete sie die Tür, ging, den Kopf wie ein angreifendes Tier senkend, an den Tauben vorbei, deren Flügel gegen die schmiedeeisernen Stangen des Käfigs schlugen, und entfernte sich.

Vergebliche Worte

Eines Freitags, an einem der zehn Sommertage, die sie bei ihrer Großmutter auf dem Land verbrachte, erlebte Jemima einen spannenden Augenblick. Sie erfuhr etwas über ihre Träume – etwas »Erregendes«, das im Jargon der englisch geschriebenen Liebesgeschichten, die sie in ihrem Koffer mitgebracht hatte, »selbst die wildeste Phantasie überschritt«. An jenem Tag kam Lea, die Schwester ihrer Großmutter, zu Besuch, in der Hand einen Korb, aus dem schon von weitem das Klirren von Einweckgläsern zu hören war. Leidenschaftslos küßten die Schwestern einander, wobei ihre Lippen die welken Wangen der anderen mieden und ein leises Schmatzen in den freien Raum zwischen Kiefer und Ohrläppchen sandten. Die Großtante stellte die randvoll mit Früchten gefüllten und mit Wachs versiegelten Gläser auf die Marmorplatte in der Küche. Die Großmutter schob sie sogleich beiseite, auf den ungeschliffenen Rand der Arbeitsfläche, in die Nähe des Mülleimers, in den sie die kostbaren Gastgeschenke zwei Stunden später hineinwerfen würde, wenn das Auto Efraims, des Nachbarn, vor dem Tor hupen und die Großtante wieder davonfahren würde.

Anschließend setzten die beiden Frauen sich unter die alten Weinranken am Eingang des Hauses und schälten mit stumpfen Messern, die sie in ihren steifen, von Altersflecken bedeckten Händen hielten, säuerliche Äpfel, schnitten sie in Stücke und führten sie, zwischen Daumen und Messer geklemmt, zum Mund. Sie unterhielten sich in einem eigentümlichen Hebräisch, das eine wörtliche Übersetzung aus einer anderen Sprache zu sein schien und sich durch sonderbare Wortkombinationen auszeichnete. So sprachen sie über ihr gesundheitliches Befinden, vor allem über das Rheuma und die Flechten, die an ihrer Haut nagten – beides Krankheiten, die sie von ihren Vorfahren geerbt hatten –, über ihren jüngeren Bruder, der zu seinem Sohn gezogen war und von dessen Frau ständig gedemütigt und geschlagen wurde, und über den psychischen Zustand der Cousinen aus Rischon-le-Zion, die gemeinsam ein Haus in einem Zitrusgarten bewohnten und drei schwarze Bluthunde hielten, die jeden zerfleischten, der es wagte, durch das Tor ihres Hofes zu treten.

Hinter dem Gazefenster ihres Zimmers, in dem sich kleine Fliegen verfangen hatten, lauschte Jemima mit im Nacken gefalteten Händen den schwerfälligen, knarrenden Lauten, die abgewetzten Saiten zu entstammen schienen und an das Echo ferner Trommelschläge gemahnten.

»Und wie lange bleibt das Mädchen bei dir?« fragte Lea.

»Zehn Tage.«

»So.«

»Ja.«

»Ja, und ...?«

»Ihre Mutter nimmt an irgendeinem Kursus teil.«

Die Pause, die dem Satz folgte, war so lang, daß Jemima glaubte, das Gespräch sei beendet; doch plötzlich erklang Leas Stimme von neuem, um eine Frage zu stellen, deren Zusammenhang ihr fast schon entfallen war: »Etwas Berufliches?«

»Nicht daß ich wüßte. Ihre Mutter erzählt mir schon seit langem nichts mehr.«

Die Stimme ihrer Großmutter hörte sich an wie die eines kranken Mannes. Seit ihre Tochter sich von Ina in Ilanit umbenannt hatte, weigerte sie sich, ihren Namen in den Mund zu nehmen; und das Wort »Kursus« hatte sie verzerrt und mit einem höhnischen Unterton ausgesprochen, als wolle sie sagen: »Mir macht keiner etwas vor! Ich weiß genau, weshalb ich weder eine Adresse noch eine Telefonnummer bekommen habe. Seit sie vierzehn war, hat sie nur Männer im Kopf.«

»Ähnelt das Mädchen dir noch so sehr?«

Nach kurzem Schweigen sagte ihre Großmutter rasch, in bemüht beiläufigem Tonfall: »Ja.«

In der Stille, die darauf folgte, mischte sich das Knacken der Äpfel, das die Gebisse der alten Schwestern erzeugten, mit dem Gesumm der Bienen, die Tag und Nacht um den kranken Feigenbaum kreisten.

»Und ihrer Mutter ähnelt sie wie ein Tropfen dem andern, nicht?«

»So ist es.«

»Sie ist schon seit Jahren nicht mehr hier gewesen – immerzu in Amerika, seit sieben Jahren, nicht?«

»Seit acht Jahren.«

»So?«

»Ja.«

»Und wie vertragt ihr euch? Gut?«

»Ja. In diesem Alter haben sie allerhand Flausen im Kopf. Vor allem das Essen halten sie für nicht so wichtig. Als schöpften sie ihre Kraft aus der Luft.«

Ja wenn das so ist, dachte Jemima, erklärt sich, weshalb hier bereits seit sechs Tagen dicke Luft herrscht. Die beiden ersten Tage hatten sie in einem Zustand nervösen Schweigens verbracht, jede hatte darauf gelauert, daß die andere einen Fehler begehe, hatte die Kraft der Hand, die Entschlossenheit des Schrittes und die Schärfe des Blicks ihrer Rivalin heimlich studiert. Jede Demonstration von Stärke war genau registriert worden, als bereite man sich auf einen Kampf vor. In diesen Tagen der Stille hatte die alte Frau ihre Enkelin einer eingehenden Prüfung unterzogen: der Kopf, der aufrecht emporragte, das kurze mattgoldene Haar, das ihn wie die Mähne einer Löwin umschloß, die langen Beine, der goldglänzende Flaum ihrer Schenkel, wenn sie in der Sonne stand, die jungen Brüste, die sich unter den enganliegenden Baumwollblusen abzeichneten, die Augen, die sie kühl ansahen und die nicht vergessen hatten, wie schlecht sie zu ihr gewesen, als sie ein Kind war, zu zart, um ihre Attacken zu erwidern. Unterdessen hatte Jemima, in eisiges Schweigen gehüllt, ihre Großmutter beobachtet: die Füße, die unüberhörbar zu schlurfen begannen und die sie beim Treppensteigen wie gefühllose Glieder hinter sich herzog, die Hände, die schwächer waren, als sie sie in Erinnerung hatte, die geschwollenen Lider. Doch ihr Verstand – das mußte Jemima zugeben – war klarer, als man es von Personen ihres Alters erwarten konnte.

Die alte Frau erhob sich in aller Frühe und wurde unter großem Getöse, das völlig unnötig war, in der Küche tätig. Jemima blieb absichtlich im Bett und bemühte sich, ihren Zorn über das Türenklappern der Großmutter zu ersticken. So hatten sie, noch bevor sie sich gegenübertraten, die erste Schlacht ihres täglichen Krieges bereits geschlagen. Wenn sie aufstand, war der Küchentisch bereits gedeckt: Plinsen, aufgeschnittene Wurst, in Dillmarinade eingelegte Gemüse und dicke Scheiben Brot waren aufgetragen. Der schwere Ölgeruch, der von den leicht angebackenen Rändern des gestockten Eiweißes ausging, ließ ein Ekelgefühl in ihr aufsteigen. Trotzdem hielt sie das Versprechen, das sie ihrer Mutter gegeben hatte, und beklagte sich nicht, sondern harrte geduldig am Frühstückstisch aus, stopfte eine Scheibe Brot und eine Plinse in sich hinein und trank ein Glas Milch. In den ersten Tagen hatte ihre Großmutter neben ihr gestanden und mit funkensprühenden Augen überwacht, wie ihre Hand die Nahrung langsam vom Teller zum Mund führte. Als sie aber der spannungsgeladenen Atmosphäre überdrüssig wurden, waren sie zu einer stillschweigenden Übereinkunft gelangt: fortan ließ die Großmutter Jemima allein frühstücken, und das Mädchen aß alles, was sie ihr auf den Teller gelegt hatte.

Nach dem Frühstück hielt die alte Frau stets eine Aufgabe für sie bereit: So nahm Jemima, auf der gegen die Wand gelehnten Leiter balancierend, für ihre Großmutter die Vorhänge von den hohen Fenstern, auf deren Vorderseite sich Staub niedergelassen hatte, der den Stoff mit einer nebelfarbenen Schicht überzog; oder sie schritt die Zimmerwände ab und fegte die Spinnweben von der Decke, den Staubwedel in die Höhe haltend, wie man an der Spitze eines Umzuges die Fackel trägt, oder jätete Unkraut im Garten hinter dem Haus und lockerte die Erde rings um die Pflaumenbäume, deren Zweige unter der Last der Früchte nachgaben.

Mittags war der Tisch abermals mit Speisen beladen: Frikadellen, in Scheiben geschnittene Karotten, Erbsen, weißer, ungesalzener Reis und Dillgurken.

»Ich kann nicht alles essen. Ich werde mich übergeben«, hatte Jemima gesagt, als sie zum erstenmal den gefüllten Tisch sah.

»Man muß essen«, hatte die alte Frau mit fester Stimme entschieden und wegen des fremdartigen Untertons, der in den Worten ihrer Enkeltochter mitschwang, das Gesicht verzogen. Sie ahnten, daß die Arena, in der sie stritten, unweigerlich auf die Dimensionen des Eßtischs zusammenschrumpfte.

»Von zu Hause bin ich nicht gewöhnt, soviel zu essen.«

»Zu Hause ... Wie dich deine Mutter behandelt, geht mich nichts an«, sagte die alte Frau, und sie wußten beide, daß ihre Bemerkung über den Bereich der Küche hinauszielte. Nicht auf den Speiseplan spielte sie an, sondern auf den Schlüssel, den das Mädchen, seit es sechs Jahre alt war, um den Hals trug, auf die Männer, die im Morgengrauen aus der Wohnung schlichen und am Körper der Mutter ihren Geruch zurückließen, den die Kleine in der Frühe einatmete, ehe er unter dem Duftwasser des Zerstäubers verschwamm.

»Zu Hause esse ich um diese Zeit einen Hamburger und eine Scheibe Toastbrot.«

»Du wirst drei verschiedene Dinge essen«, widersprach die alte Frau ihrer Enkeltochter, fest entschlossen, sich in den eigenen vier Wänden nicht vorschreiben zu lassen, was recht sei.

Jemima wählte Karotten, Dillgurken und Reis.

»Fleisch und noch zwei Dinge«, änderte die alte Frau den Wortlaut der Regel.

»Du hast gesagt: drei Dinge. Du hast nicht gesagt, welche. Du kannst nicht etwas sagen und kurz darauf deine Meinung ändern«, schrie Jemima sie an, um ihr Terrain zu verteidigen.

»Gut, heute ist heute.« Die alte Frau trat den Rückzug an,

doch gab sie sich nicht geschlagen. »Aber von morgen an ißt du zwei Beilagen und Fleisch.«

Als sie am Nachmittag des zweiten Tages beobachtete, wie ihre Enkeltochter sich zum Ausgehen zurechtmachte, stand sie starr vor Entsetzen. Jemima kämmte ihr kurzes Haar und brachte es mit Hilfe eines elektrisch betriebenen Gebläses zum Stehen; danach ließ sie einen dunklen Stift über ihre Lider gleiten und bog ihre Wimpern mit einem spiralförmigen Gerät zurecht, das voller Farbe war; sie zwängte sich in eine enge Hose, an deren Nähten sich feine Metallketten entlangzogen, schnürte einen Gürtel um ihre Hüften, so daß ihre Bluse sich straffte und ihre Brust hervortreten ließ, und hängte sich ein Handtäschchen über die Schulter.

»Wohin gehst du?« fragte sie mit heiserer Stimme. Wie ein Stier in der Arena hielt sie den Kopf gesenkt; der Leuchter, den sie reinigte, stand wie ein Degen in ihrer Hand.

»Ich geh ein bißchen spazieren.«

»Bei mir wird nicht spazierengegangen«, sagte die alte Frau, mit dem Leuchter gestikulierend.

»Was soll das? Bin ich hier im Gefängnis? Willst du mich vielleicht an die Leine nehmen, als wär ich ein Hund? Oder meine Füße anketten? Eigentlich wollte ich nur zum Kiosk an der Hauptstraße, um eine Cola zu kaufen. Man kann hier sowieso nichts anderes anfangen. Ich hab zur Genüge drinnen gehockt, den ganzen Tag!«

Jemima war noch zu jung, um zu erraten, welche Erinnerungen in ihrer Großmutter auflebten; sie glich einem durchsichtigen Stoff, der nicht verbarg, was sich hinter ihm befand.

»Ja«, schrie sie, »nicht allein deine Füße sollte man fesseln, sondern auch deine Hände. Sogar deinen Kopf! Mit solchen Haaren und schwarz geschminkten Augen läufst du mir hier nicht herum! Was sollen die Leute sagen?!«

Plötzlich, wie auf einen geheimen Befehl hin, war er in ihnen erwacht – ein unterdrückter, verborgener Zorn, der aus seinem engen Käfig herausdrängte. Wie Blinde streckten sie die Hände nach dem Hals ihres Gegenübers und umklammerten einander voll Abscheu mit dem aufrichtigen Wunsch, zu verletzen und zu schlagen, bis die andere die Besinnung verlöre, und den eigenen Körper zu reinigen vom Haß, der sich durch die irrsinnig prügelnden Hände entlud.

Erst als ihre Haare zerzaust waren und ihre Augen verstört blickten, als ihre Hände haltsuchend umhertasteten, begriff die alte Frau, daß sie mit dem Leuchter den Rücken ihrer Enkelin verletzt, und erkannte Jemima, daß sie ihre Großmutter geschlagen hatte. Jemima erhob sich zuerst, rannte in ihr Zimmer und knallte die Tür hinter sich zu. Die Hände wild ineinanderschlagend, versuchte sie ein graues Haar abzuschütteln, das sich einer dünnen Silberschlange gleich in ihren Fingern verfangen hatte.

Den ganzen Nachmittag stand ein unbekanntes dumpfes Schweigen zwischen ihnen, das von der Frage begleitet war, welchen Lauf die Dinge von nun an nehmen würden. Sie wußten: Sie waren zu weit gegangen; sie erkannten den Pfad, den sie beschritten hatten, nicht wieder; sie mußten umkehren zum Ursprung des verlorenen Weges. Die Energie, die Jemima dazu getrieben hatte, sich anzuziehen und zu versuchen dem Haus zu entfliehen, war verbraucht von der Anstrengung, den grauen Schopf von ihrem Gesicht fernzuhalten und die Hand, die ihr mit dem Leuchter drohte, zu bremsen, und aufgezehrt von dem Schmerz, der an ihren Rippen zerrte. Die alte Frau aber begriff, von tiefem Bedauern geplagt, daß das Schlagen ihrer Hände sich in Wahrheit nicht gegen dieses Mädchen, das sie kaum kannte, gerichtet hatte.

Am Abend ging sie zu ihr, um ihr die Hand der Versöhnung zu reichen, und schlug ihr einen gemeinsamen Spaziergang zum Kiosk vor – ein Angebot, das sie als ihrer unwürdig empfand, da es das Eingeständnis ihrer Niederlage bedeutete. Zu ihrer Großmutter hinüberschielend, entgegnete Jemima ohne Erbarmen: »Mit dir? Lieber würde ich sterben, als mit dir einen Schritt vor die Tür zu gehen.«

Und als die alte Frau ihr Zimmer verließ, rief sie ihr hinterher: »Ich kann dir aber etwas Erfreuliches mitteilen: Ich hab eine Lösung für dein Problem. Die nächsten acht Tage werde ich hier sitzen und mich nicht von der Stelle rühren. Dies ist *dein* Haus. Bitte sehr!«

Da die alte Frau aber fürchtete, ihre Enkeltochter hecke einen Plan aus, schärfte sie ihre Sinne, trat nachts vor die Tür, um zu prüfen, ob das Tor geöffnet worden war, und preßte ihr Ohr an die Wand, um zu hören, ob bei Jemima sich etwas regte. Als sie einmal im Schutz der Dunkelheit lauschend vor ihrem Zimmer stand, riß Jemima die Tür auf und sagte: »Du brauchst nicht länger hinter mir her zu schnüffeln, du kannst schlafen gehen. Ich werd schon nicht ausbrechen, ich weiß sowieso nicht, wohin.«

Seit diesem Vorfall waren drei Tage vergangen, die sie Seite an Seite in wissendem Schweigen verbracht hatten: Jemima ernährte sich gemäß den Befehlen ihrer Großmutter; morgens in der Küche füllte sie widerspruchslos ihren Teller. Vom Mittag an hatte sie ihre Ruhe; sie schloß sich ein, um zu schlafen oder in den amerikanischen Romanheften zu lesen. Abends schaltete sie den Fernseher an, der in ihrem Zimmer stand, und sah das Programm, bis das Schlußzeichen erklang.

Jemima hatte sich in ihrem Zimmer, das an die Terrasse angrenzte und früher das Schlafzimmer ihrer Großeltern gewesen war, aufs Bett gestreckt und lauschte dem Gespräch der alten Frauen. An dem Tag, als ihr Mann starb, hatte ihre Großmutter das alte Holzbett, dessen Kopfende von einem zylinderförmigen Aufbau geziert und in dessen Fußende ein Spielkartenmotiv geschnitzt war, hinausschaffen lassen, um nie wieder eine Nacht in diesem Raum zu verbringen. Statt dessen schlief sie in dem Zimmer, das ihre Tochter in ihrer Jugend bewohnt hatte. Aus dem mit einem groben Bezug versehenen Bett, das sich durch die Betätigung eines unsichtbaren hölzernen Hebels in einen großen Sessel verwandeln ließ, sandte Jemima ein spöttisches Lächeln zum Fenster: Sie führen Alltagsgespräche und benehmen sich wie menschliche Wesen, als wüßte ich nicht, daß sie Hexen sind, deren Münder den üblen Geruch von Fäulnis befallener Zähne und ausgedörrter Mägen verströmen.

»Wie alt ist das Mädchen jetzt?« fragte Lea.

»Vierzehn.«

»Sie wirkt älter«, sagte Lea nach längerem Schweigen, indem sie ihre Worte einer Rüge gleich intonierte.

In diesem Augenblick – sie war bereits schläfrig, denn das Gespräch der alten Frauen hatte ein Gefühl der Trostlosigkeit in ihr ausgelöst, und sie versuchte sich zu erinnern, was am Abend im Fernsehen gesendet würde – entsann Jemima sich bruchstückhaft eines Traumes, der sie am Morgen noch beunruhigt hatte, später jedoch ins Vergessen eingetaucht war: Ein schnauzbärtiger Mann mit schönen Gesichtszügen schwebte auf sie zu – seine Armeekluft war frisch gebügelt; er öffnete seine Arme und hielt die Blumen, die seine Hand umfaßte, empor; plötzlich ergriff sie die Flucht und wollte schäumende Fluten durchqueren, wurde fortgerissen, und ihr Mund schmeckte nach Blut.

Unvermittelt sagte draußen die Großmutter zu ihrer Schwester: »Mit einemmal fällt mir ein Traum ein, den ich von Stefan geträumt habe.«

»So?«

»Ja. Er trug eine Kavallerieuniform.«

»Wie im wirklichen Leben.«

»Ja. Aus einer Seitenstraße näherte er sich der Peterskirche.«

Jemima erstarrte. Also handelte es sich um eine Kirche, oben, am Ende der breiten, beschädigten Steintreppe, zwischen deren dritt- und viertletzter Stufe ein Loch klaffte, das dem Heraufgehenden einen leichten, aus dem Rhythmus der ersten zehn Schritte ausscherenden Sprung auferlegte, um graues Kirchengemäuer, dessen Oberfläche, als solle sie die Schönheit des Bauwerkes mindern, einem pockennarbigen Gesicht glich, und um liebliches Glockengeläut, das in der eisernen Wand, die den Klöppel umschloß, allmählich verhallte.

»Was geschah dann?«

»Er kam auf mich zu. Mit Blumen in der Hand.« Während ihre Großmutter einen Laut von sich gab, der an ein spöttisches Lachen erinnerte, sah Jemima drei zarte Orchideen, auf deren violetten Blüten Wassertropfen ruhten und deren Blätter, in sanftem Schwung sich wellend, in Kelchen aus durchbrochenem, wie Rosenblätter gekräuseltem Gewebe zusammenliefen.

»Und dann?«

»Er kam näher und sagte zu mir ...«

»Jetzt bist du meine Braut«, führte Jemima den Satz zu Ende und hörte, wie ihre Großmutter, einem Schauspieler gleich, der das Flüstern des Souffleurs vernommen hat, ihr nachsprach: »Jetzt bist du meine Braut.«

»Und was geschah dann?« rief Lea erschrocken.

»Dann lief ich durch das Gestrüpp eines Waldes. Ich fiel hin, raffte mich auf und lief weiter. Links und rechts von mir nichts als Bäume. Er hat mich nicht gefunden«, sagte die Großmutter tief bewegt.

Nicht so – flüsterte Jemima in einem Anfall von Furcht, dessen Grund sie nicht kannte – nicht im Wald. Im Wasser ist sie gestrauchelt, mitten im Strudel einer scheußlichen Gischt, die ihr die Röcke über den Kopf warf, ihren Körper hinabriß und gegen die kalten, scharfen Wasserwände schleuderte, deren eisige Stiche alles Leben in ihr erstarren ließen.

»Und im Wald endete der Traum?«

»Ja, im Wald.«

Vor dem Haus hupte ein Auto, Sekunden später wurden Stühle gerückt, Schritte entfernten sich, und kurze Sätze erklangen.

Jemima erhob sich von ihrem Lager und stand mitten im Raum. Sie wußte, daß etwas geschehen war. Doch konnte sie sich nicht vorstellen, was. Sie war erfüllt von dem Gefühl der Verwirrung, das sich im Augenblick des ersten Erkennens einstellt, in einem Alter, das nicht mehr zur Kindheit zählt. Die Gewißheit, die in ihr wuchs, betraf etwas, das sich bereits in Reichweite ihres Verstandes befand. Der Traum, den die Großmutter ihrer Schwester erzählt hatte, war ihr eigener gewesen: der Mann in Uniform, der die Treppe heraufkommt; die Blumen, mit denen er ihr winkt, während sie am Eingang der Kirche steht; die Worte, die er spricht. War es die Hand des Zufalls, die in jener Nacht unter Jemimas und der Großmutter Lider den gleichen Traum gelegt hatte? Und wenn es kein Zufall war – was hatte all dies zu bedeuten? Und weshalb schieden sich ihre Träume am Wegkreuz, so daß eine sich im Dickicht eines Waldes verlor, die andere aber im Auge eines Strudels versank?

Abends nahmen Jemima und ihre Großmutter, am Tisch unter dem Weinrankenbaldachin sich gegenüber sitzend, still ihre Mahlzeit ein. Die alte Frau betrachtete fasziniert einen Apfel, der nicht gepflückt worden war und nun faulend am Baum hing. Jemimas Augen waren auf das Gesicht ihrer Großmutter gerichtet, sie suchten hartnäckig nach der Lösung des Rätsels der nächtlichen Bilder.

»Ist etwas passiert?« fragte die alte Frau, die sich unter den Blicken, die sie durchbohrten, unruhig hin und her bewegte.

»Nein.«

»Weshalb schaust du mich dann so an, als sei etwas nicht in Ordnung mit mir?«

»Nur so.«

»Schau auf den Teller.«

Jemima blickte auf ihren Teller und sah, daß sie noch nichts gegessen hatte. Auf einmal schien sie, von einer blitzartigen Eingebung erleuchtet, jene verborgene Erkenntnis zu fassen; mutig richtete sie ihren Blick von neuem auf ihre Großmutter.

»Weshalb hast du sie belogen?« sagte sie, als führe sie ein Verhör.

Ihre Großmutter wandte den Blick vom Apfelbaum und schaute sie fragend an.

»Ich spreche von Lea«, fügte Jemima erklärend hinzu, indes sie alles deutlich vor sich sah.

Mit starrem Gesicht blickte die alte Frau ihre Enkelin an, nur ihre Pupillen bewegten sich. »Was redest du da?«

»Du erzähltest ihr, du seist durch einen Wald gelaufen.«

»Was für einen Wald?« Hinter ihrer Maske, die kreidebleich wurde, tönte ihre Stimme mutig und fest.

»Der Wald, von dem du letzte Nacht geträumt hast.«

»Was sagst du? Ich hätte von einem Wald geträumt?«

»Genau, du hast von etwas anderem geträumt. Wir beide wissen, es geschah nicht im Wald.«

Eine grausame Lust erfüllte das Mädchen; mit Vergnügen sah sie, wie die Pupillen der Großmutter, in den dicht gedrängten Falten gefangen, umhersprangen.

»Du – das heißt ich«, fügte das Mädchen emphatisch hinzu, »bist untergegangen. Du bist mit deinen Kleidern ins Wasser gefallen. Vielleicht hast du dich absichtlich hineingestürzt, was weiß ich.«

Als weiche mit einem Schlag alle Kraft aus ihr, lehnte sich die alte Frau in den Stuhl zurück und entspannten sich ihre Züge, wie die eines Schauspielers, der einen sterbenden Helden darstellt. Sie sah ihre Enkeltochter an und begriff.

»Du hast das geträumt?« flüsterte ihre krächzende, abgenutzte Stimme.

»Ja.«

»Und was war vor dem Wasser?«

»Die Kirche, die Stufen, die violetten Blumen, du bist meine Braut«, sagte Jemima, als spreche sie ein Losungswort aus.

Minutenlang sah die alte Frau sie aufmerksam an. Jemima spürte, daß der Kampf, der im Laufe des zurückliegenden Tages abgeflaut war, wieder auflebte, doch trug er ein anderes Gesicht – düster, unfaßbar und von einer Bosheit erfüllt, deren Grund sie nicht kannte. Überraschend raffte sich die alte Frau auf, sammelte ihr Geschirr ein und sagte: »Deinen Teller und deine Sachen kannst du selber abräumen.«

Sekunden später hörte Jemima sie in der Küche Geschirr spülen; als sie fertig war, rief sie ihr zu: »Schließ das Tor, und danach stracks ins Bett!« und ließ sie, entgegen ihrer Gewohnheit, allein.

»Und schöne Alpträume!« dachte Jemima spöttisch, um sich ein wenig aufzumuntern, denn sie spürte bereits die aufsteigende Furcht.

Auch im Bett – die Augen auf das Gazefenster gerichtet, das

das von fern einfallende Licht filterte – versuchte sie noch, das Rätsel zu lösen; sie wußte, daß sie sich dem Schlaf erst ergeben würde, wenn es ihm gelänge, sie zu bezwingen. Ohne Unterlaß dachte sie an die Dinge, die sich ereignet hatten, und stellte Fragen, auf die sie keine Antwort erhielt: Was bedeutete dieses Geheimnis? Wie war der Traum der Großmutter zu ihr gelangt? Weshalb hatte sie sich selbst an der Tür stehen sehen, während in dem Zwillingstraum die Großmutter dort stand, in Erwartung des mit Blumen zu ihr emporsteigenden Mannes? Und wer war er, den die alten Frauen kannten, dessen Namen sie selbst aber nie zuvor gehört hatte?

Erst als die schwarzen Streifen zwischen den Lamellen der Jalousie sich erhellten, kam Schlaf über sie. Sie schritt über ein ödes Feld, unter ihren Sohlen zerbrach der krustige Boden. So weit sie schauen konnte, waren von Pflügen gezogene Furchen zu sehen, es gab weder Bäume noch Blüten noch Blätter. Die Leere in ihrem Magen schmerzte, sie blähte die Wände des Körpers mit der Sehnsucht nach einem Schluck Wasser und einem Stück Brot. Hunger und Durst krochen ihr die Kehle hinauf in den trockenen Mund und auf die gesprungenen Lippen, die schleimbedeckt waren wie die eines kranken Hundes. Ihr ganzer Körper gab sich dem quälenden Verlangen nach Eßbarem hin, dessen Geschmack sie fast schon vergessen hatte. Nur ihre Füße trugen den gepeinigten Leib weiter und weiter, wühlten in der trockenen Erde, die bis zu den Grenzen des Horizonts keine Hoffnung versprach, schleppten den Hunger die Furchen entlang zu einem anderen Ort, der dürr war wie dieser. Sie war umgeben von Menschen, die ihren Hunger über das Feld trugen, den Blick starr auf das faltige Erdreich gerichtet, in dem ihre Füße versanken. Hin und wieder stürzte einer zu Boden und griff nach dem, was er zu sehen glaubte – die Spitze eines Halms, ein Blatt, eine Wurzel. Als er aber erkannte, daß nur Sand aus seinen Händen rann, fuhr er fort, in der verdorrten Erde zu scharren, während sein ausgetrockneter Mund bereits mit Speichel gefüllt und sein Bauch für das Wunder bereit war. Als er endlich die Leere des Zaubers begriff, erhob er sich und zog weiter, um bald darauf von neuem ein Blatt zu erspähen, eine saftige Beute für jene, die vor ihm gingen ... Wenn er liefe, käme er ihnen zuvor.

Als sich Jemima am Morgen erhob, war ihre Kehle trocken und schmerzte ihr Bauch; der Gedanke an das Rätsel der Träume, der in ihrem Innern rumorte, hatte bedrückende Ausmaße angenommen. Aus der Küche hörte sie Gläserklirren, und ihr stieg der Geruch garender Plinsen in die Nase. Wenige Minuten später saß sie am Tisch und ließ ihren Blick über die Scheiben saftigen Brotes, das Apfelgelee, die glänzenden, in Öl schwimmenden Oliven und den Teller mit der Blasen werfenden Plinse schweifen, deren Duft ihr die Sinne benahm. Erst nachdem sie die Plinse, zwei Schnitten Brot und ein Glas Milch zu sich genommen hatte und ihr Hunger gestillt war, bemerkte sie, mit welchem Verlangen ihre Großmutter sich Gelee auf das Brot strich; der Anblick versetzte ihr einen Schlag: Der Hunger, der nachts im Traum an ihnen genagt hatte, trieb jetzt, am Morgen, die Hände der alten Frau an, voll Leidenschaft nach den Speisen zu greifen. Über die Schnitte hinweg sah sie sie mit wissendem Blick an. Was geschah, hatte sie längst begriffen: Die Wand zwischen ihren Zimmern durchquerend, überschritt der Traum die Grenze ihres Schlafs und zeigte sich zweifach. Doch versuchte sie vergebens den Schatten zu deuten, der in den Augen der alten Frau lag: Waren es Furcht und Hilflosigkeit?

In diesem Augenblick der Spannung, in dem ihr Kauen energischer schien als je zuvor, hatten sie ihre Komplizenschaft bereits anerkannt: die eine mit einem Gefühl der Gewißheit, das ihr Kraft schenkte; die andere furchterfüllt wie ein Mensch, der sich auf der Suche nach einem Versteck hinter die eigenen Grenzen zurückzog. Immer wieder versuchte die Großmutter während des ausgiebigen Frühstücks Jemima zu attackieren: Sie wurde zornig, weil sie mit offenem Mund aß, oder schrie sie an, weil sie Salz verschüttet hatte. Doch auch ohne die kurzen Sätze, die emotionsgeladen aus ihr hervorbrachen, wären ihre Verzweiflung und ihr Bestreben, die Augen vor dem Verlust der eigenen Kraft zu verschließen, unübersehbar gewesen. Und Jemima, die sich nicht länger bemühte, vorsichtig mit dem Salz umzugehen, die Lippen beim Kauen geschlossen und die Ellbogen vom Tisch fernzuhalten, saß von einer inneren Glut erfüllt vor der alten Frau, die vor ihr zurückwich, und wußte: Bald, in wenigen Tagen, wenn sich weitere Risse in der Wand aufgetan hätten, wäre ihr Sieg unabwendbar. In dem stummen Krieg, den sie führten, war ihr unverhofft eine Wunderwaffe in die Hände gefallen, die die alte, unbeugsame Frau wie einen hilflosen Säugling zurückließ.

Sie sprachen wenig an jenem Tag. Den ganzen Morgen pflückte Jemima Pflaumen von den drei prächtigen Bäumen, die im Obstgarten standen und ihre Äste ausstreckten wie Mütter, die ihre Arme schützend über ihre Kinderschar hielten. Am Mittag war die große Obstkiste bereits zu zwei Dritteln gefüllt; Jemimas Haut war zerkratzt von den rauhen Ästen, an ihren Handflächen und unter ihren Fingernägeln klebte getrocknetes Pflaumenblut. Das Mittagessen richtete die alte Frau in der Küche an, doch aß sie nicht mit Jemima, die in Windeseile ihren Teller leerte; das Mädchen war nicht mehr benommen wie in der Frühe, doch fühlte es sich wie ein Mensch, dessen Körper den Hunger noch nicht vergessen hatte.

Als sie aus dem Mittagsschlaf erwachte, lockte sie ein warmer Duft, der eine unverkennbare, säuerlich riechende Süße verströmte. Draußen auf dem Tisch stand ein Pflaumenkuchen. Mit einem Nicken des Kopfes forderte die Großmutter sie auf, Platz zu nehmen, und schnitt ihr ein großes Stück ab. Ihre Stimme, die liebevoll klang wie die einer gütigen Mutter, sagte: »Iß, iß. Das ist gesund und schmeckt gut.«

Während Jemima den Kuchen aß, schaute sie ihre Großmutter an; die versöhnliche Stimmung, in der sich die alte Frau plötzlich befand, weckte ihre Neugier. Die Großmutter biß von ihrem Kuchenstück ab, hielt die Augen geschlossen wie eine Betende und sagte: »Als ich so alt war wie du, hatte ich fünf Jahre kein Obst gegessen. Als wir hier ankamen, machten wir uns als erstes ein Bett – doch als zweites ging ich Setzlinge kaufen. Ich pflanzte alles: Äpfel, Birnen, Pflaumen, Pfirsiche, Aprikosen, Apfelsinen, Zitronen. Alles, was es gab. Doch die Pflaumenbäume gediehen am besten. Auch als wir in dieses Haus zogen, pflanzte ich sofort Pflaumenbäume. Aus dem ganzen Dorf strömten die Leute herbei, um sie zu bewundern. Manche behaupteten, es liege am Boden; andere meinten, es seien meine Hände. Alles Mögliche wurde geredet, weil niemand im Dorf solche Pflaumen hatte. Und für deine Mutter buk ich, schon als sie noch klein war, unentwegt Pflaumenkuchen. Wenn sie auch sonst nichts essen mochte – meinen Pflaumenkuchen verschlang sie.«

»Wann war das?« fragte Jemima, um das Gespräch wieder auf die Nacht zu lenken.

Die alte Frau, die darauf gefaßt war, sagte mit gebrochener Stimme: »Im ersten Krieg. All die Jahre haben wir gehungert.«

»Ja?«

»Wir marschierten anderthalb Jahre in zerschlissenen Schuhen. Von Ort zu Ort, von einem Dorf zum andern. Bei Dunkelheit, Kälte und Schnee. Zwei Schwestern und mein kleiner Bruder gingen unterwegs an Krankheiten und Hunger zugrunde und weil wir keine Medikamente hatten. Unser Vater war sehr schwach. Den ganzen Weg trugen wir ihn, und am Ende ließen wir ihn in einem Dorf bei einer Familie; er starb eine Woche danach. Übrig waren mein älterer Bruder Meir, dein Großonkel, der vor drei Jahren gestorben ist, Menasse, der bei seinem Sohn in Ramat-Gan lebt, Lea, die mich gestern besucht hat – und ich, die Jüngste von allen.«

»Und wohin seid ihr gegangen?«

»Fort von der Grenze, ins Innere Rußlands. So weit wir konnten.«

»Weshalb?«

»Wir fürchteten uns. Man hatte uns gesagt, es sei am besten, Richtung Moskau zu ziehen. Wir fürchteten, sie würden kommen und Papa und Meir zur Armee schicken.«

»Ihr wart ständig unterwegs?«

»Hin und wieder unterbrachen wir unsere Wanderschaft.

Dann arbeiteten wir eine Zeitlang in einem der Dörfer. Manchmal hier, manchmal dort. Wir bekamen zu essen, verdienten ein bißchen Geld, wuschen uns, und danach zogen wir weiter.«

»Und wann kamt ihr nach Moskau?«

»Da sind wir nie angekommen«, sagte die Großmutter mit einemmal lachend und bleckte, zum Schrecken ihrer Enkeltochter, ihr verkümmertes Zahnfleisch, in dem spitz zulaufende, an Nägel erinnernde Zahnwurzeln steckten. »Eine kleine Stadt mit siebzig jüdischen Einwohnern lag auf unserem Weg; dort blieben wir eine Weile und fanden Arbeit. Wir waren nur noch zu viert. Im Ort existierte eine zionistische Organisation, und bald darauf wanderte eine Gruppe nach Palästina aus; der Mann von Lea, die in der Zwischenzeit geheiratet hatte, gehörte zu dieser Gruppe. Im Winter Zweiundzwanzig sind wir mit zweiunddreißig Burschen und Mädchen hier angekommen.«

»Und wann hattet ihr nichts zu essen?« fragte Jemima, um zu ihrem Traum zurückzukehren.

»Unterwegs. Das kam oft vor. Manchmal haben wir tagelang nichts zu uns genommen. Da Schnee lag, fanden wir nichts auf den Feldern; so mußten wir hungern. Wer die Kraft dazu hatte, zog weiter; wer müde war, blieb zurück.«

»Wie alt warst du damals?«

»Vierzehn. So alt wie du. Eines Abends, es war mein Geburtstag, wurde ich vor Hunger bewußtlos, und ich dachte: Heute, an meinem Geburtstag, werde ich sterben. Vielleicht wird im Himmel ein Geburtstagsfest für mich stattfinden.«

Die Dämmerung, die sich über das Dorf senkte, war vom Duft der Obstgärten begleitet; er mischte sich in die am frühen Abend aufkommenden Winde, die ferne, dem Gewimmer von Kindern ähnelnde Laute herantrugen.

»Und wer war Stefan?« fragte Jemima.

In der Finsternis sah sie, wie sich die Augen ihr gegenüber verdunkelten und Funken sprühten, als stochere man in verglühenden Kohlen.

Mit matter Stimme sprach ihre Großmutter in das Aufheulen

des Windes hinein: »Genug für heute. Hier, iß noch ein Stück. Damit du zu Kräften kommst.«

Seit diesem Abend fürchtete sich das Mädchen. Die Lebensgeschichte anderer Menschen stellte eine größere Belastung dar, als sie geglaubt hatte, und ihre Siegesfreude ging unter in der leisen Trauer dessen, der jenseits fremder Mauern liegende, seltene Gefilde betrat. Die folgende Nacht aber war ohne Träume, und sie erwachten am Morgen in großer Unruhe: Die eine fürchtete, daß ihr die nächtlichen Bilder für immer entglitten seien; die andere, daß die Spalte, die sich irrtümlich vor ihr geöffnet hatte, von neuem verschlossen sei und die Wiederherstellung des ursprünglichen Zustands ihr die zufällig erworbene Macht wieder nehme.

Als Jemima die Küche betrat, war der Frühstückstisch nicht gedeckt, und die Kaffeekanne stand noch nicht auf dem Herd. Ihre Großmutter kniete draußen am Fuße der Treppe und sortierte die Früchte, die sie aus den breiten Kuhlen, die die Pflaumenbäume umgaben, aufgesammelt und in einen blauen Topf gelegt hatte: die schönsten zum Rohessen, die weichen zum Kochen. Mit ihren kurzen Fingernägeln kratzte sie aus den von Fäulnis zerfressenen Früchten den befallenen Kern.

»Hast du gut geschlafen?« fragte sie mit dem Rücken zu ihrer Enkeltochter, die im Hauseingang stehenblieb. In ihrer Stimme schwang, für sie beide unüberhörbar, ein Zittern, das dem Mädchen das geheime Wissen um die Leere der Nacht verriet. Unvermittelt erwachte in Jemima der Wunsch, der alten Frau weh zu tun; der Gedanke an die verborgene Macht, über die sie verfügte, bescherte ihr ein boshaftes Vergnügen. Sie hätte sagen können: »War es diesmal nicht außergewöhnlich?« Es hätte ihr Spaß bereitet, mit ihrer Großmutter Katz und Maus zu spielen: »So wie du«, hätte sie ihre Frage beantwortet. Oder sie hätte Grausamkeit walten lassen: »Also, wie war das Ende? Ist sie durch einen Wald gelaufen oder ins Wasser gefallen?« Und anschließend hätte sie zugeschaut, wie dieser uralte Körper einer alten Puppe gleich auseinanderfiele. Doch als sie die breiten Schultern betrachtete, welche die krummen Finger, die in den fauligen Pflaumen bohrten, verdeckten, entsann sie sich der Augenblicke der Gnade, die sie am vorhergehenden Abend erlebt hatten, und sagte, sich plötzlich erbarmend: »Heute nacht habe ich auch nichts geträumt.«

Während des ganzen Tages ließ die Großmutter sie allein; sie gestattete ihr, sich das Frühstück selbst zuzubereiten, und vergaß, ihr den täglichen Auftrag zu geben. Mittags verließ sie das Haus, und als sie am frühen Abend zurückkehrte, waren ihre Augen gerötet; sie sagte: »Morgen kommt deine Mutter dich abholen. Es war ein Telegramm in der Post.«

Im letzten Licht des Tages saß Jemima bei ihrer Großmutter und nahm Abschied von den Bildern und Gerüchen, die aus der Ferne kamen. Sie fühlte eine Trauer, in die sich der Geschmack von Endgültigkeit mischte.

In dieser Nacht berührte der Frühling ihren und ihrer Großmutter Schlaf. Ein sanfter Glanz strömte von den Bergen, deren Gipfel in den Wolken verschwanden, und sammelte sich im Tal. Haine blühender Setzlinge zogen sich wie ein Gürtel den Abhang entlang, und auf allem lag große Schönheit – in den Schattierungen, derengleichen kein Auge je sah, in der Essenz leuchtender Farben, die sich zum Rande hin abschwächten wie der Lichthof der Sterne. Die Strahlenbündel leuchteten seidenen Kaskaden gleich; junge Frauen in langen Kleidern und mit schönen Knöcheln glitten, in helle Schleier gehüllt, die talwärts geneigten Wege hinab, kamen von allen Seiten zusammen und tauchten ein in die Flut des Lichts. Blütenduft wehte herbei und schwoll an in den sich wiegenden Winden; wundersame Laute, wie jene, die ein Zauberer aus seiner Flöte aufsteigen läßt, bedeckten alles.

Am Morgen stand die Zimmertür ihrer Großmutter offen, und Jemima, in deren Augen noch jener berauschende Glanz lag, überschritt zum erstenmal die Schwelle des Raumes. Die alte Frau saß in einen bestickten Umhang gekleidet aufrecht in ihrem Bett und lächelte, so als träume sie.

»Es war schön, nicht wahr?« Da sie lächelte, hatten ihre listigen Augen sich in schmale Schlitze verwandelt.

»Großartig«, sagte Jemima, die ein zartes Strömen durchfuhr.

»Etwas geschah dort im Frühling – etwas Besonderes.«

Jemima trat näher, setzte sich auf die Bettkante und ließ ihre Hand über die pelzige Decke gleiten. »Und alle Kleider waren neu.«

»Alles. Alles war neu. Die Hüte und Socken, und der Schal, den wir während des Winters gestrickt hatten.«

»Ja. Da ist es noch kalt gewesen.«

»Hast du unten die Schwäne gesehen?«

»Ja. Ich glaubte, es seien Gänse.«

»Schwäne«, sagte die alte Frau, hob die Beine an und setzte ihre Füße auf den Boden auf. »Es war außergewöhnlich«, wiederholte sie staunend.

»Ja.«

Während sie noch auf dem Rand ihres Bettes saß, drehte die alte Frau sich zum Fenster und zog den Vorhang zur Seite. Ein durchsichtiger Bienenschwarm stieg auf und bewegte sich von dem Feigenbaum, der im Hof nebenan stand, zu jenem am Rande des Gartens. Während ihr Gesicht den Bienen und ihr Rücken dem Mädchen zugewandt war, sagte sie: »Deine Mutter kommt heute.«

»Ja.«

»Hast du das Telegramm gelesen und weißt, um wieviel Uhr?«

»Mit dem Bus um zwei.«

Um ihren Füßen Standfestigkeit zu verleihen, stützte die alte Frau sich mit beiden Händen auf ihre leicht gespreizten Knie und erhob sich aus ihrem Bett. Sie sagte: »Heute backe ich einen Pflaumenkuchen, an dessen Geschmack ihr noch lange zurückdenken werdet. Denn mit dem Bus um sechs Uhr ...« – sie lachte listig und wedelte mit der Hand, als wolle sie jemanden verscheuchen – »fahrt ihr fort. Hier bei mir wird niemand mehr übernachten. Damit ist es vorbei. Jeder soll seine eigenen Träume träumen.«

Violette Wiesen

Jener Sommer war klarer als alle anderen vor ihm. Und in dem Monat, in dem wir unser Studium an der Sporthochschule beendeten, gelang es Schlomit und mir, gemeinsam eine Wohnung in der King-George-Straße in Tel Aviv zu mieten – eine Altbauwohnung mit Zimmern, die so hoch waren wie Säle, und einem Parkettboden, der kunstvoll gewebten karierten Teppichen glich; uns gegenüber blickten wir auf ein Gebäude mit von schönen Karniesen gezierten Balkons.

Benommen von der Lust und der soeben gewonnenen Freiheit, von unserer Jugend und dem Taumel der Stadt, amüsierten wir uns von morgens bis tief in die Nacht mit Schlomits Freund Ilan, der Junggeselle war, und Lulik, meinem verheirateten Geliebten. Uns störten weder die Rufe der ewig zu spät Kommenden, die dem abfahrenden Autobus hinterhereilten, noch die erstickende Schwüle der Dämmerstunden oder die greisen Nachbarn, die starr wie Statuen an den Fenstern standen und unser Kommen und Gehen verfolgten, indem sie uns ohne ein Lächeln mit dem Blick ihrer uralten Augen begleiteten.

Wir hatten die Wohnung zufällig gefunden; ein Schild, das Schlomit erblickt hatte, als sie während einer Autobusfahrt den Kopf beiläufig zur Seite drehte, kündete von ihrer Existenz. An der nächsten Station waren wir ausgestiegen, um ein Stück des Weges zurückzugehen. Von diesem Augenblick an schienen sich die Ereignisse wie durch die Hand eines Zauberers aneinanderzureihen. Vor der Wohnungstür begegneten wir dem Hausbesitzer, der gerade abschloß und sich entfernen wollte. Der Mann war erstaunlich blaß, wie jemand, der sich sein Leben lang vor der

Sonne versteckt hat; sein Teint entsprach der Vorstellung, die ich mir als Kind von dem des Propheten Elias und in meiner Jugend von dem Scarlett O'Haras gemacht hatte. Er begrüßte uns freudig, als wären wir seine Töchter, die von einer langen Reise zurückkehrten, steckte den Schlüssel wieder ins Schloß, öffnete, gab den Blick auf den geräumigen Flur frei und freute sich über die Begeisterungsschreie, die wir ausstießen, als wir in der Wohnung umherliefen und den bemalten Badezimmerboden und die ovalen Balkons des gegenüberliegenden Hauses entdeckten, die aussahen, als stünden sie freischwebend im Raum.

Gemäß der mündlichen Übereinkunft, die wir mit ihm trafen, zahlten wir ihm vor Ort einen bescheidenen Betrag als Miete für einen Monat im voraus, bis wir mit seinem Enkelsohn, der nach Beendigung seines Studiums aus Deutschland zurückkäme, im Beisein eines Anwalts einen Vertrag unterzeichnen würden. Als der Enkelsohn heimkehrte, dessen Haut so blaß wie die seines Großvaters war, setzte er die Miete doppelt so hoch an, wie es mit dem alten Mann vereinbart war. Vor unseren Augen wies er seinen Großvater zurecht, der wie ein gescholtenes Kind seinen Blick senkte. In einem Hebräisch, das hart klang, als sei es mit Deutsch vermischt, sagte der junge Mann, der festgelegte Betrag gelte für *einen* Mieter, nicht für die ganze Wohnung, in der Platz für drei Leute sei. Logischerweise – fuhr er fort, ohne uns in die Augen zu sehen – müßte er das Dreifache der gezahlten Summe verlangen; doch der Anständigkeit halber schlage er einen Kompromiß vor: Wir sollten uns auf das Doppelte und, wie mit seinem Großvater vereinbart worden war, auf eine einjährige Laufzeit des Vertrages einigen. Da er darauf bestand, uns schriftliche Beweise für die Höhe des Preises, den die Vormieter bezahlt hatten, zu präsentieren, öffnete er seine Aktentasche und durchsuchte seine Papiere, die raschelten, als wären es Banknoten. Schlomit und ich überlegten lange hin und her. Auf die phantastische Wohnung wollten wir nicht verzichten, aber die Summe, die er festgesetzt hatte, überschritt unsere Möglichkeiten. Da wir keine andere Wahl hatten, entschlossen wir uns, einen Untermieter zu suchen, der mit uns gemeinsam die Mietkosten tragen würde. Er sollte in dem kleinen Zimmer wohnen, das uns vorläufig als Abstellraum diente.

Am folgenden Tag klebte Schlomit an ihre Fensterscheibe ein großes Stück Pappe, das sie in einer geschwungenen Linie von der Rückseite eines Kalenders des Frucht- und Gemüserats abgeschnitten hatte. In witzigen Worten war darauf zu lesen, daß zwei übermütige, lebenslustige Grazien einen Mitbewohner suchten, der ebenso schlampig und liebenswürdig wie sie war, der als Mitgift einen neuen Fernsehapparat in den Haushalt einbrachte, bereit war, über ihre ungehobelten Manieren hinwegzusehen, und ihr munteres Treiben nicht boykottierte.

Am frühen Abend erschien Malka Kohnstein an unserer Wohnungstür.

Jahre später, als meine Tochter erwachsen war und in fernen Ländern ihre eigenen Kinder aufzog, waren die fröhliche Häresie, die Kraft und das Lachen dieses Sommers vergessen; was blieb, waren eine leise, doch unüberhörbare Trauer und die klaren Augen von Malka Kohnstein, die eines Tages vor unserer Tür stand und mich in ihre furchtbare Lebensgeschichte hineinzog.

*

Wie ein kleines Mädchen erschien sie mir, als ich die Tür öffnete, und ihre Traurigkeit erinnerte mich an das Foto eines Ghettokindes, mit flachen Sandalen und einem mit seinem dunklen Haar verschmelzenden braunen Kopftuch; der Rock bedeckte ihre Knie, und die langärmlige Bluse umschloß ihre mageren Handgelenke; ihr blasses, ernstes Gesicht schaute mich an. Und ich – wie jedesmal, wenn ich Menschen begegne, die bedeutend kleiner sind als ich – fühlte mich riesig wie Alice im Wunderland.

Sekundenlang standen wir einander stumm gegenüber: sie suchte nach Worten, um sich mir vorzustellen; ich schaute sie voll Verwunderung an. Während des zurückliegenden Studienjahres war ich in einer orthodoxen Mädchenschule in Bne Braq als

Gymnastiklehrerin tätig gewesen. Im Autobus 61, der mich jeden Mittwoch in eine fremde Welt führte und einige Stunden später wieder an vertrautem Ort absetzte, hatte ich Frauen und Mädchen wie sie gesehen – wie Schutzsuchende hielten sie sich stets dicht beieinander, und alle hatten das gleiche Gesicht. Und nun, einen Monat nachdem ich das Studium beendet hatte, stand eine von ihnen vor meiner Tür.

In jenem Augenblick, so sagte ich mir Monate später, hätte ich Verdacht schöpfen müssen. Wie konnte sie mich völlig unbefangen, ohne mit der Wimper zu zucken, anblicken, als ich in meinem enganliegenden Tanzkleid, das sich straff von den Hüften über meinen Schoß zog, vor ihr erschien? Und wie war es möglich, daß sie Schlomit, die, vom Lärm der Klingel alarmiert, aus ihrem Zimmer herbeieilte, so ungeniert in den Ausschnitt der weit geöffneten Bluse schaute? Und weshalb fragte sie beim Anblick des Aktfotos, das Ilan aus dem *Playboy* geschnitten und an der Küchentür aufgehängt hatte, nur mit leiser Stimme: »Darf ich hereinkommen?«

Sie hatte etwas Geheimnisvolles, das mich vom Augenblick ihres Eintretens an in Unruhe versetzte. Ihre Bewegungen wirkten flink und abrupt und durchfuhren ihre Glieder wie ein seltsames Beben. Sie näherte sich einem der Stühle im Flur und ließ ihren Körper unvermittelt auf ihn herabsinken; danach zog sie die Tasche auf ihren Schoß, öffnete sie, indem sie heftig auf den Metallverschluß drückte, steckte ihre Finger hinein und fragte mit vor Aufregung zitternder Stimme: »Das Zimmer ... wieviel kostet das Zimmer pro Monat?«

Amüsiert und verwundert sahen wir sie an – ich an der Tür stehend, die noch immer geöffnet war, und Schlomit neben dem Foto des rosigen prallbusigen Mädchens, das sich räkelte und die Arme zur Seite streckte, als sei es gerade erwacht.

»Ich wollte mich ... bezüglich des Zimmers erkundigen. Wieviel – «

Schlomit fand als erste die Sprache wieder. »Moment, Moment«, sagte sie mit ernstem Gesicht, »wir hatten nicht vor – «

»Ich habe ... den Zettel im Fenster gesehen«, unterbrach sie Schlomit; ihr Körper schien zusammenzusacken, doch kam ihre Stimme jetzt selbstsicher und fest aus ihrer Kehle.

»Ja. Aber ich möchte dir etwas sagen. Wir wollen keine – «

»Habt *ihr* den Zettel ins Fenster gehängt?«

»Ja. Wir – «

»Ihr sucht einen ... Mitbewohner?«

»Richtig«, sagte Schlomit lauter als zuvor, um die Stimme, die ihr ununterbrochen das Wort abschnitt, zum Schweigen zu bringen. »Ich versuche dir die ganze Zeit etwas zu sagen, aber du läßt mich nicht ausreden. Es ist richtig, daß wir einen Untermieter suchen, aber wir wollen keinen, der orthodox ist.«

Auf einmal fing ihr Oberkörper zu beben an; sie holte tief Luft, erhob sich und sackte zusammen. »Ich bezahle soviel ihr wollt«, sagte sie erschrocken.

Ich täuschte mich nicht: Sie war in Schwierigkeiten. Und sie verbarg etwas, das mir keine Ruhe ließ. Wie konnte dieser Mund, dessen Lippen so zart waren wie die eines Kindes, eine Stimme hervorbringen, die sich anhörte, als schlüge Stahl gegen Stahl?

»Das ist nicht das Problem«, sagte Schlomit beharrlich.

»Ich nehme jeden Raum, den ihr mir zuteilt. Ich ... ich werde euch nicht zur Last fallen. Egal was geschieht – «

Ihre Not nahm mich gefangen. Deutlich hörte ich den weinenden Ton, der den geschäftigen Klang ihrer Stimme allmählich zersetzte. Sie konnte ihren Blick nicht von mir lösen; sie sprach mit Schlomit, aber ihre Augen waren die ganze Zeit auf mich gerichtet.

»Es geht darum, daß ...« – endlich gelang es mir, meine Stimme zum Einsatz zu bringen und mich auf die Seite meiner Freundin zu schlagen – »daß ... wie soll ich es ausdrücken? Du bist orthodox, und wir, wenn man so sagen will, sind das genaue Gegenteil.«

Alle Linien ihres zur Grimasse verformten Gesichts wiesen auf die zerbissenen Lippen.

»Ich ... ich kann euch nicht vorschreiben, was ihr zu tun

habt – wenn es das ist, wovor ihr euch fürchtet.« In ihrem Mundwinkel zeichnete sich eine Zahnlücke ab, die leuchtend rot war wie eine frische Wunde.

»Wir fürchten uns nicht«, sagte Schlomit wütend. »Wir mögen es nur nicht, wenn uns jemand auf die Nerven fällt.«

Unsere Besucherin schaute zu Boden, als hätten wir sie bei etwas Ungehörigem erwischt. »Ich ... ich bin bereit, mehr zu bezahlen.«

»Darum geht es überhaupt nicht!« widersprach Schlomit ungehalten. »Wir wollen nicht, daß du mehr zahlst. Ich versuche dir zu erklären, daß wir nicht daran interessiert sind, daß du überhaupt etwas zahlst. Paß auf, wir machen es so: Hinterlaß uns deine Telefonnummer, und wir rufen dich an, um dir zu sagen, wie wir uns entschieden haben.«

Dann kehrte sie ihr den Rücken und ging laut stampfend in ihr Zimmer zurück.

Ohne die schützende Grenze, die Schlomit durch ihre Anwesenheit vor mir errichtet hatte, stand ich hilflos da. Denn unsere Besucherin gab nicht nach. Die Schwäche, die mich ihr gegenüber befiel, war unübersehbar für sie. Sie redete und erklärte und bettelte; ihre Stimme klang hart, doch bemerkte ich die Tränen, die in sie einsickerten. Minuten vor ihrem Aufbruch, noch bevor sie mir erzählte, daß sie Sozialarbeiterin sei, und mir versprach, daß sie die meisten Stunden des Tages abwesend sein würde, freitagnachmittags zeitig das Haus verlassen und an den Samstagen erst am späten Abend zurückkommen würde, war es ihr gelungen, mich zu bezwingen und mir einen bescheidenen Geldbetrag in die Hand zu drücken, der ihr garantieren sollte, daß wir sie anderen Bewerbern vorziehen würden.

Schlomit, die jenseits der Tür mit anhörte, was vorging, eilte herbei und sagte, indem sie unseren Gast unfreundlich anschaute: »Ich möchte es dir deutlich sagen. Ohne Umschweife. Vielleicht hast du uns nicht richtig verstanden. Danach kannst du's dir noch einmal überlegen und selbst entscheiden. Ich habe einen Geliebten, und er schläft manchmal hier. Und meine Freundin hat eine Romanze mit einem verheirateten Mann. Nur damit du's weißt.«

Ihr hageres Gesicht färbte sich rot, und ihre Züge veränderten sich, aber sie blieb stumm, legte nur ihre Hand auf meine Hand, in der sich die Geldscheine befanden, und schob sie in meine Richtung.

Als sie die Wohnung verlassen hatte, traten Schlomit und ich wortlos ans Fenster, das nach vorne hinausging. Wir sahen, wie sie, ohne auf die hupenden Autos zu achten, die lärmende Straße überquerte. Etwas an ihrem Gang erschütterte mich. Rasch entfernte sie sich in Richtung Karmel-Markt, indem sie sich wegen des Windes, der ihr vom Meer ins Gesicht wehte, mit beiden Händen den Rock hielt.

Schlomit sagte: »Sie muß wirklich fest an Gott glauben, wenn sie die King-George-Straße überquert, ohne sich umzuschauen.« Und beinahe staunend fügte sie hinzu: »Da siehst du, wie sie funktionieren, die Orthodoxen. Sie erscheint wie ein Püppchen, aber sie hat die Wirkung einer Dampfwalze. Es war unmöglich, sie loszuwerden!«

Ich hörte ihr zu, ohne etwas zu entgegnen. Die Gestalt, die sich entfernte, tauchte allmählich in die Masse ein, und ich schärfte meinen Blick, um sie nicht zu verlieren. Ihr gebeugter Kopf verriet, daß sie nach unten schaute und nur die Beine der Leute sah. Etwas in mir strebte zu ihr hin, zu ihr und dem bitteren Gefühl der Not, das sie in sich verbarg.

»Mein Leben lang wird diese Geschichte mir eine Lehre sein«, sagte ich und versuchte meine Erregung hinter dem feierlichen Ton meiner Worte zu verstecken. »Die stärkste Waffe der Schwachen ist ihre Schwäche.«

Schlomit brach in Gelächter aus. »Ilan hat recht, wirklich. Für eine Sportlehrerin bist du zu klug.«

Unserer fröhlichen Bekanntmachung folgend stiegen im Lauf dieser Woche noch drei Frauen und ein Mann zu unserer Wohnung in den vierten Stock hinauf: Eine tüchtige Fotografin in einer Khakihose mit vielen Taschen, die an dem verschalten Badezimmerbalkon Interesse fand und uns begeistert erklärte, wie einfach es wäre, ihn in eine Dunkelkammer zu verwandeln und zum Entwickeln von Filmen zu nutzen. Ein Mädchen mit schwarzen, bläulich schillernden Haaren, das aus Jerucham, einer Kleinstadt im Negev, kam und Kellnerin in einem Café in der Ibn-Gabirol-Straße war. Eine Witwe fortgeschrittenen Alters, die vorübergehend eine Unterkunft in der Nähe des Viertels ihres kranken Bruders suchte, weil dessen Frau ihr nicht gestattete, bei ihnen zu wohnen – nach dem Treppensteigen hatte sie minutenlang Atembeschwerden, und während des Rundgangs durch unsere Wohnung schilderte sie uns ihr beschwerliches Dasein von dem Tag an, an dem ihre Familie von Casablanca nach Israel emigriert war. Zuletzt erschien ein fein gekleideter Herr – er trug zwei Goldringe am Zeigefinger, und der Nagel seines kleinen Fingers war länger als der Finger selbst; er versprach, uns zu beschützen und die lose Küchenlampe und das baufällige Regal auf dem Balkon zu reparieren.

Am Wochenende setzten Schlomit und ich uns wie vereinbart zusammen, um zu entscheiden, wen wir als Untermieter in unsere Wohnung aufnehmen würden. Ich war für Malka Kohnstein, und mit Spannung erwartete ich Schlomits Entscheidung.

»Also, mir scheint die Situation ziemlich verworren«, sagte sie, als müsse sie sich entschuldigen. »Die Fotografin wird ein großes Durcheinander veranstalten. Vor der Witwe werden wir keine Ruhe finden. Die hübsche Kleine wird uns Probleme machen. Und über den Typ mit den Madame-Butterfly-Fingernägeln lohnt es nicht, ein Wort zu verlieren … Wir haben keine andere Wahl. Was denkst du, sollen wir uns für Me'a Sche'arim entscheiden?«

Zum Zeichen der Zustimmung nickte ich und dachte: Als wäre die Entscheidung erst in diesem Moment gefallen! Was mich betraf, so hatte ich meinen Entschluß schon am zweiten Tag gefaßt, in dem Augenblick, als ich die Tür öffnete und die zarte Erscheinung des Mädchens mich eine Sekunde lang glauben ließ, die Enkelin der Nachbarn wolle uns abermals bitten, nicht länger auf dem Fußboden über ihrem Zimmer herumzutoben. Doch es war eine Frau, die ein Kopftuch trug, mit traurigen Augen, derengleichen ich nie zuvor gesehen hatte.

*

Acht Tage nachdem wir das Stück Pappe derart aufgehängt hatten, daß die unbedruckte Seite, die unsere Bekanntmachung trug, zur Straße gewandt war und von Schlomits Zimmer aus die fächerartig geordneten Pampelmusenstücke der Abbildung auf der Vorderseite zu sehen waren, zog Malka Kohnstein in unsere Wohnung ein. Sie hatte nur einen Koffer und eine große zerschlissene Reisetasche, die sie in das schmale, für sie vorgesehene Zimmer am Ende des Flurs schob. Schlomit war ihr zufällig im Eingang begegnet und hatte ihr beim Herauftragen geholfen. Als sie Malka Kohnsteins Zimmer wieder verließ, kam sie zu mir.

»Nie im Leben errätst du, was sie als erstes getan hat, als sie im Zimmer war«, sagte sie flüsternd.

»Sie hat sich aufs Bett fallen lassen und ist sofort eingeschlafen.«

»Nein.«

»Sie hat dich geküßt und dankeschön gesagt.«

»Sie hat die Bibel herausgeholt und unters Kopfkissen gesteckt!«

»Was ist so aufregend daran?« fragte ich verwundert. »Sie hat uns doch nicht verheimlicht, daß sie orthodox ist.«

»Orthodox!« sagte Schlomit voller Abscheu. »Laß dir von Ilan ein paar Stories über orthodoxe Mädchen erzählen, du wirst rot werden bis über beide Ohren. Aber die hier ist nicht einfach orthodox, das ist eine richtige Fanatikerin, wie Khomeini. Ich wette mit dir, daß sie noch diesen Freitag damit anfängt, uns mit ihren Sabbatkerzen auf den Wecker zu fallen.«

Doch bis zum Abend war die Aufregung bereits abgeflaut. Während wir wie üblich gemeinsam vor dem alten Fernsehapparat hockten, kam sie mit ihrem Kopf dicht an mich heran, als wolle sie mir ein Geheimnis verraten, und sagte kichernd: »Stell dir vor: ich und Ilan im Bett auf der einen Seite der Wand, und auf der anderen sie mit dem Allmächtigen unter dem Kopfkissen!«

Malka Kohnstein löste ihr Versprechen ein und hielt sich nur selten in unserer Wohnung auf. Wenn sie da war, verkroch sie sich in ihrem Zimmer, so daß wir ihre Existenz bisweilen vergaßen.

Wenn wir morgens um halb sechs vom Läuten der Weckuhr, die auf dem Tisch in der Eßecke stand, aufwachten, hatte unsere neue Untermieterin die Wohnung bereits verlassen. Wie durch ein vereinbartes Zeichen signalisierte sie uns ihre Abwesenheit, indem sie den Schlüssel aus dem Schloß zog und den Schlüsselbund neben die Uhr auf den Tisch legte. So als wisse sie, daß es uns angenehm war, über ihre Abwesenheit informiert zu sein. Auch samstags ging sie früh aus der Wohnung, kam erst am Abend, ohne ein Geräusch zu verursachen, nach Hause und zog sich sogleich in ihr Zimmer zurück. Am Sabbat trug sie stets ihre guten Sachen, die allein für diesen Tag bestimmt waren: eine dunkelblaue Bluse mit Bügelfalten an den Ärmeln und einer von zwei Nähten umschlossenen Knopfleiste; der Saum der Bluse verschwand unter dem Gürtel eines schwarzen Plisseerocks, der wenige Zentimeter über ihren seitlich mit zwei Bändchen verzierten Feiertagsschuhen endete. Zwischen ihrer Handfläche und dem Gebetbuch hielt sie ein weißes, sorgsam gefaltetes Taschentuch, auf dessen Vorderseite ein kleines, aneinandergefügten Fächern gleichendes Spinnwebmuster zu erkennen war. Wenn ich sie abends in ihren feinen Kleidern heimkommen sah, durchfuhr mich ein trauriger Schauer. Mehr noch als ihre Alltagskluft strahlte ihre Feiertagskleidung den Kummer aus, der in dieser Frau wohnte.

Am Tag ihres Einzugs räumten wir für sie in der Küche eine Schublade und ein Drittel der Schränke und wiesen ihr ein Fach im Kühlschrank zu. Doch machte sie keinen Gebrauch von dem für sie geschaffenen Raum und belegte ihn weder mit Lebensmitteln noch mit Geschirr. Als er mehrere Tage ungenutzt blieb, begannen wir ihn erneut in Besitz zu nehmen, und einige Zeit später hatte unser Geschirr seinen ursprünglichen Platz zurückerobert. Eines Tages sagte Schlomit zu mir, daß unsere Zimmernachbarin nie die Küche betrete. Offenbar nahm sie das Mittagessen an ihrem Arbeitsplatz ein. Morgens und abends machte sie in ihrem Zimmer Tee; sie füllte ihren apfelsinengelben Findschan unter dem Wasserhahn im Bad, trug ihn in ihr Zimmer und brachte seinen Inhalt mit einem elektrischen Heizstab zum Kochen. Auf einer kleinen Konsole, über der früher ein Spiegel angebracht war und die allem Anschein nach zur Ablage von Kosmetika gedient hatte, bewahrte sie einige Küchengegenstände auf: den Findschan, den Heizstab, daneben eine Tasse, ein paar Plastikteller und eine Blechdose, auf der längliche, in der Mitte geteilte grüne Blätter aufgemalt waren. In der Dose lagerte eine Tüte Kekse, auf der ein spezielles Etikett mit dem Reinheitsstempel eines Rabbiners aus Bne Braq klebte. In seltenen Momenten des Wagemuts, wenn sie hörte, wie wir in der Eßecke saßen und plauderten, kam sie, die bemalte Blechdose in ihren Händen, auf uns zu. Sie näherte sich mit niedergeschlagenen Lidern – wie eine Schülerin, die vor ihre Lehrer tritt – und bot uns von den trockenen Keksen an. Aber kein einziges Mal entsprach sie unserer Aufforderung, sich zu uns zu setzen. Sie errötete, stammelte etwas und entfernte sich in ihr Zimmer, indem sie, das Gesicht zum Zeichen ihrer Höflichkeit uns zugewandt, vorsichtig rückwärts schritt.

Anfangs freuten wir uns über die Mitbewohnerin, deren Anwesenheit wie die eines Einrichtungsstückes nicht weiter auffiel. Ihren Beitrag zur Wohnungsmiete entrichtete sie pünktlich: Am Ersten jedes Monats legte sie einen verschlossenen Brief- umschlag, der mehrere abgegriffene Banknoten enthielt, auf den Eßtisch neben die Weckuhr. Doch nach einiger Zeit beschlich uns ein ungutes Gefühl, als befinde sich in unserer Mitte ein Fremder, der an der Wand lauscht. Selbst wenn sie ihre Anwesenheit zu verwischen suchte, war ihre Fremdheit allgegenwärtig wie die eines Menschen, der die anderen sieht, selbst aber unsichtbar bleibt. Schlomit schöpfte als erste Verdacht und stellte immer wieder neue Theorien auf. Selbst als ihr Zorn immer größer wurde, lachte ich und konterte mit spaßigen Antworten, in denen ich mich über sie lustig machte. Und doch sickerten ihre Worte in mein Bewußtsein, und manchmal, während ich in irgendeine Beschäftigung vertieft war, ertappte ich mich, wie ich an unsere Mitbewohnerin dachte und mir die Fragen stellte, die Schlomit ausgesprochen hatte: Weshalb hatte ein so frommes Mädchen darauf bestanden, mit zwei Areligiösen zusammenzuziehen, von denen eine – wie Schlomit es, mit dem Finger auf sich selbst zeigend, ausgedrückt hatte – eine zügellose Person war, die mit einem jungen Mann in Sünde lebte? Weshalb ging sie morgens so früh aus dem Haus? Selbst wenn sie in Haifa arbeitete, erreichte sie ihr Ziel vor der Zeit. Was tat sie den ganzen Sabbat über? Und weshalb kam sie niemand besuchen?

»Die Sache ist völlig klar«, entschied Schlomit, als ich eines Tages mein Interesse an ihren Überlegungen signalisierte.

»Was ist klar?«

»Sie spioniert«, sagte Schlomit.

»Was erzählst du für einen Blödsinn!« Einen Moment fragte ich mich, ob sie mich aufziehen wollte.

»Sie ist nicht zufällig hierher geraten, das ist sicher.«

»Sie spioniert …« Jetzt erst hatte ich Schlomits Worte verstanden, und ich begann laut zu lachen. »Die erschrickt schon vor ihrem eigenen Schatten!«

»Das können wir nicht beurteilen«, entgegnete Schlomit mit erhobenem Zeigefinger, so als wisse sie, wovon sie sprach. »Sie versucht den *Eindruck* zu erwecken, als erschrecke sie vor ihrem eigenen Schatten – und das gelingt ihr durchaus. Aber in Wirklichkeit kennen wir sie überhaupt nicht. Komm, laß uns einmal nachdenken: Was wissen wir eigentlich über sie außer ihrem Namen und der Ausweisnummer, die sie beim Rechtsanwalt angegeben hat. Ist sie ledig? Ist sie verheiratet?«

»Wie kommst du darauf? Sie ist ein junges Mädchen.«

»Und weshalb läuft sie mit dem braunen Ding auf dem Kopf herum? Unverheiratete Frauen tragen keine Kopfbedeckung. Nur Verheiratete tun das.«

Ich war verblüfft. Als sei ich bei einem Fehler ertappt worden. Als ich in der Schule in Bne Braq tätig gewesen war, hatte ich zwangsläufig die Bräuche der Orthodoxen kennengelernt. Mir war also bekannt, daß ledige Frauen ihren Kopf nicht verhüllten. Wie hatte ich das übersehen können?

»Und weshalb, meinst du, tut sie so, als fürchte sie sich?« entgegnete ich stur.

»Weil diese Masche sich zum Spionieren am besten eignet. Solche Menschen wecken keinen Verdacht. Sie sind so bedauernswert und hilflos, daß sie einem das Gespür für Gefahren einschläfern.«

Ich schüttelte den Kopf, weigerte mich, mich von ihr mitreißen zu lassen, und lauschte doch aufmerksam der Stimme der Vernunft, die aus diesen Sätzen sprach.

»Und wozu spioniert sie?«

»Vielleicht ist sie Mitglied einer extremistischen Gruppe. In letzter Zeit hört man von solchen Dingen. Bei den Orthodoxen gibt es allerlei verrückte Gruppierungen. Neben meinen Eltern wohnt ein frommer Junge, ein Amerikaner. Den müßtest du sehen! Jeden Morgen stellt er sich mit einer kleinen Karre auf die Straße und versucht, Gemüse- und Obstschalen zu verkaufen und anderen Abfall, den er in den Mülltonnen findet. Hinter jedem, der nichts kaufen will, spuckt er aus und flucht – «

»Verrückte gibt es überall – «

»*Überall* möge es ihnen gut gehen, aber meine Wohnung ist für mich nicht *überall*. Hier will ich solche Leute nicht sehen.«

Plötzlich befiel mich Besorgnis. Wahnsinnige lösten seit jeher eine unbestimmte Furcht in mir aus. Mit einemmal schien mir alles an Malka Kohnsteins Benehmen befremdlich: ihr gebückter Gang, ihre hastige Sprache, ihr Erröten, ihr Gestammel, ihr Blick, den sie in unserer Anwesenheit senkte, die Art, wie sie sich beim Gehen unentwegt über den Rock strich, um sich zu vergewissern, daß ihre Knie bedeckt waren, ihre erbärmlichen Annäherungsversuche, ihre Flucht in ihr Zimmer.

»Und nun?« sagte ich – mein Sinn für praktisches Handeln war stärker als meine Bedenken. »Was schlägst du vor?«

»Ich habe eine Idee«, sagte Schlomit, durch meine Zustimmung ermutigt.

»Was für eine Idee?«

Einen Augenblick zögerte sie und überlegte, ob ich mitmachen würde. »Wir werden sie einem Verhör unterziehen.«

Am Abend dieses Tages saßen wir am Tisch gegenüber dem Eingang und erwarteten sie. Mit lauerndem Blick schaute Schlomit zur Tür; ihre Augen funkelten. Ich indes spürte, wie sich mein Herz aus Furcht vor dem, was geschehen würde, mit jeder Sekunde weiter zusammenzog.

Zum erwarteten Zeitpunkt waren Schritte zu hören, leicht wie ein Rascheln. Schlomit setzte sich kerzengerade, ihre Schulterblätter berührten die Rückenlehne des Stuhls. Mich befiel eine seltsame Schwäche, als würde ich ohnmächtig. Von draußen wurde ein unpassender Schlüssel ins Schloß gesteckt; als er wieder hinausglitt, erklang ein leises Kratzen; kurz darauf drang Schlüsselgeklirr in die Wohnung, und im nächsten Moment erschien Malka Kohnstein in der geöffneten Tür. Als sie sah, wie wir sie anschauten und die verschränkten Arme auf den blitzblanken Tisch stützten, verzerrten sich ihre Züge zu einer erschrockenen Grimasse; sie glich einem Tier, das in eine Falle geraten war. Ihre Blicke wanderten zwischen Schlomit und mir hin und her, um endlich auf meinem Gesicht innezuhalten.

»Hallo«, sagte ich.

Ihre Lippen begannen sich zu bewegen und deuteten ein »Hallo« an, wie in einem Film, dessen Tonspur verbraucht war. »Ist etwas geschehen?« Ihre krächzende Stimme erinnerte an die eines alten Mannes.

»Setz dich«, sagte Schlomit und zeigte auf den Stuhl, der uns gegenüberstand.

Sie trat näher und nahm Platz, wie ihr befohlen war. Unter ihrem Blick, der immer noch mir zugewandt war, wurde ich von Sekunde zu Sekunde verlegener.

Erbarmungslos und ohne mit der Wimper zu zucken, begann

Schlomit ihr Fragen zu stellen. Und als das Schweigen, das diesen folgte, immer länger wurde, wiederholte ich ihren Wortlaut mit sanfter Stimme, in einem Ton, der die einzige Möglichkeit darstellte, diesem gequälten Geschöpf zu bedeuten: Ich stehe dir bei. Ich will dir nichts Böses.

Malka Kohnstein saß lange Zeit da, und die Glühbirne über ihr beleuchtete ihre kahle, vom Kopftuch umgrenzte Stirn, deren Haaransatz im Verborgenen lag. Immer wieder wischte sie die Schweißtröpfchen fort, die oberhalb ihrer Augenbrauen hervortraten, und mit einer Stimme, die zitterte und im nächsten Moment wieder anschwoll, antwortete sie, Sozialarbeiterin sei sie, das habe sie uns schon bei unserem ersten Zusammentreffen erzählt. Absolventin der Schule für Sozialarbeit an der Universität Tel Aviv. Sie habe eine Stelle in einer Klinik in Herzlija. Sie arbeite dort schon seit drei Jahren. Morgens gehe sie früh aus dem Haus, um nicht ins Gedränge zu geraten, das in den Stunden der größten Verkehrsdichte herrsche, und damit es, Gott behüte, zu keinerlei Körperkontakt mit einem fremden Mann komme. Ja, sagte sie und hob ihre Stimme, die während des letzten Satzes zu einem Flüstern herabgesunken war, sie stehe sehr früh auf. Sie treffe eine Stunde vor den anderen in der Klinik ein. Und wenn die Klinik am Abend schließe, verbringe sie noch eine Stunde in ihrem Zimmer, bereite sich auf den folgenden Tag vor und sehe die Akten durch. Nach einer Stunde sei der Menschenstrom abgeebbt, dann sei genügend Platz in den Bussen. Den Samstagmorgen verbringe sie in der Synagoge beim *Ha-Bima-Theater*, und mittags gehe sie zu Schifra Jakobsohn, einer Cousine ihrer Mutter, die in der Ben-Jehuda-Straße wohne, vierzig Minuten Fußweg von der Synagoge entfernt. Ihre Eltern wohnten in Jerusalem. Einmal im Vierteljahr fahre sie am Freitag nachmittag direkt nach der Arbeit zu ihnen. Mit der Kopfbedeckung, sagte sie, und ihre Wimpern zeigten auf ihre blassen Finger, sei es bequemer – wegen der Zudringlichkeiten. »Und weshalb wolltest du unbedingt bei uns wohnen?« fragte Schlomit und blickte auf ihre niedergeschlagenen Lider. Hier sei es nicht weit zum Autobus, entgegnete sie leise, die Gegend sei akzeptabel und die Synagoge ganz in der Nähe, und das Zimmer sei gut – und billig ...

Plötzlich schämte ich mich sehr. Viele Jahre zuvor, als ich in der achten Klasse war, hatten wir, sieben Mitglieder des Pfadfindervereins, uns unter dem großen Ficus hinter dem Erste- Hilfe-Zimmer der Schule versammelt, um eine wichtige Entscheidung über unsere Taktik im Kampf gegen die Leute vom *Schomer Ha-Za'ir* zu treffen. In jener Unterrichtspause näherte sich ein kleiner Junge aus der zweiten Klasse, um gegen den Baum zu pinkeln. Wir hatten den Verdacht, er sei zum Spionieren zu uns geschickt worden, und noch ehe er einen Knopf seines Hosenschlitzes öffnen konnte, nahmen wir ihn auf Joels Befehl hin gefangen. Wir bildeten einen engen Kreis um ihn herum, beugten unsere Köpfe über ihn und begannen alle gleichzeitig, ihm Fragen zu stellen. Joel schrie ihn mit heiserer Stimme an und wurde knallrot im Gesicht. Der Junge blickte zu uns auf. Seine Wangen schienen so blaß, als wären sie angemalt. Seine Augen schauten erschrocken. Er versuchte uns zu antworten, aber seine Stimme erstickte. Als Joel die Hand hob, um den Jungen zu schlagen, fing er zu heulen an, und der Urin, den er zurückgehalten hatte, durchnäßte den vorderen Teil seiner kurzen Hose, rann seine dünnen Beine entlang, sickerte in das Leder seiner Sandalen und malte einen dunklen Fleck auf den Boden. Auch damals schämte ich mich sehr. Der Mißbrauch von Macht erfüllte mich mit einem Gefühl der Erbärmlichkeit.

Zum erstenmal seit Malka Kohnstein bei uns eingezogen war, sah ich sie aus der Nähe. Ich betrachtete ihr Gesicht, wie ich es zuvor, als sie, mit gesenktem Blick »guten Abend« oder »einen schönen Sabbat« flüsternd, vor mir geflohen war, nie hatte anschauen können. Zum erstenmal sah ich, daß sie etwas Schillerndes besaß, das einer Quelle hellen Glanzes zu entspringen schien; eine strahlende Klarheit leuchtete aus der Tiefe ihrer Augen und verbreitete um sie her ein reines Licht, wie jenes, von dem Menschen umgeben sind, die ihr Leben nicht wirklich leben, sondern geruhsam davon träumen und wie ein Spiegelbild zwischen den anderen umhergehen. Nur wer genau hinschaut, wird sehen, daß sie schweben, daß ihre Füße stets eine Spanne von der Erde entfernt sind.

»Eine feine Spionin hast du geschnappt!« lachte ich Schlomit aus, als wir wieder allein in der Küche waren. Malka Kohnstein hatte uns eine gute Nacht gewünscht, sich entschuldigt, als trage sie die Verantwortung für das, was geschehen war, und war mit hängendem Kopf in ihr Zimmer gegangen. Ich schämte mich und war voller Zorn, weil ich mich zu einer Tat hatte hinreißen lassen, die mir widerstrebte. Niemals zuvor, niemals danach war ich so dicht daran, Schlomit zu hassen. »Wir müssen dringend etwas unternehmen, ehe eine Katastrophe geschieht. Vielleicht sollten wir die Geheimdienste einschalten. Der Bruder von einem, den ich kenne, dient im Nachrichtenkorps der Armee.«

Schlomit war wütend, aber sie schwieg. Mich jedoch erfaßte ein Schwall von Redseligkeit – meine altbekannte Art, Verantwortung abzuschütteln. »Stell dir vor«, legte ich los, »du bekommst einen Orden oder so etwas Ähnliches. Die Zeitungen schreiben über dich. Reporter machen dir den Hof. Vielleicht wirst du fürs Fernsehen gefilmt. Und vielleicht gelingt es auch mir, mich ins Bild zu drängen. Endlich bereite ich meinen Eltern ein bißchen Freude. Du wirst ins Haus des Staatspräsidenten geladen. Möglicherweise erscheint eine Briefmarke oder eine Münze mit deinem Bild. Wie von Julius Caesar. Im Profil. Ich rate dir: im Profil. Dein Profil ist äußerst gelungen. Wie das der Schauspielerin, die ihren Mann umgebracht hat, weil er – «

»Du bist völlig hysterisch«, sagte Schlomit. Ihr Zorn war der Verwunderung gewichen. »Lach nur, wenn du dich selbst belügen willst. Du läßt dich gern foppen – wohl bekomm's!«

»Was ist los mit dir?« rief ich. »Glaubst du immer noch, sie sei eine Spionin?«

»Spionin oder nicht – die Wahrheit hat sie uns nicht erzählt«, sagte Schlomit.

Mich hingegen hatten ihre Antworten zufriedengestellt. Und das Mißbehagen, das mich nach dem Verhör noch einige Tage begleitete, ließ mich die Erinnerung an jenen Abend rasch aus meinem Gedächtnis vertreiben. Lulik bereitete damals eine Gemäldeausstellung in Haifa vor, und während eines Monats fuhr ich dreimal wöchentlich mit ihm dorthin. Malka Kohnstein schien aus meinem Leben verschwunden. Wir sahen sie weder kommen noch gehen. Sie sorgte dafür, daß ihre Ankunft und ihr Verlassen des Hauses nicht mit unserem kollidierte, und verkroch sich hinter ihrer stets verschlossenen Tür.

Ungefähr einen Monat nachdem Malka Kohnstein bei uns eingezogen war, gingen die Sommerferien zu Ende. Schlomit wurde in eine Tel Aviver Grundschule geschickt. Nach einiger Zeit stellte sich heraus, daß sie die Stelle einer Lehrerin einnahm, die einen christlichen Araber geheiratet hatte und mit ihm in ein arabisches Dorf in Unter-Galiläa gezogen war. Zweimal wöchentlich in den frühen Abendstunden erteilte sie im *Klub des goldenen Alters* in Jaffa alten Leuten Gymnastikunterricht. Wenn sie anschließend gutgelaunt heimkam, brachte sie mich stets zum Lachen, indem sie die schlafwandlerischen Bewegungen ihrer Schüler nachahmte, von denen einige in Begleitung ihrer Enkel erschienen.

Ich arbeitete wieder in der orthodoxen Mädchenschule in Bne Braq, in der ich während des zurückliegenden Jahres bereits unterrichtet hatte. Da man entschieden hatte, daß die Erfahrungen des Vorjahres positiv ausgefallen waren, wurden mir sogar drei weitere Klassen anvertraut. So arbeitete ich zweimal wöchentlich in Bne Braq und drei Tage in einer Schule, in der junge Mädchen Büroberufe erlernten und meine Schülerinnen während der gesamten Unterrichtszeit versuchten, die Anzahl der Turnübungen, die ich sie ausführen ließ, möglichst gering zu halten.

Eines Freitagabends war ich allein in meinem Zimmer. Lulik befand sich bei seiner Frau und den Kindern zu einem der zahllosen Versöhnungsessen, von denen er meist ärgerlich und in düsterer Stimmung zurückkam. Schlomit war mit Ilan zu ihren Eltern gefahren. Als ich mir gerade den Daumennagel feilte, bemerkte ich ein von langen Pausen unterbrochenes Keuchen;

es schien von einem Menschen zu stammen, der verzweifelt nach Atem rang. Ich erschrak, denn ich erinnerte mich, wie Schlomit und ich eine Woche zuvor über die Wahrscheinlichkeit gesprochen hatten, daß jemand von den alten Leuten aus der Nachbarschaft eines Tages tot aufgefunden würde. Womöglich, überlegte ich, haben wir den Teufel an die Wand gemalt. Und ausgerechnet heute abend bin ich allein in der Wohnung. Ich öffnete meine Tür einen Spalt breit, dann blieb ich stehen und begann über die Situation nachzudenken: Das war sicher das Todesröcheln des Nachbarn, der nie zurückgrüßt; vielleicht sollte ich die alleinstehende Alte im ersten Stock alarmieren, die mit unserem cholerischen Nachbarn befreundet ist; unter Umständen weiß sie Näheres über seine Krankheit, und er benötigt einfach Medikamente; vielleicht wohnen seine Angehörigen ganz in der Nähe, und sie hat die Adresse. In diesem Augenblick glaubte ich in meiner Nähe den dumpfen Seufzer eines Menschen zu hören, der starke Schmerzen litt. Ich war entsetzt. Die Geräusche kamen aus unserer Wohnung, aus dem Zimmer von Malka Kohnstein!

Auf Zehenspitzen schlich ich zu ihrer Tür; ich hielt den Kopf zur Seite geneigt und streckte mein Ohr in Richtung des Zimmers. Ein leises Schluchzen drang aus dem Raum. Einen Augenblick stand ich zögernd vor der verschlossenen Tür, dann aber legte ich meine Hand auf die Türklinke und öffnete sie vorsichtig.

Zwei Leuchter mit brennenden Sabbatkerzen standen auf einem Stuhl, der an die Wand gerückt war. Die zitternden Flammen warfen Schatten auf den Putz: Gestalten, die im Dunkeln umhergingen und still über das frisch gemachte Bett schritten. Malka Kohnstein stand vor dem geschlossenen Fenster und stützte sich auf den Sims; ich konnte nur ihren Rücken erkennen. Sie schien das Öffnen der Zimmertür nicht bemerkt zu haben, denn sie drehte sich nicht zu mir um. Über ihren Kopf hinweg sah ich das Nachbarhaus. Gegenüber, im Geflecht des Fenstergitters, das aus reptilienschwanzartigen Eisenschnörkeln gewirkt war, saßen zwei Kinder. Sie trugen die gleichen Schlafanzüge, ihr feuchtes Haar glänzte, und ihre Hände zogen an einer Schnur, an deren

Ende, diesseits des Gitters, ein zerrissener Drachen baumelte. Die Kinder lachten laut. Malka Kohnstein schaute zu ihnen hinüber; sie weinte fast tonlos, und ihre Schultern zitterten. Plötzlich schwoll das Weinen an und verwandelte sich in das Geheul eines geschlagenen Hundes. Ihr Kopftuch war ein wenig nach hinten gerutscht, und das Kerzenlicht ließ die Streifen auf ihrer hellen Bluse besonders hervortreten. Ich harrte einige Zeit in der geöffneten Tür aus und schaute mich in dem armseligen Zimmer um, für dessen Einrichtung wir ihr nicht einmal den Klapptisch angeboten hatten, der ungenutzt auf dem Balkon stand. In einem Augenblick der Stille, der zwischen zwei Schluchzern eintrat, schloß ich die Tür.

Tagelang versuchte ich mich selbst zu belügen und so zu tun, als hätte ich nichts gesehen. Aber ihr Anblick schien in meine Pupillen gegraben; der zitternde Rücken in der hellen, gestreiften Bluse und das fast tonlose Jaulen, das sich zu einem lauten Stöhnen steigerte, ließen nicht von mir ab. Ich lief umher wie jemand, der eine furchtbare Untat hatte hilflos mitansehen müssen und der das Bild des Grauens nicht aus seinem Gedächtnis zu löschen vermochte. Ich betete, die Erinnerung daran möge aus meinem Kopf verschwinden, und verwundert fragte ich mich, wie dieser magere Körper, den die Röcke schlotternd umfingen, als würden sie sich jeden Moment von ihm lösen, die Laute erzeugt hatte, die dem ächzenden Schrei eines verwundeten Waldtieres ähnelten. An den Tagen, die jenem Abend folgten, war ich diejenige, die versuchte, einem Zusammentreffen mit ihr aus dem Weg zu gehen. Wenn ich glaubte, ich hörte sie heimkommen oder die Wohnung verlassen, verharrte ich abwartend hinter der Tür meines Zimmers. Das furchtbare Heulen, das ich sie unter Qualen hatte hervorbringen hören, ließ mich nicht ruhen.

Doch bereits wenige Wochen später hatte der Alltag die Erinnerung an den Vorfall verdrängt.

Drei Monate nach Schuljahresbeginn saß ich am großen Tisch in der Eßecke und nahm zur Vorbereitung des Elternsprechtages, der in jener Woche stattfinden sollte, eine Einschätzung meiner

Schülerinnen vor. Haufenweise Blätter mit den Niederschriften der Mädchen und mein mit Kästchenrastern gefülltes Notizbuch, in dem ich ihre Leistungen vermerkte, waren vor mir ausgebreitet. Als ich das Geräusch des sich drehenden Schlüssels hörte, hob ich den Kopf und stellte fest, daß es bald dunkel würde. Ich erschak: Das ist Malka Kohnstein – Schlomit kommt heute später nach Hause, und ihr Schlüssel klingt energischer als der, den man jetzt hört.

Lautlos kam sie herein. Mit herabhängenden Schultern. Ich sah es genau: Als sie mich bemerkte, wich sie zurück, und ihre Augen blinzelten, als sei sie geblendet. Zögernd begrüßten wir uns. Mit verstohlenem Blick folgte ich dem Schatten, der sich zu ihrem Zimmer bewegte, aber plötzlich blieb er einen Schritt von meinem Tisch entfernt stehen. Mit Besorgnis fragte ich mich, was nun geschehen würde, und schaute auf. Die Erinnerung an ihr Weinen erschwerte es mir, ihr in die Augen zu sehen. Sie stand da, mit dem Rücken zu mir, den Kopf nach hinten gewandt, und ihr Blick wanderte über den Tisch, als suche sie etwas.

Höflich wartete ich, daß sie sich aufraffte und in ihr Zimmer ginge. Meine Hände, die auf den Papieren lagen, begannen zu schwitzen. Doch sie stand bewegungslos da, hielt ihren Kopf wie ein gebrochenes Glied, und unser beharrliches Schweigen wandelte sich in bedrückende Stille. Ich spürte das Gefühl, das ich seit meiner Kindheit kannte und gegen das ich noch immer nicht ankam: Es war, als würde ich in solchen Momenten von einem fremden Wesen beherrscht, das Dinge tat und Worte sprach, die mich unangenehm berührten, wenn ich mich zu einem späteren Zeitpunkt an sie erinnerte. Wie ein Mondsüchtiger oder ein Betrunkener, der, wieder zu sich gekommen, von dem Unheil erfährt, das er in bewußtlosem Zustand angestellt hat. Wie immer in derartigen Augenblicken sprudelte es aus mir heraus:

»Ich überlege mir Beurteilungen für den Elternsprechtag«, hörte ich mich sagen, um das peinliche Schweigen zu brechen.

Sie stand wie angewurzelt und nickte, ihre Augen konnten sich nicht von den vielen Blättern lösen.

»Wegen all der Feiertage und Ferien kenne ich die Kinder kaum. Aber was soll man machen? Manchmal kommen Eltern zu mir und stellen Fragen, da muß ich einen Kommentar abgeben können. Nicht daß ich eine besonders wichtige Rolle spielen würde. Meist sitze ich da und hab nichts zu tun, während es bei den Englisch- und Mathematiklehrern eine lange Schlange gibt. Aber wenn zufällig doch jemand kommt, dann muß ich etwas Schriftliches in der Hand haben. Im allgemeinen erinnere ich mich nicht an das Gesicht der Schülerin. Dann habe ich wenigstens meine Notizen –« Der Dämon, der in mich gefahren, war gefangen von seinem Geschwätz. Die Worte schienen ohne mein Zutun aus meiner Kehle zu kommen.

Sie nickte wie hypnotisiert. Ihr Körper wandte sich zu mir um, und ihr Kopf schien seine richtige Position wiederzufinden. Doch schaute sie mich keine Sekunde lang an, während ich mit ihr sprach. Offenbar bemühte sie sich zu erkennen, was auf den Blättern geschrieben stand.

»Ich bin Sportlehrerin«, hörte ich mich verzweifelt erklären, um dem Schweigen ein rasches Ende zu bereiten. »Ich habe zwei Halbtagsstellen. Eine halbe Stelle in einer Schule zur Ausbildung von Verwaltungsangestellten und elf Stunden, also ein bißchen mehr als eine Drittelstelle, in einer Mädchenschule in Bne Braq –« Ich unterbrach meinen Redestrom, um den plötzlichen Kontakt zwischen uns zu begreifen und mich über das Gesprächsthema, das ich soeben aufgeworfen hatte, freuen zu können. »Wußtest du, daß ich in einer orthodoxen Schule unterrichte?«

Zum erstenmal seit sie neben dem Tisch stand, sah sie mich an. Ihre Wangen waren gerötet, und ihre Lippen bewegten sich, doch drang kein Ton aus ihrer Kehle. Schließlich brachte sie mühsam hervor: »Sind deine Eltern … orthodox?«

»Nein. Meine Eltern sind kein bißchen orthodox«, sagte ich, beinahe glücklich, daß sie reagiert hatte. »Fast könnte man behaupten, sie seien Ketzer. Wirklich.«

»Aber wie kommt es dann, daß du … in Bne Braq bist?« Ihre Stimme war sehr leise, als komme sie aus weiter Ferne.

»Rein zufällig. Zunächst wollte ich die Stelle nicht annehmen. Aber ich wurde gewissermaßen dazu gedrängt, oder, genauer gesagt, mit besonderen Konditionen gelockt. Eigentlich waren auch sie nicht sonderlich interessiert an mir. Über ihr Netz von Bildungsstätten, die Bne-Akiva-Niederlassungen und auf jedem erdenklichen Weg suchten sie im ganzen Land eine orthodoxe Sportlehrerin, doch fanden sie keine. Später erfuhr ich, daß ein Teil der Eltern dagegen war, daß ich ihre Töchter unterrichten sollte. Und manche lehnten den Sportunterricht ganz ab. Es hatte ein Riesentheater gegeben. Aber der Direktor des Fonds, der die amerikanischen Juden zu Spenden für Bildungszwecke aufruft, stellte sich stur. Ungefähr so hat die Geschichte sich abgespielt. Mitte letzten Jahres habe ich angefangen, und in diesem Jahr sind mir zusätzliche Stunden zugeteilt worden.«

»Und bist du ... zufrieden dort?«

Mein Redefluß war für einen Augenblick unterbrochen. Im Lehrerzimmer der orthodoxen Schule hatte ich gelernt, was Malka Kohnstein in unserer Wohnung zu tun pflegte: die eigene Präsenz zu beschränken. Der kleine Raum hatte schmale, langgestreckte Fenster. Parallel zur Wand waren rechteckige Tische aneinandergereiht, zu beiden Seiten der Tische standen harte Holzstühle. Die Gesichter der Frauen wirkten streng unter den Kopftüchern und Perücken, und die wenigen Männer blickten ernst und waren ständig in Eile. In diese freudlose Atmosphäre brach bisweilen Gelächter ein. Es kam aus einer Ecke, in der sich öfter drei junge Frauen aufhielten: Sie ließen sich immer am selben Tisch nieder und lachten miteinander; zwei waren beinahe noch Kinder. Wie eine Aussätzige bewegte ich mich unter meinen Kollegen. Niemand blickte mir in die Augen. Wenn ich mich ihnen näherte, rückten sie enger zusammen und senkten ihre Stimmen. Ohne ein Wort zu sagen, bedeuteten sie mir, daß ich und mein Fach ihnen verabscheuungswürdig erschienen.

Einzig Michal, die Handarbeitslehrerin, trat mir freundlich entgegen. Aber wir sahen uns nur einmal in der Woche in der großen Pause zwischen der zweiten und dritten Stunde. Eher zufällig erfuhr ich aus ihrem Munde, daß sie Mutter eines neun Monate alten Kindes war; darüber hinaus erzählte sie mir nichts von sich selbst, all unsere Gespräche drehten sich um Belange der Schule. Unsere Bekanntschaft hatte ihren Anfang genommen, als sie mich ansprach und bat, ihr eine besondere Sorte Nadeln in einem Handarbeitsgeschäft in Tel Aviv zu besorgen. Die Mädchen in ihrer Klasse nähten und bestickten Stoffbezüge für die Gebetbücher ihrer Väter und Brüder. Wenn sie sich in den Finger stachen oder mit der Schere verletzten, hörte ich sie manchmal vom Sportfeld hinter der Baracke aus weinen.

»Ob ich dort zufrieden bin? ... Das weiß ich selbst nicht. Die Mädchen sind sehr still und wohlerzogen. Und man kann nur schwerlich behaupten, ich sei im Lehrerzimmer integriert. Niemand redet mit mir länger als unbedingt nötig – «

Ich brach mitten im Satz ab. Das geschwätzige Ebenbild meiner selbst war entschwunden. Vielleicht war ich durch die Frage, die Malka Kohnstein mir aufgezwungen hatte, wieder zu mir gekommen. Plötzlich bemerkte ich, daß sie mir überhaupt nicht zuhörte. Ihr Blick schweifte über die beschriebenen Blätter. Und auf einmal begann sie wie eine Kranke zu zittern; dann murmelte sie etwas und entfernte sich mit hängenden Schultern in ihr Zimmer, indes sie den Kopf hin und her bewegte wie ein Tier, das sich schüttelnd sein Fell trocknet.

Ich hätte nicht sagen können, weshalb mir an jenem Tag Zweifel kamen. Doch je länger der Verdacht, der in mir keimte, bestand und ich keine Antwort fand, desto größer wurde die rätselhafte Furcht, die mit ihm einherging. Unversehens ertappte ich mich, wie ich auf ihre Schritte lauschte und über Dinge nachsann, die Schlomit mir Monate zuvor ins Ohr geflüstert hatte, wie ich beim Geräusch ihres Schlüssels aufhorchte, wie ich den Kopf neigte, um die Laute, die aus dem Zimmer am Ende des Flurs kamen, besser hören zu können, und ihr vom Fenster aus hinterherblickte, wenn sie am Samstagmorgen auf die Straße hinaustrat, die Augen stets zum Gehsteig gesenkt, der Schritt leicht und flink wie der eines Läufers und die Bewegungen geschickt und ängstlich wie die eines Menschen, der sich unentwegt auf der Flucht befindet.

Und eines Tages geschah es.

Meine Nerven waren aufs äußerste angespannt, meine Kräfte verbraucht von der Anstrengung der vergebens tastenden Sinne. Auf meinem morgendlichen Weg nach Bne Braq, als ich mich, hinter dem Busfahrer sitzend, im Spiegel, der über meinem Kopf hing, erblickte, sagte ich zu mir: Genug, ich kann Malka Kohnstein nicht Tag um Tag auflauern. Ich sollte sie in Frieden lassen. Das Mißtrauen umnebelt meinen Verstand. Ihre seltsamen Gewohnheiten gehen nur sie etwas an.

Und an diesem Morgen sah ich sie.

Sekundenlang stand ich starr auf dem Sportfeld, erschrocken zu sehen, wie meine böse Ahnung Wirklichkeit wurde: Für die Dauer eines Augenblicks erhob sich die Silhouette von Malka Kohnsteins Kopf über die buschigen Verbenen, die am Rande einer gepflasterten Fläche in einer entlegenen Ecke des Grundstückes wuchsen, dort, wohin ich meine Schülerinnen an schönen Tagen führte – hinter der Baracke, die als Handarbeitsraum diente. Über den zu Bögen gekrümmten Rücken der Mädchen, die ihre Körper nur mühsam in Bewegung versetzten, und den eisernen Rhomben des sich von den Büschen abhebenden Gitters erschien der unverwechselbare Kopf Malka Kohnsteins, tauchte auf und versank: das Tuch, dessen Saum das sorgfältig zurückgekämmte braune Haar hielt, und die vertraute hastige Bewegung eines Kopfes, der hervorlugt und sich wieder zurückzieht. Einen Augenblick stand ich wie gebannt, die Arme noch zur Demonstration einer Übung zur Seite gestreckt. Ein seltsames Gefühl stummen Entsetzens erfaßte mich, als gefriere mir das Blut in den Adern. Dennoch löste ich mich von dem Ort und rannte zum Haupttor. Ich lief hinaus, am Gitter der Schule entlang, dann blieb ich stehen. Meine Augen sahen sie noch: Sie trug ihren blauen Rock und die gestreifte Bluse; sie ging am Gitter entlang, überquerte die Fahrbahn mit schreckhaften Schritten, wurde aufgesogen von den Passanten und verschwand hinter der Ecke eines

Gebäudes. Ich verweilte einen Moment, danach erst kehrte ich zu meinen Schülerinnen zurück, die bei meiner Ankunft kicherten und mich neugierig anschauten. Zu meiner Überraschung fand ich die Kraft zu erklären: »Ich glaubte, etwas Sonderbares gesehen zu haben. Anscheinend habe ich mich getäuscht.« Was ich tat, bis die Klingel das Ende des Unterrichts anzeigte, ist mir entfallen. Später jedoch, auf dem Heimweg, saß ich in der letzten Sitzreihe des Autobusses und schaute während der ganzen Fahrt durch das dreieckige Fenster; verzweifelt versuchte ich das Zittern in meinem Innern zu unterdrücken und das nahende Grauen und die Furcht vor dem Unbekannten zu verdrängen. Diese Frau ist nur halb so groß wie ich. Mit einer der Handbewegungen, die ich so gut beherrsche, breche ich ihr alle Knochen, falls sie mir Böses will. Jetzt gestand ich mir ein, daß Schlomit recht hatte. Sie hatte die zerbrechliche Tarnung unserer Mitbewohnerin durchschaut, hatte begriffen, daß sie ein Geheimnis umgab. Ich aber war gegen meinen Willen von ihm gefangen und konnte mir nicht erklären, weshalb.

Fragen tauchten auf und stellten sich wie von selbst: Was hatte sie am Gitter des Schulgeländes zu tun? Weshalb war sie so weit gefahren, um mich heimlich zu beobachten? Und wie hatte sie den Ort gefunden? Zwar hatte ich ihr gegenüber erwähnt, mein Arbeitsplatz liege in Bne Braq, doch hatte ich ihr weder einen Namen noch eine Adresse genannt. Weshalb spionierte sie mir hinterher? Wie konnte sie ihren Arbeitsplatz in Herzlija so einfach verlassen? Weswegen hatte sie sich uns aufgedrängt und uns gebeten, bei uns wohnen zu dürfen? Aus welchem Grund sah sie den Leuten, die ihr auf der Straße begegneten, nie ins Gesicht? Weshalb hatte sie an jenem Freitagabend so verzweifelt geweint? Wußte sie, daß ich die Tür ihres Zimmers geöffnet und sie gesehen hatte? Was hatte sie mir sagen wollen, als sie vor dem Tisch, an dem ich die Trimesterbögen meiner Schülerinnen verfaßte, stehenblieb und wie eine Besessene starrte?

Ich beschloß, Lulik am selben Abend in die mysteriöse Angelegenheit einzuweihen. Auch die Geschichte von dem Verhör, dem

Schlomit sie unterzogen hatte, wollte ich ihm erzählen, obgleich ich versprochen hatte, Stillschweigen über die Angelegenheit zu bewahren.

Aber Lulik kam nicht. So saß ich mit Schlomit und Ilan dicht zusammengekauert in meinem Zimmer und berichtete ihnen flüsternd, was geschehen war. Wieder fühlte ich den panischen Schrecken, der mich schlagartig erfaßt hatte, als ich den sich verbergenden Kopf sah. Zuerst blickten Schlomits Augen fröhlich, doch nach einer Weile bemerkte ich, wie sie die Blässe meines Gesichts untersuchten und einen ernsten Ausdruck annahmen.

Ilan stürzte sich in die Angelegenheit wie in ein Abenteuer. Mit blitzenden Augen löste er meinen Zimmerschlüssel vom Schlüsselbund, legte ihn mir in die Hand und sagte: »Heute nacht schließt du dich ein und stellst einen Stuhl vor die Tür. Auch ich werde die Ohren spitzen. Wenn sich etwas rührt, bin ich sekundenschnell bei dir. Übermorgen, Samstag früh, warten wir ab, bis sie aus dem Haus ist, danach durchsuchen wir ihr Zimmer. Wir werden schon herauskriegen, was die Lady hier sucht.«

*

Malka Kohnsteins ganzer Besitz, so sollten wir am Samstagmorgen erfahren, bestand aus zwei hellgrünen Baumwollbettlaken, einer längs des Bettes gefalteten Wolldecke, zwei Handtüchern, eins war zusammengelegt, das andere hing an einem an der Schrankwand befestigten Haken, vier Paar weißen, hochgeschnittenen Baumwollunterhosen, die von einem durch den Saum gezogenen Gummiband gehalten wurden, drei BHs, zwei davon rosa, vier Paar Nylonstrümpfen, von denen sich ein Paar noch in der Verpackung befand, zwei Röcken, drei Blusen, zwei hingen auf einem Bügel, die dritte lag zusammen mit einer Unterhose in einer Plastiktüte auf dem Boden des Schranks, einer Art improvisiertem Wäschekorb, einem Nachthemd, einem Paar brauner Schuhe, das sie täglich trug, zwei Röllchen Garn, das eine schwarz, das andere weiß, die mit fünf Nadeln und einer Kinderschere in eine

Plastiktüte gesteckt waren, einem Bügeleisen alter Bauart, zwei Religionsbüchern, zwei Kupferleuchtern, um deren Schaft sich Weinblätter rankten, einem elektrischen Heizstab, der bemalten Keksdose, einem großen Teller und einer Tasse, an deren Henkel sich ein schmaler dunkler Sprung entlangzog, ihrer aus Stoff gefertigten Aktentasche mit den vielen Fächern, einem Koffer, der unter das Bett geschoben war und drei sorgfältig zusammengelegte Pullover enthielt, einer, der auffälligere, war an den Rändern mit Blüten aus Wollfäden bestickt, und einer Pappschachtel, die ganz unten im Koffer lag und in der sich einige Dokumente befanden: Mietverträge, darunter der Vertrag, den sie mit uns geschlossen hatte, der Garantieschein für das Bügeleisen, Quittungen über verschiedene Beträge und von Rabbinern unterzeichnete Bestätigungen unverständlichen Inhalts.

Ilan blickte mit Expertenmiene in jede noch so harmlos anmutende Ecke, zum Beispiel unter die Schienen der Schublade, in den Jalousienkasten, unter die Matratze und hinter das Regal. Danach knieten wir uns auf den nackten Fußboden und leerten ihre Stofftasche über dem Bett aus.

Wir ließen den Inhalt von Hand zu Hand gehen: ein Portemonnaie, in dem sich einige Geldscheine befanden, ein kleines Schlüsselbund, eine Sammelkarte des staatlichen Busunternehmens, ein Stadtplan von Herzlija, ein Mitteilungsblatt des Wohlfahrtsministeriums, zwei Seiten aus einer alten Ausgabe des *Ha-Zofe*, ein Strickheft, in dem gutaussehende Mädchen in gutaussehenden Wolljacken abgebildet waren und sich neben jedem Foto eine Skizze als Strickanleitung befand, und ein von einem dünnen Gummiband zusammengehaltener Stapel Fotografien: Frauen, Männer, Kinder, Säuglinge; alle trugen altmodische Kleider, die Männer Hüte wie diejenigen, die uns früher als Requisiten für Purim gedient hatten, die Frauen Hauben und unter dem Kinn zusammengebundene Kopftücher. Alle waren in Räumen fotografiert, als fürchteten sie die Sonne. In einem gesonderten Fach fanden wir einen »an die Angestellte von Menasche Lewi« gerichteten Brief, in dem die Nöte der Familie aufgeführt wurden von dem Tag an, an dem jener Menasche Lewi ins Gefängnis geschickt worden war.

Nachdem wir alles an seinen Platz zurückgelegt hatten, sagte Ilan, der vergebens versuchte, sich seine Enttäuschung nicht anmerken zu lassen: »Entweder ist sie zu raffiniert – oder aber deine Phantasie macht Überstunden.«

Als ich in jener Nacht angsterfüllt aufwachte von Geräuschen, die ich einen Augenblick später als das Scheppern der Mülltonnen identifizierte, die über den Gartenweg zum Gehsteig an der Straße gezogen wurden, kam mir ein Gedanke, der mich erschaudern ließ: Vielleicht ist sie gar nicht Sozialarbeiterin, sondern eine jener Tagespatientinnen, die morgens in eine Klinik gehen, Essen und Medikamente erhalten, mit verschiedenen Handarbeiten wie Korbflechterei oder Teppichweberei beschäftigt werden, und die nach Hause zurückkehren, wenn abends geschlossen wird. Ich hatte einmal von einem Kranken gehört, der sich als Arzt ausgegeben hatte und dem es mit seinen Fachkenntnissen gelungen war, selbst die besten Pfleger in die Irre zu führen. Und als stelle diese Geschichte einen Beweis dar, kam ich die ganze Nacht nicht davon los. Auch in den drei folgenden Tagen ließ sie mir keine Ruhe. Am Morgen meines arbeitsfreien Tages bewaffnete ich mich mit einer Handvoll Münzen und versuchte aus der Telefonzelle neben dem Postamt, derjenigen mit der zerborstenen Glasscheibe, anhand der Nummer, die unsere Mitbewohnerin uns bei unserem ersten Zusammentreffen gegeben hatte, die Klinik in Herzlija zu erreichen. Die Sekretärin antwortete in höflichem, doch ungeduldigem Ton: »Gewiß, Malka Kohnstein ist leitende Sozialarbeiterin auf der Station. Ein Teil ihrer Arbeit wird vor Ort erledigt, in Form von Besuchen bei Familien in verschiedenen Vierteln der Stadt. Augenblicklich befindet sie sich nicht in ihrem Zimmer, aber sie hat einen Termin um elf Uhr; sie wird wahrscheinlich in der nächsten halben Stunde hier eintreffen. Möchten Sie eine Nachricht für sie hinterlassen?«

Es fiel mir schwer, mich von einer Vorstellung zu lösen, die mir seit drei Tagen nicht aus dem Sinn ging und mir in der

Zwischenzeit als Tatsache erschien. Schließlich versuchte ich, meine Furcht der Logik zu unterwerfen, doch ich fand keine Erklärung für das, was ich gesehen hatte.

Erst am Mittwochmorgen, während der Turnstunde der vierten Klasse der Schule in Bne Braq, machte ich eine Entdeckung, die ein neues Licht auf die vorausgegangenen Ereignisse warf: Mit einem Gefühl der Überraschung bemerkte ich, wie Malka Kohnsteins Augen – ein durchsichtiges Blau, das einzig um die Pupillen in Grau überging – auf das Gesicht meiner Schülerin Rivka geheftet waren. Wie eine Irre riß ich das Heft aus meiner Tasche und blätterte die Listen durch. Vierte Klasse. Rivka. Rivka Kohnstein. Ich war entsetzt über mich selbst. Wie war es möglich, daß ich dem Namen, der beiden gemeinsam war, bis dahin nicht die geringste Aufmerksamkeit geschenkt hatte? Daß ich keine Verbindung hergestellt hatte zwischen den zwei Paaren hellblauer Augen, derengleichen kein anderes Gesicht trug? Am Abend, als ich mich wieder beruhigt hatte, fand ich eine Antwort: Ich hatte keinerlei Zusammenhang zwischen beiden gesehen, da ich mich weder für den Namen noch für die Augenfarbe Malka Kohnsteins je wirklich interessiert hatte.

Seit dem Tag, an dem sie sich hinter dem Gitter des Schulgeländes versteckt hatte, war ich Malka Kohnstein noch dreimal begegnet, jedesmal abends, als sie von der Arbeit zurückkam. Wie gewöhnlich begrüßte sie mich mit niedergeschlagenen Augen und floh in ihr Zimmer. Von neuem ertappte ich mich, wie ich ihr hinterherblickte, und fragte mich verwundert, weshalb ich mich vor ihr fürchtete. In meinem Innern reifte der Entschluß, das Geheimnis auf eigene Faust zu ergründen, und so erzählte ich weder Schlomit noch Lulik davon. Bis Sonntag, dem Tag, an dem ich wieder in Bne Braq zu tun hatte, war ich mir über meine künftige Vorgehensweise im klaren.

In der großen Essenspause, in der sich schlagartig ein riesiges, unerwartetes Getöse erhob, begab ich mich ins Krankenzimmer. Hin und wieder mußte ich die Akten meiner Schülerinnen einsehen, um mich über ihren Gesundheitszustand, ihre Kondition und ihre Krankheitsgeschichte zu informieren. Der Karteischrank, der vor den anderen Lehrern verschlossen war, stand mir offen. Die Sekretärin, deren Schreibtisch im Eingang des Krankenzimmers aufgestellt war, hob für Sekunden den Kopf, und als sie mich sah, gewährte sie mir grußlos Einlaß. Geübt hüpften meine Finger von einem der alphabetisch geordneten Hefter zum nächsten. Die Akte von Rivka Kohnstein steckte in einem besonderen Umschlag, der aus festem, tiefblauem Kunststoff bestand und dessen Ränder eine Klammer zusammenhielt, die aufsprang, wenn man auf ihr eingerastetes Ende drückte. Ich warf einen flüchtigen Blick in die beiden anderen Schubladen: Unter allen Akten der Schülerschaft dieser Schule befanden sich nur zwei dieser Art. Aber aus welchem Grund war Rivka Kohnsteins aussortiert und in einen gesonderten Umschlag gesteckt worden?

Ich nahm ihre Akte, die gewaltsam dort hineingezwängt worden war, und legte sie auf die Rücken der übrigen Ordner, die aufrecht in der offenen Schublade standen. Mühsam löste ich die Klammer und schlug den Deckel des Ordners auf. Mit pochendem Herzen – ich tat etwas Verbotenes – holte ich den Schülerbogen hervor, der die persönlichen Daten enthielt und an dessen oberem Rand ein Foto des Mädchens befestigt war. Die blauen Augen, die erschreckend hell wirkten, blickten mich aus dem Foto an. Ich las den Namen, das Geburtsdatum, die Anschrift, die Nummer des Personalausweises. Darunter der Name des Vaters: Pessach. Beruf: Goldschmied. Der Name der Mutter: Malka. Beruf: Sozialarbeiterin. Das Blatt begann zwischen meinen Fingern zu zittern, als werde es von einem Windstoß erfaßt. Ich legte es beiseite. Die Akte enthielt zahllose hauchdünne Blätter, die mit einer dicht gedrängten, steilen Handschrift gefüllt waren. Ein Teil der Blätter wurde von Büroklammern zusammengehalten. Unter den Papieren fanden sich Briefe, die in ihre Umschläge zurückgesteckt worden waren und von der umfänglichen Korrespondenz zeugten, die die Schule bezüglich ihrer Schülerin geführt hatte. Ich versuchte zu erfassen, was auf den Blättern geschrieben stand; den wenigen Zeilen, die ich las, entnahm ich, daß Rabbiner befragt worden waren und Stellungnahmen abgegeben hatten und daß ihre Antworten sich auf eine Frage bezogen, deren Sinn ich nicht zu entschlüsseln vermochte. Während ich in eine Textzeile vertieft war, näherte sich mir plötzlich von hinten die Schulkrankenschwester und nahm mir die Papiere aus den Händen.

»Diese Akten dürfen nicht geöffnet werden«, sagte sie und zog ihre Lippen zu einer schmalen Linie zusammen.

»Welche Akten?« fragte ich und begann vor Aufregung laut zu atmen.

»Die, die sich in verschlossenen Umschlägen befinden.«

»Weshalb?«

Sie schaute mir direkt in die Augen, während ihre Hände den Umschlag mit der Klammer verschlossen. »Weil die Direktion es so angeordnet hat.«

Vielleicht verrieten ihr die Schweißtropfen, die ich auf meiner Stirn fühlte, daß ich das Verbot kannte. Doch wollte ich ihr keinen Vorwand geben, mir fortan den Zutritt zu verwehren. »Ich habe lediglich den Gesundheitsbogen einsehen wollen«, sagte ich in leisem, doch keineswegs entschuldigendem Ton.

»Für die verschlossenen Akten ist eine Genehmigung nötig.«

»Es tut mir leid. Das hat man mir nicht gesagt.«

»Es ist allseits bekannt.«

»Mich hat niemand davon in Kenntnis gesetzt. Heute bemerkte ich, daß das Mädchen schwer Luft bekommt; deshalb wollte ich nachsehen, ob sie an Kurzatmigkeit leidet.«

Sie trat näher an mich heran, als wolle sie den Wahrheitsgehalt meiner Worte prüfen. Dann wandte sie den Blick ab, legte den Umschlag an seinen Ort zurück und sagte: »Ich bitte Sie dringend, solche Akten nicht mehr zu öffnen.« Ihre Stimme nahm einen schneidenden Ton an, der vielleicht schärfer ausfiel, als sie beabsichtigt hatte, denn sie hielt nachdenklich inne und war fortan bemüht, ihrer Stimme einen weicheren Klang zu verleihen: »Nächstes Mal, wenn es sich wieder um Derartiges handelt, fragen Sie mich – ich gebe Ihnen die Auskunft, die Sie benötigen.«

»Ich hatte gedacht«, sagte ich und versuchte den Gedanken, der mich seit einigen Momenten beschäftigte, in möglichst beiläufigem Ton auszusprechen, »es wäre vielleicht ratsam, mit der Mutter des Mädchens zu sprechen. Auch für den Fall, daß das Mädchen bislang nicht krank war, sollte es von einem Arzt untersucht werden.«

Die Gesichtszüge der Krankenschwester schärften sich wie in einem Augenblick großer Anspannung. Langsam schob sie die Schublade zurück und sagte in ruhigem Ton: »Nicht wegen seines Gesundheitszustands ist das Mädchen ein Sonderfall ... Und zufällig hat es keine Mutter.«

Als ich das Lehrerzimmer betrat, drehte sich alles in meinem Kopf. Gewiß, ich hatte etwas in Erfahrung gebracht, aber ich konnte die Information noch nicht einordnen. Das Rätsel barg ein Geheimnis, das auf sonderbare Weise eine Lösung herbeiführen würde; doch war diese vorläufig noch von ihm verhüllt. Allen Anzeichen nach – auch der Ausweisnummer zufolge, die ich im Gedächtnis behalten hatte und die nun auf einem der Blätter in der Kunststoffmappe aufgetaucht war – war die Sozialarbeiterin Malka Kohnstein jene Frau gleichen Namens, die bei mir wohnte. Doch weshalb behauptete die Krankenschwester, sie wäre tot?

Michal, die Handarbeitslehrerin, erwartete mich bereits an unserem festen Treffpunkt. Sie schien meine Verspätung bemerkt zu haben und goß auch für mich eine Tasse Tee ein.

»Danke für den Tee«, sagte ich und ließ mich auf meinen Stuhl fallen.

»Ist etwas passiert? Fühlst du dich nicht wohl?« fragte sie mit umwölktem Gesicht und beugte ihren Oberkörper zu mir herüber.

»Ja, ein bißchen. Mir ist etwas Seltsames passiert ... Mich schwindelt ein wenig.« Plötzlich erinnerte ich mich: »Du unterrichtest doch in der vierten Klasse, nicht wahr?«

»Ja.«

»Auch Rivka Kohnstein?«

Aber im selben Moment, da meine Lippen den Namen aussprachen, wußte ich, daß ich zu weit gegangen war. Wie auf ein geheimes Zeichen hin verschloß sie sich mir. Ihre Gesichtsmuskeln zogen sich zusammen, ihr Blick distanzierte sich. Auch in ihrer Stimme lag Kühle, als sie sagte: »Du solltest das Mädchen in Ruhe lassen. Da ist etwas vorgefallen. Es ist besser, nicht darüber zu sprechen.« In Wirklichkeit schien sie mir bedeuten zu wollen: »Meine Freundlichkeit wird mir falsch ausgelegt. Sie ist reine Höflichkeit, nicht Sympathie. Du stehst außerhalb. Mißversteh die Gastfreundschaft, mit der ich dir gegenübertrete, nicht als Verbrüderung.«

»Aber das Mädchen hat eine Mutter!« Mit aller Gewalt versuchte ich an den Punkt zurückzukehren, an dem ich zehn Minuten zuvor abgeschmettert worden war.

»Sie hat eine, und doch ist es, als hätte sie keine. Es ist wirklich besser, nicht darüber zu sprechen.«

Auf dem Rückweg im Autobus waren meine Augen wie gewohnt auf das dreieckige Fenster gerichtet, während ich all meine Kraft darauf verwandte, Dinge zusammenzufügen, die sich hartnäckig meinem Zugriff entzogen: Meine Schülerin Rivka Kohnstein war die Tochter meiner Mitbewohnerin Malka. Aber irgend etwas war vorgefallen, weswegen ihre Mutter für tot erklärt wurde. Der Bestürzung der Schulkrankenschwester und Michals, der Lehrerin, zufolge handelte es sich um etwas Schreckliches. Und es war ein Rätsel damit verbunden, dessen Auflösung sich möglicherweise in der Kunststoffmappe, in den Briefen der Rabbiner mit der schönen Handschrift befand. Zwar wurde über die Sache Stillschweigen bewahrt, doch war dieses nicht absolut, denn Michal wußte Bescheid. Weshalb hatte sie sich mir verschlossen, als ich den Namen des Mädchens aussprach? Hielt man die Angelegenheit einzig vor mir geheim? Aber eins wurde mir plötzlich klar, als ich über die Entwicklung der Dinge nachsann: Nicht meinetwegen hatte Malka Kohnstein sich eingeschlichen und über die Büsche gelugt. Sie hatte ihre Tochter sehen wollen. Sie versuchte gegen das Todesurteil, das über sie verhängt war, aufzubegehren. Aber welches Verbrechen hatte diese Frau begangen, daß die Züge des Mädchens aus ihrem Gesichtsfeld gelöscht werden sollten und sie dazu verdammt war, ihrer Tochter über die Umzäunung der Schule hinweg verstohlene Blicke zuzuwerfen? Und ich, die ich mit der Mutter zusammenwohnte und die Tochter unterrichtete – welche Rolle spielte ich in dieser geheimnisvollen Geschichte? Hatte mir die Hand des Zufalls einen verschlungenen Weg gewiesen und mich in dieses Dickicht gelenkt? Näherte ich mich der Lösung des Rätsels wie der Springer im Schachspiel, der vor- und zurückgeschickt wird und sich nur einbildet, er werde durch die Beineskraft seines treuen Pferds an das Ziel seiner Wünsche getragen?

Diese Fragen quälten mich noch mehrere Tage, aber ich fand keine Antwort. Zweimal begegnete ich Malka Kohnstein in der Wohnungstür, und die fragenden Worte lagen mir schon auf der Zunge; doch beide Male zog sie sich schnell in ihr Zimmer zurück.

In den folgenden Wochen wurde meine Aufmerksamkeit von Luliks Scheidungsprozeß in Anspruch genommen, auf den ich seit einem Jahr gewartet hatte. Meine Fragen waren vorübergehend von einem aufwühlenden Vorfall verdrängt, der sich während der Verhandlungen im Gerichtsgebäude ereignete: Der Anwalt von Luliks Frau legte Fotografien vor, die ein von dieser engagierter Privatdetektiv im zurückliegenden Frühjahr heimlich angefertigt hatte. Die hervorragend gelungenen Aufnahmen zeigten Lulik mit seiner Sekretärin in Venedig, wo er vierzehn Tage geschäftlich zu tun gehabt hatte. Es war deutlich zu erkennen, wie sie in die Menge der Besucher eintauchten und auf dem Markusplatz fetten Tauben Körner hinstreuten, wobei sein Arm ihre Hüften umfaßte und ihre Hand auf seinem Nacken ruhte, wie sie am Fuße des Orchesterpodests eines Cafés mit hübschen Sonnenschirmen einander anlachten und wie sie auf einer Gondelfahrt Arm in Arm in der Spitze des geschmückten Boots saßen. Auf einem anderen Foto, auf einer malerischen Brücke in einer menschenleeren Straße, lehnte sie mit dem Rücken am Geländer, ihr lachendes Gesicht zum Himmel erhoben, während er seinen

Körper gegen sie drückte und scherzte, er werde sie in den Kanal stoßen. Der Anwalt reichte Lulik die Fotos, und von meinem Platz aus, der sich weiter hinten befand, konnte ich deutlich erkennen, wie seine Hände die papiernen Rechtecke an sich rissen. Auch sein Profil sah ich, als er den Kopf zu mir umdrehte und einen bangen Blick in meine Richtung ausschickte, um zu ergründen, ob meine Augen erspähten, was er zu verbergen suchte. Sein Gesicht war feuerrot wie das eines Jungen, der bei einer Schandtat überrascht worden war. Er war verblüfft, welchen Lauf das Spiel, das er und seine Frau seit vielen Jahren spielten, nun nahm. Wäre er über die Sache mit den Fotos informiert gewesen, hätte er gewiß nicht darauf bestanden, daß ich an meinem einzigen freien Vormittag ins Gericht käme.

Während ich das oberste Foto in seinen Händen betrachtete, staunte ich über mich selbst: Kein Zorn, kein Gefühl der Kränkung erfüllte mich, nur eine große Verwunderung über das breithüftige Wesen, das Lulik auserwählt hatte, mit ihm nach Venedig zu fahren, während ich für meine Prüfungen paukte. Die Reise war mir in lebhafter Erinnerung geblieben. Jeden zweiten Tag, wenn seine emsige Grafikerin ihre Arbeit beendet hatte, war ich in sein Büro geschlichen, hatte mich in sein Zimmer eingeschlossen und die Telefonnummer des Hotels gewählt, in dem er in Venedig logierte. Wieviel Sehnsucht war in den kurzen Liebesgesprächen aus seiner Stimme getrieft! Nun aber überlegte ich: Hatte vielleicht seine eine Hand den Telefonhörer gehalten, während die andere mit der schwergliedrigen Dame auf dem Foto befaßt war?

An diesem Wochenende befiel mich eine fiebrige Krankheit. Unentwegt durchfuhren mich Schauer; kaum drohten meine Glieder vom hohen Fieber zu schmelzen, schon wehte eine kalte Woge heran und machte mein Fleisch scharf und kantig, als habe man mich in ein Eisloch gesteckt. In dem Nebel, der mich die ganze Zeit umgab, tauchte manchmal Schlomits Gesicht auf; es schien mir erschreckend nah, alle Poren ihrer Haut vibrierten. Auch die mageren Züge Malka Kohnsteins und Luliks verschlossene Miene brachen bis zu mir durch, schwammen körperlos im grauen Raum, der mich umschloß. Eine Woche lang wälzte ich mich fiebernd in meinem Bett und mußte danach auf Anordnung des Arztes noch fünf Tage liegenbleiben. Nach einer Woche eilte meine Mutter aufgeregt zu mir, um sich während der folgenden sechs Tage um mich zu kümmern, bis das Fieber meinen Körper verlassen hatte und mir beim Aufstehen nicht mehr der Kopf schwindelte.

Als ich wieder zum Unterricht erschien, wurde ich von meinen Schülerinnen in Bne Braq freudig begrüßt. Überrascht von dem Empfang, den sie mir bereiteten, und von der Aufmerksamkeit einiger Lehrerinnen, von denen ich immer geglaubt hatte, sie ignorierten mich, freute ich mich, daß ich zurückgekehrt war. Als ich jedoch in der dritten Stunde die Namen meiner Schülerinnen verlas, entdeckte ich, daß Rivka Kohnstein fehlte. Plötzlich zitterten meine Finger, wie ich es niemals zuvor erlebt hatte. Ich dachte: Du bist zu früh aufgestanden, Mutter hat dich gewarnt; dein Körper ist noch zu schwach. Auch meine Stimme klang leiser als sonst, als ich fragte: »Was ist los mit ihr?« – und Sekunden später, da keine Antwort kam, hinzufügte: »Weiß jemand von euch, weshalb Rivka Kohnstein nicht zum Unterricht kommt?« Aber die Schülerinnen kannten den Grund ihrer Abwesenheit nicht. Ein Mädchen erzählte, sie habe ihre Mutter sagen hören, daß Rivkas Vater sein Geschäft zugemacht hatte ... Die ganze Stunde dachte ich an das Mädchen, das sich nicht bei uns befand.

Während der großen Pause schaute ich im Klassenbuch nach, das in dem schmalen Schrank im Lehrerzimmer eingeschlossen war. Ich fand heraus, daß sie bereits seit achtzehn Tagen fehlte. Unverzüglich begab ich mich in das Zimmer der Krankenschwester.

»Ja?« sagte sie und sah mißtrauisch zu mir auf, als habe sie mich kurz zuvor nicht freundlich zu meiner Rückkehr beglückwünscht.

»Ich komme wegen der Schülerin aus der vierten Klasse, Rivka Kohnstein ...«

»Was ist mit ihr?«

»Ich stelle fest, daß sie bereits seit mehreren Wochen fehlt.«

»Sie sind nicht ihre Klassenlehrerin, nicht wahr?«

»Ich dachte, es hat möglicherweise doch etwas mit ihrer Kurzatmigkeit zu tun – «

»Es handelt sich um eine Angelegenheit, die die Sportlehrerin nicht betrifft. Dafür ist die Klassenlehrerin zuständig und der Arzt.«

»Aber mir liegt sehr viel daran zu erfahren, was mit ihr los ist. Sie ist eine sehr gute Schülerin von mir.«

Sie hielt ihren Kopf ein wenig schräg, als wolle sie lachend sagen: Wirklich überaus ehrenhaft, eine gute Schülerin von dir zu sein!

Ich ließ nicht locker: »Sie ist meine Schülerin. Die Sache ist mir wichtig.«

»Das ist sehr freundlich von Ihnen«, entgegnete sie, und ich glaubte einen belustigten Unterton in ihrer Erwiderung zu erkennen.

»Vielleicht hat es wirklich etwas mit ihrer Kurzatmigkeit zu tun – «

»Am besten –«, sagte sie plötzlich mit einer sehr lauten, beinahe kreischenden Stimme, die anzeigte, wie sehr sie sich bis dahin zusammengenommen hatte, »am besten bemüht sich jeder, seine eigenen Aufgaben zu erfüllen. Man kümmert sich bereits um die Angelegenheit.«

»Ich würde gern wissen – «

»Ich bitte Sie!« rief sie und richtete den Blick auf ihren Schreibtisch, um sich von neuem in die Unterlagen zu vertiefen, die vor ihr lagen.

»Vielleicht wäre es ratsam, sie ganz vom Sportunterricht zu befreien.«

»Aber ich bitte Sie!«

Sie schaute wütend zu mir auf und rief: »Es gibt hier Wichtigeres als den Sportunterricht. Ich möchte Sie bitten, die Finger von der Angelegenheit zu lassen.«

Nachmittags lief ich in der menschenleeren Wohnung umher

und war unfähig, etwas zu tun. Selbst Beschäftigungen, denen ich gewöhnlich mit Vergnügen nachging – wie Suppekochen oder Bügeln –, beschwichtigten nicht den Aufruhr, der in mir tobte. Schlomit war am Morgen mit einer ihrer Klassen zu einem dreitägigen Ausflug aufgebrochen. Stundenlang lief ich durch die verlassene Wohnung, bis ich die Stille nicht länger ertrug, auf die Straße hinunterging, die erleuchteten Schaufenster entlangspazierte und mich zwischen die Leute zwängte, die sich mühsam einen Weg bahnten, indes die aufgeblähten Plastiktüten in ihren Händen knisternd aneinanderrieben.

Später, zur Stunde, zu der Malka Kohnstein meist von der Arbeit kam, trieben mich meine Unruhe und Schwäche zur Tat. Eiligen Schrittes kehrte ich in die Wohnung zurück, setzte mich in den Flur, das Gesicht der Tür zugewandt, und erwartete sie. Als sie sich verspätete, nahm ich eine Zeitung und las darin, sah jedoch immer wieder zur Tür auf, um zu prüfen, ob sich irgend etwas regte. Während ich las, überlegte ich: Wenn ich tatsächlich etwas mit der Geschichte zu tun habe, so wie mein Gefühl es mir sagt, dann möchte ich heute noch Aufschluß darüber erlangen! Schon vor einem Monat hätte ich handeln sollen. Und auch was Lulik betrifft, sagte ich zu mir, von einem Thema zum anderen gleitend, muß ich mir klar werden, woran ich bin.

Zu später Stunde öffnete Malka Kohnstein behutsam wie eine Diebin die Wohnungstür. Ich sah sie seit vielen Tagen zum erstenmal, und ich erschrak: Ihr Gesicht war gelb und eingefallen wie das einer Schwerkranken, die Pupillen in ihren Augenhöhlen tanzten, als habe sie hohes Fieber; die hängenden Schultern und der fast durchsichtige Hals erinnerten mich an eine steinalte Greisin.

»Bist du krank?« fragte ich sie und erhob mich, um auf sie zuzugehen. Sie ließ sich in meine ausgebreiteten Arme fallen, als werde sie in sie hineingestoßen. Ich geriet in Verlegenheit. Wir hatten einander nie berührt, uns nicht einmal die Hand gereicht. Doch jetzt war sie an meinen Körper gepreßt, und die Berührung weckte in mir die Vorstellung, sie sei ein Baby, das seine schwachen Gliedmaßen herabbaumeln ließ. Wie einst empfand ich ein Unwohlsein, weil ich um meine Größe und die Stärke meiner Arme wußte und in einem Augenblick, da auch ich mich geschwächt fühlte, meine Mitbewohnerin mühelos tragen und auf den Stuhl setzen konnte. Ich ging in die Küche, füllte ein Glas mit Wasser und schob es ihr in die Hand.

»Fühlst du dich nicht wohl?«

»Es geht mir gut«, flüsterte sie, indem sie sich gegen den hohen Stuhl zurücklehnte, »ich bin unwichtig ... aber die Kleine ... die Kleine ...« Die Laute erstickten in ihrer Kehle; sie schaute mich mit flehenden, vor Schmerz blinzelnden Augen an. »Du weißt von der Kleinen, nicht?«

»Von Rivka?« Wie von selbst kam der Name aus meinem Mund.

Sie lächelte müde wie ein Mensch, für den selbst ein Lächeln Anstrengung bedeutet, und das Flehen in ihren Augen wich Dankbarkeit. »Die ganze Zeit war ich überzeugt davon, daß du's weißt. Aber ich wagte nicht ... ich wagte nicht zu sprechen. Ich betete, du würdest zuerst davon sprechen ...«

»Ich weiß nichts.«

Ihr dünnes Lächeln verschwand. Sie wurde plötzlich sehr ernst und versuchte mir in die Augen zu sehen. »Du hast sie bemerkt, nicht wahr? Du kennst ihren Namen.«

»Ich weiß nur, daß sie meine Schülerin ist und daß sie in die vierte Klasse geht. Das ist alles, was ich weiß. Ich habe es rein zufällig erfahren.«

Sie hob ihre dünne Hand zu einer Geste des Protests. »Nichts ist zufällig in der Welt des Heiligen, er sei gepriesen. Alles ist das Werk des Herrn.«

»Ich hatte vor, dich heute zu fragen. Ich wollte wissen –« Ihre Redeweise verwirrte mich. So verschieden war sie von jener, die ich von ihr gewöhnt war, von den kurzen Sätzen, die wir bis dahin gewechselt hatten.

»Alles ...«, sagte sie, »du weißt nicht, wie sehr ... wie sehr ich darauf gewartet habe ... Ich trinke nur rasch einen Schluck Wasser ...« Danach fuhr sie mit feuchtglänzenden Lippen fort: »Die ganze Zeit wollte ich es dir erzählen, aber ich konnte es nicht. Doch du sollst es erfahren. Du bist eine Verbündete. Du hast eine besondere Mission – «

Stunden nachdem die Straßenlaterne, die das Fenster des Flurs erleuchtete, angegangen war, als sich draußen der Himmel bereits grau färbte, erzählte sie noch ihre Lebensgeschichte, mischte menschliche Sprache mit der Sprache von Büchern, mit Aussprüchen, die alte Frauen benutzen, und schloß manchen Satz mit der Formel »es war ein Wunder«; und auch die Melodie ihrer Worte war anders als sonst, sie intonierte sie wie ein Gebet. Sie erzählte von ihren schönen Kindertagen in Jerusalem, von ihrer strickenden Großmutter, in deren kleinem, dem Verkauf von Wollknäueln, Garnrollen, goldenen Fingerhüten und anderen Kurzwaren vorbehaltenem Laden sie in ihrer Kindheit mit ihrem Spielzeug gespielt und in ihrer Jugend ihre Schulaufgaben gemacht hatte. Sie sprach von den herrlichen Sabbattagen, von den Süßigkeiten, mit denen die Frauen auf der Empore die Kinder überschütteten, wenn ein Bar-Mizwa zur Thoralesung vortrat, von ihrer glücklichen Jugend, von den Festtagen, dem Licht, der Familie, den Tanten und Cousinen. Als sie achtzehn Jahre alt war, wählte der weise alte Onkel ihres Vaters dem Brauch der Gemeinde entsprechend für sie einen Gatten aus: einen jungen Mann aus Bne Braq. Als die Familien sich über die Verlobung und die Mitgift geeinigt hatten, wurde er nach Jerusalem in das Haus ihres Onkels gebracht. Vom ersten Tag an bestand eine große Zuneigung zwischen ihnen – »es war ein Wunder«. Sie verlobten sich und beschlossen, am Ende des Sommers, wenn sie die letzte Abiturprüfung abgelegt hätte, zu heiraten und danach nach Bne Braq zu ziehen. Ein Jahr lang wurde sie nicht schwanger, doch versündigten sie sich nicht, indem sie verzweifelten. Sie folgten den Anordnungen des Rabbis, und ihnen wurde ein Mädchen geboren – »es war ein Wunder«. Ein halbes Jahr bevor sie schwanger wurde, hatte die Frau des Rabbis sie aufgefordert, im Versehrtenasyl, das in der Nähe ihres Hauses lag, mitzuhelfen.

Zum erstenmal in ihrem Leben hatte sie menschliches Leid gesehen; der Anblick schmerzte sie sehr. Als sie erfuhren, daß sie ein Kind erwartete, flehte ihr Mann, sie solle nicht mehr zu den beklagenswerten Geschöpfen gehen und sich nicht länger quälen, damit nicht das Kind in ihrem Leib von dem Schmerz, den sie fühlte, gezeichnet werde. Sie aber entgegnete, gute Taten würden vom Heiligen, er sei gepriesen, nicht mit Strafe belegt. Und sie hatte recht: Ihnen wurde ein liebes, gesundes, hübsches Mädchen geboren. Nicht einmal als es zur Welt kam, bescherte es seiner Mutter Schmerzen. Während zwei Jahren, die schöner und besser noch waren als all die schönen Tage ihrer Kindheit und Jugend, sorgte sie nur für ihr Töchterchen. Manchmal ging sie mit ihm in das Asyl, um den bedauernswerten Menschen ein wenig beizustehen und sie durch die Anwesenheit des Kindes zu erfreuen. Als die Leiterin ihr einmal von der Willkür der für die Institution zuständigen Beamten erzählte, faßte sie einen Entschluß: Mildtätigkeit reicht nicht aus, um die Not dieser Menschen zu lindern. Mit Beamten muß man die Sprache sprechen, die diese verstehen. Man muß sich mit dem Gesetz auskennen und benötigt Qualifikationen – doch dazu muß man sich bilden. Eines Tages ging sie ins Rathaus und bat, mit dem zuständigen Beamten sprechen zu dürfen. Er hörte sie an und nickte, dann betrachtete er das Kind, das im Kinderwagen saß, und sagte, für das, was sie vorhabe, brauche sie ein Diplom als Sozialarbeiterin, und um dies zu erlangen, müsse sie drei oder vier Jahre an der sozialpädagogischen Fakultät einer Hochschule studieren. Auf eigene Verantwortung, ohne ihren Mann einzuweihen, schrieb sie einen Brief, um Einzelheiten zu erfahren. Ihr Mann erschrak, als sie ihm von ihrer Absicht erzählte, nachdem das Antwortschreiben der Universität eingetroffen war. Aber sie konnte ihn davon überzeugen, daß er es ihr auf diese Weise erleichtern würde, anderen zu helfen; er stimmte dem Plan zu – nur eine Bedingung stellte er: Der Rabbi sollte von dem Vorhaben erfahren und seine Meinung abgeben. Der Rabbi zögerte mehrere Tage, aber da er erkannte, wie entschlossen sie war, erteilte er seine Zustimmung.

Doch es fiel ihm schwer, dies zu tun; vielleicht sah sein weiser Verstand schon das Unglück, das ihr dann widerfuhr. Sie begann ihr Studium mit großer Begeisterung. Ihre zweijährige Tochter ließ sie bis zum Nachmittag in einer Tagesstätte und fuhr jeden Morgen zur Universität. Während der drei Jahre, in denen sie studierte, übernahm ihr gütiger Mann die ganze Bürde des Broterwerbs und arbeitete in einer Goldschmiede und einem Laden für religiöse Gebrauchsgegenstände. Alles verlief so problemlos – es war ein Wunder. Eine große Liebe verband sie, und ihre Tochter gedieh, wurde immer klüger und hübscher. So verhielt es sich auch in dem Monat, in dem sie die letzte Prüfung ablegen sollte und in dem ihre Regel aussetzte und Gutes verkündende Schmerzen von tief unten in ihrem Bauch Signale aussandten. Mit Freude dachte sie, daß sie wieder schwanger war, und beschloß, einen Monat zu warten, um zu sehen, wie sich die Dinge entwickelten. Doch dann geschah es ... An dieser Stelle hielt sie inne und blieb lange stumm ... Sie hätte im Dunkeln nicht allein über das verwilderte Feld hinter der Universität gehen dürfen. Die medizinische Fakultät lag verlassen, und all die Fensterhöhlen waren weit aufgerissen wie böse Augen. Sie hätte nicht den sich in der Finsternis verlierenden Weg einschlagen dürfen, der wie eine befestigte Straße aussah, denn er führte sie ins Verderben. Sie aber wollte rasch zum Autobus, zu ihrem Mann und ihrer Tochter, da sie schon viel zu lange in der Bibliothek aufgehalten worden war. Der Vorfall ... der Vorfall ... – sie ließ ihren Kopf auf den Tisch sinken – er verwandelte ihr Leben in eine Hölle. Die Rabbiner entschieden, der Fötus müsse aus ihrem Leib geschält werden wegen des Samens, von dem sie schwanger sei. Und ihr Mann müsse sich von ihr trennen, auch wenn es ihrer beider Wunsch widerspreche. Gewöhnlich seien sie in derartigen Fällen milde und verordneten keine Scheidung. Doch sei das Maß des Erbarmens in ihrem Falle begrenzt. Denn ihr Mann stamme aus der Familie der Kohanim, und verwüstet sei nun sein Feld, beschieden die Rabbiner und erklärten ihr nicht, was diese Worte bedeuteten. Sie zwangen ihn, ihr das Scheidungsgeld auszuzahlen und sie fortzuschicken; sie nahmen ihr sogar das Kind und sprachen es ihrem Mann zu. Ihretwegen, hatte sie den Rabbi zu ihrem Onkel sagen hören, der aus Jerusalem angereist war, um mit den Rabbinern zu diskutieren, bis seine Kehle heiser war, ihretwegen sei das Feld des Mannes verwüstet ... Wieder hielt sie unvermittelt inne, nachdem sie die letzten Worte nur unter großer Anstrengung ausgesprochen hatte ... Und ihr selbst sei es verboten, den heiligen Gelehrten zu grollen. In der Tat müsse die Reinheit Israels bewahrt werden. Schließlich gehöre ihr Mann zum Geschlecht der biblischen Priester, in sie aber sei Unreines gedrungen, von dem sie sich niemals reinwaschen könne. Die Monate, die dem Vorfall folgten, verbrachte sie in mehreren Krankenhäusern. Als man ihr das Kind aus dem Körper gerissen hatte, wollte sie mit ihm sterben. Sie weigerte sich, zu essen und zu trinken, und wollte die Besucher, die zu ihr kamen, nicht sehen. Sie war dem Tod bereits nahe, sie hörte schon die Stimmen der Engel, sah das strömende Licht. Da besuchte sie – es war ein Wunder – eine weise Frau, die im Auftrag einer jungen Rabbinerin aus Amerika kam. Ihre Klage sei in weite Ferne gedrungen, sagte die Frau und versprach, wenn sie nur gesund würde, würden wichtige Leute versuchen ihr beizustehen. Doch in der Zwischenzeit müsse sie wieder zu Kräften kommen und dürfe niemals vergessen, daß es aufs strengste verboten sei, sich vorsätzlich ins Verderben zu stürzen. »Schließlich bringen Sie sich um«, sagte die Frau, »wenn Sie sich weigern, Nahrung und Flüssigkeit aufzunehmen.« Sie warf einen Blick auf die Karteikarte, die an der Vorderseite des Bettes befestigt war, und fuhr fort: »Schauen Sie nur: Hier steht, Sie hätten vierundfünfzig Kilo gewogen. Jetzt wiegen Sie sechsunddreißig. Gerade soviel wie ein Kind im Bar-Mizwa-Alter. Sie bringen sich absichtlich um, das ist eine große Sünde.« Während all der Wochen, die sie in den Krankenhäusern verbrachte, besuchte ihr Mann sie kein einziges Mal. Durch ihren Onkel ließ er ihr ausrichten, er komme nicht, weil die Rabbiner es ihm verboten hätten. Doch sie hörte, wie er von fern nach ihr schrie; auch sein Herz war gebrochen. Sie wolle nicht schlecht von ihm sprechen. Er sei ein reiner Mensch, und all seine Absichten seien rein, doch sei er unfähig, gegen die eigene Natur aufzubegehren. Auch sie selbst sei von Natur aus keine Rebellin, aber was ihr in den vergangenen Jahren widerfahren sei, habe ihr Wesen verändert ... Die Frau hatte sie täglich besucht, ihr Mut zugesprochen und sie gefüttert wie ein Kind. Als sie sich erholt hatte, verschaffte sie ihr mit Unterstützung ihrer Angehörigen eine Bleibe bei einer Familie, die aus guten Menschen bestand. Auch begleitete sie sie zur Universität, damit sie die fehlende Prüfung nachholte, und sorgte dafür, daß sie das Abschlußzeugnis erhielt. Schließlich hatte sie zu arbeiten begonnen und widmete nun all ihre Energie dem Dienst an den Mitmenschen. Der Himmel gebe ihr die Kraft, die sie benötige, um ihr Werk an den Leidenden zu vollbringen. Bei ihnen vergesse sie alle Sorgen. Und hätte sie nicht ihre Arbeit, würde sie ihr eigenes Leid nicht ertragen. So gehe das nun schon seit fünf Jahren – zwar sei ihr Körper lebendig, doch etwas in ihr sei tot. Der Herr möge ihr verzeihen, wenn sie sich durch ihr Reden versündige. Nicht gegen seine Pfade begehre sie auf; sie wisse, daß sich hinter ihrer Prüfung eine Absicht verberge. Von Zeit zu Zeit erhalte sie Grüße von der Rabbinerin aus Amerika, die ihr mit ihren freundschaftlichen Briefen die Hand stärke und ihr prophezeie, daß schon bald eine Lösung gefunden werde. Auch setze sich ihr Onkel aus Jerusalem bei weniger strengen Rabbinern für sie ein. Einer hatte ihm ausdrücklich erklärt, die Auflösung der Ehe wäre nicht nötig gewesen. Da ihr Mann sich von ihr nicht habe scheiden lassen wollen, hätte man einen anderen Weg finden können. Ja, das habe der Rabbi gesagt. Und auch die herzensgute Rabbinerin aus Amerika habe ihr mitgeteilt, die dritte Ordnung der Mischna enthalte entsprechende Stellen. Endlich würde es ihnen gelingen, die klugen Rabbiner zu überzeugen. Ihr Mann wolle auf sie warten, bis ihnen das Zusammenleben wieder erlaubt sei. Denn an dem ... Vorfall trage sie keine Schuld. Sie habe keinerlei schlechte Absicht in ihrem Herzen gehegt. Das sei ein Anschlag des Satans gewesen, auf dessen Pfad sie zufällig geraten sei. Doch vergingen die Jahre, und die Kleine wachse heran; schon sei sie beinahe so groß wie ihre Mutter. Aber obwohl sie sich Mühe gebe, die Gebete aufrichtigen Herzens zu sprechen, sei sie nahe daran, ihren Glauben zu verlieren ... und dann bliebe ihr gar nichts mehr.

»Was für ein Vorfall ist das gewesen?« fragte ich flüsternd.

»Der Glaube ...«, sagte sie, »ich könnte ohne den Glauben nicht leben ...«

»Ich fragte nach dem Vorfall, der sich auf dem Feld bei der Universität ereignet hat«, wiederholte ich leise.

Wie ein ungezogenes Mädchen schwenkte sie ihre Hand bald nach rechts, bald nach links; zum erstenmal schien sie aus dem Rhythmus geraten. Doch dann, plötzlich, als erinnere sie sich, hörte sie auf zu gestikulieren und sprach weiter: Vor einigen Monaten seien ihre Kräfte nahezu verbraucht gewesen. In diesem Moment habe der Schöpfer mich ihren Weg kreuzen lassen. Er habe sie in ihrem Elend gesehen und mich in ihr Leben geschickt. Genau so sei es gewesen. Ich dürfe nicht überrascht sein. Ohne es zu wissen, erfüllte ich seinen Auftrag. Die Wege des Schöpfers seien wunderbar, und seine Rettung komme im Augenblick.

»Ich?« fragte ich erschrocken, um dem Joch zu entfliehen, das mir Sekunden später auferlegt würde und dem ich bis ans Ende meiner Tage nicht mehr entkäme.

Ja, ich. Gleich würde sie mir alles erzählen, und ich würde begreifen. Die Geschichte war so verworren und doch so wunderbar, daß kein Zweifel bestand: Der Finger Gottes war ausgestreckt, um sie zu retten. Siehe! Sie trinkt nur einen Schluck Wasser, danach wird sie sprechen. Im vergangenen Jahr habe sie mich zum erstenmal im Hof hinter der Schule gemeinsam mit den Mädchen turnen sehen. Ja, sie habe vergessen zu erwähnen, daß sie sich oftmals nicht habe zurückhalten können und zur Schule geschlichen sei, um ihre Tochter zu sehen. Während ihres Urlaubs oder morgens vor der Arbeit habe sie sich dem Tor genähert, sei in einiger Entfernung stehengeblieben und habe gewartet, bis die Kleine hindurchgegangen und im Schulgebäude verschwunden war. Während meiner Unterrichtsstunden aber habe sie ihr ganze vierzig Minuten ungestört zuschauen können. Und gleich vom erstenmal an habe sie mich sehr gemocht. Das sei nicht verwunderlich, denn meine Stunden ermöglichten es ihr, ihrer Tochter nahe zu sein. Doch auch mein Gesicht habe sie sofort gefangengenommen. Oft habe sie auch mich über die Umzäunung hinweg angeschaut. Sie habe die besondere Sanftheit bemerkt, mit der ich ihre Tochter behandelte. Gewiß hätte ich gespürt, daß mir in bezug auf das Mädchen eine Mission auferlegt sei. Und eines Tages – »es war ein Wunder« – sei sie zufällig durch diese Straße gegegangen und habe mich an einem Fenster stehen sehen. Nie zuvor sei sie durch diesen Teil der Straße gegangen, sondern immer am Bezalel-Markt nach links abgebogen. Zwei Wochen später habe sie an der Stelle, wo ich gestanden hatte, das Schild bemerkt, auf dem ein Mitbewohner gesucht wurde. Einen Tag zuvor hatte die Besitzerin des Hauses in der Ben-Jehuda-Straße, das sich neben dem Gebäude befand, in dem eine Cousine ihrer Mutter wohnte, sie gebeten, wegen der bevorstehenden Ankunft ihres Bruders aus Australien ihr Zimmer zu räumen. Dieses Zusammentreffen von Zufällen konnte doch nicht ohne Bedeutung sein! Was ich darüber dachte, wollte sie wissen. Ob ich ihr nicht zustimmte. Meine Meinung sei ihr sehr wichtig – ich könne mir gar nicht vorstellen, welch große Bedeutung sie ihr beimesse. Oder ob ich der Ansicht sei, ihr Verstand habe unter dem furchtbaren Geschehen gelitten. Bisweilen habe sie selbst das Gefühl, daß sie seltsame Dinge denke. Aber kann man die Dinge betrachten, ohne die Absicht zu sehen, die sich dahinter verbirgt? Ohne Zweifel sei ich geschickt worden, um als Bindeglied zwischen ihr und ihrer Tochter zu dienen. Denn der Herr sei ein gerechter Gott. Unmöglich, daß er sich vor ihrem Schmerz verschließe und ihre Unschuld und das Unrecht, das ihr zugefügt worden war, nicht erkenne.

»Um als Bindeglied zu dienen?« Der Irrsinn der Worte, die wie ein Sturzbach aus ihr heraussprengten, erschreckte mich. Doch eins schien mir klar: Sie würde nicht von mir ablassen, solange sie noch die Kraft hätte zu atmen. Sie glaubte, ich sei auf der Welt, einzig um ihretwillen zu handeln. »Wie meinst du das?«

»Als Mittlerin«, erklärte sie. »Um Botschaften zu überbringen.«

In meinem Kopf war ein Rauschen. Doch allmählich kamen die Worte, die sie gesprochen hatte, zur Ruhe. Nur den Vorfall, den sie erwähnt hatte, über dessen Natur sie sich aber weigerte Auskunft zu geben, und der den Nährboden bildete für all die Umwälzungen in ihrem Leben und für die Trennung von ihrer Familie – diesen geheimnisumwitterten Vorfall zu ergründen, hinderte sie mich.

»Und was ist mit Rivka? Weshalb kommt sie schon seit zwei Wochen nicht zur Schule?«

Sie verdrehte die Augen. Wie von Panik ergriffen antwortete sie, sie wisse es nicht. Und es gebe niemanden, von dem sie etwas erfahren könne. Das Haus sei verlassen und das Geschäft ihres Mannes geschlossen. Sie fürchtete, daß sie der Stadt den Rücken gekehrt hatten und nun in einem anderen Ort wohnten. Sie seien vielleicht fortgezogen und wollten verhindern, daß sie ihnen folgte. Möglicherweise hätten sie sogar das Land verlassen und seien nach Amerika gegangen. Ihr Mann habe einen reichen Verwandten in Brooklyn. Oder aber er habe eine andere Frau geheiratet und wohne jetzt in ihrem Viertel. Eventuell habe auch die Kleine den Wunsch geäußert, in eine andere Schule geschickt zu werden. Manchmal habe sie den Eindruck gehabt, das Mädchen hätte in ihre Richtung geschaut. Vielleicht hatte sie sie erkannt und einen Schreck bekommen. Oder er, Rivkas Vater, sei krank geworden. Vielleicht sei aber auch die Kleine schwer erkrankt – das wäre schlimmer als alles andere. Auch ich sei sehr krank gewesen. Ob ich den Zusammenhang denn nicht erkenne? Einmal, am Anfang des Jahres, habe die Kleine eine Woche gefehlt. Schon als Säugling sei sie immer erkältet gewesen, wenn eine neue Jahreszeit anbrach. Aber jetzt fehle sie bereits seit vielen Tagen. Zu Jahresbeginn, unmittelbar nach den Feiertagen im Herbst, habe sie gewußt, daß es sich nur um eine leichte Erkrankung handelte.

Jetzt aber sei ihr das Herz schwer. Sie ahne Böses; sie wähne ihre Tochter in großer Gefahr, doch könne sie ihr nicht helfen. Schon seit zweieinhalb Wochen laufe sie ratlos umher. Zum erstenmal in ihrem Leben sei sie auf dem Heimweg im Autobus eingeschlafen und drei Haltestellen zu spät ausgestiegen. Sie habe eine Bitte an mich, doch ich möge sie ihr nicht als Dreistigkeit auslegen: Am übernächsten Tag hielte ich mich wieder in der Schule auf. Vielleicht könne ich ihre Klassenlehrerin oder ihre Freundinnen fragen. Unter Umständen könnte mir auch der Hausmeister etwas sagen – manchmal seien selbst Hausmeister über solche Dinge im Bilde ...

Zwei Tage später, im Autobus nach Bne Braq, als ich die Last der Schlaflosigkeit und der quälenden Gedanken deutlich verspürte, wich meine Verblüffung und kam Zorn über mich: Was will diese bedauernswerte verrückte Frau von mir, die in allem ein Wunder sieht, die daherkommt und, ohne mich zu fragen, die Ruhe, in der ich lebe, zerstört, die mich mit einer List in ihre vertrackte Existenz verwickelt hat und mir Pflichten überträgt, die ich weder die Kraft habe noch willens bin zu erfüllen?

Doch als ich das Lehrerzimmer betrat, steuerte ich sofort auf das Klassenbuch zu, das an gewohnter Stelle lag. Ich überflog die Seiten und fand, was ich suchte; mein Herz pochte: Rivka war am Tag zuvor zurückgekehrt. Beinahe zwanghaft schielte ich während der gesamten Unterrichtsstunde zu ihr hinüber. Sie ist erschreckend blaß, sagte ich zu mir, indes ich beobachtete, wie sich meine Schülerin bemühte, meine Bewegungen nachzuahmen, wie sie ihren schwerfälligen Rücken voll Eifer und Hingabe beugte, hüpfend voranschritt, auf die Knie fiel und sich rasch erhob, um weiterzuhüpfen. Gleichzeitig spürte ich, wie mein Entschluß reifte, und ich wußte, daß ich nicht umkehren konnte. Als das Mädchen am Ende der Stunde aus der Reihe seiner Mitschülerinnen ausscherte, rief ich seinen Namen.

Sie blieb in einiger Entfernung stehen und schaute besorgt ihren Freundinnen hinterher. Während ich langsam auf sie zutrat, bezwang ich den Wunsch, die Hand auszustrecken und eine

Strähne, die an ihrer verschwitzten Stirn klebte, beiseite zu streichen.

»Du hast lange gefehlt.«

»Ich war krank«, sagte sie mit niedergeschlagenen Augen.

»Was hattest du?«

»Lungenentzündung«, sagte sie, indem sie einen Moment aufschaute und danach ihren Blick sogleich wieder respektvoll senkte.

»Bist du die ganze Zeit zu Hause gewesen?«

»Nur am ersten Tag. Danach war ich acht Tage im Krankenhaus und dann eine Woche bei einer Tante.«

»Und weshalb warst du nach dem Krankenhausaufenthalt nicht zu Hause?«

»Weil mein Vater auch krank war. Deshalb hat sich meine Tante um mich gekümmert.«

Im selben Moment erschien die Gestalt Malka Kohnsteins vor meinen Augen und baute sich vor mir auf: Sie trug ihren Feiertagsrock und die gestreifte Bluse, und ihr Gesicht war die erschrockene Grimasse, in die ich am Abend zuvor geblickt hatte. Ich flüsterte – später würde ich nicht wissen, ob ich tasächlich etwas gesagt oder nur den Klang der Wörter in meinem Herzen gehört hatte: »Ich soll dir Grüße ausrichten.«

Sie schaute mich an mit ihren wunderbar durchsichtigen hellblauen Augen und fragte: »Darf ich jetzt zur Klasse zurück? Die Klassenlehrerin hat gesagt, wir sollen uns umziehen.«

»Ja, natürlich«, sagte ich hastig. »Ich wollte nur wissen, ob du dich besser fühlst.«

»Ja, durch Gottes Hilfe«, antwortete sie und wartete mit gesenktem Blick gehorsam darauf, daß ich sie fortgehen ließ.

Malka Kohnstein kam an diesem Abend ungewöhnlich spät nach Hause. Als ich Lulik hupen hörte, der auf dem Gehsteig parkte, kritzelte ich auf ein Blatt, das ich aus meinem Heft riß: »Rivka ist seit gestern wieder in der Schule. Sie hatte eine Lungenentzündung. Jetzt ist sie wieder vollkommen gesund.« Ich heftete den Zettel mit einer Reißzwecke an die Tür ihres Zimmers, so, wie Schlomit und ich einander Neuigkeiten zu übermitteln pflegten.

In den folgenden Tagen machte ich eine Entdeckung, die mich gleichermaßen ärgerte und erstaunte: Die ganze Zeit über trug ich eine Last mit mir herum – die Mission, die mir von Malka Kohnstein erteilt worden war. Solange ich der Tochter nicht die Grüße der Mutter überbracht hätte, fände ich keine Ruhe. Wie ein Gelübde, das den, der es abgelegt hat, verfolgt und nicht mehr losläßt. Während der Stunden, die ich in der Schule in Bne Braq verbrachte, lenkte mich einzig dieser Gedanke. Ich traf frühzeitig ein – vielleicht würde ich dem Mädchen am Tor begegnen –, und in den Pausen lugte ich aus den schmalen Fenstern – vielleicht säße sie allein, und ich könnte schnell zu ihr gehen.

In den beiden darauffolgenden Wochen traf ich Malka Kohnstein zweimal; doch grüßten wir einander nur flüchtig, da Schlomit sich in meiner Nähe befand. Erst nach vierzehn Tagen ergab sich eine günstige Gelegenheit, mit Rivka zu sprechen. Am Ende einer Unterrichtsstunde blieb sie hinter ihren Freundinnen, die das Sportfeld verließen, zurück und hielt unmittelbar neben mir inne, um ihren Schuh vom Sand zu befreien. Diesmal, beschloß ich, wäre meine Stimme kräftig genug, um sich Gehör zu verschaffen.

»Ich möchte dir etwas sagen, Rivka.«

Sie hob ihren Kopf zu mir, ihre hellblauen Augen waren weit geöffnet, ihre Finger jedoch mit der Schnalle des Schuhs beschäftigt.

»Ich soll dir Grüße bestellen.«

»Grüße?« fragte sie und richtete sich auf.

»Ja.« Dies, so wußte ich, war der Augenblick, den Namen zu nennen und das Joch abzuwerfen, das mich seit vielen Tagen bedrückte. Aber ich dachte mit Sorge an die Dinge, die auf das Mädchen zukämen, jetzt und in den kommenden Jahren.

»Für mich?«

»Ja.«

»Von wem?«

»Von einer Frau.«

Sie erschrak. So sehr ich auch wünschte, ihr nicht wehzutun – ich konnte es ihr nicht ersparen. Die Angelegenheit bildete einen Teil ihrer Geschichte. Nicht ich hatte beschlossen, sie in das chaotische Leben anderer hineinzuziehen.

»Von einer Frau?«

»Ja. Von einer Frau, der sehr viel an dir liegt.«

»Wer ...?« deuteten ihre Lippen an.

»Eine Frau, die dich sehr lieb hat. Sie bat mich, dir das zu sagen. Für sie ist es sehr wichtig, daß du es weißt.«

»Nein«, flüsterte sie und schüttelte fast unmerklich den Kopf. Ihre Stimme wurde von der Klingel verschluckt, die dazu aufforderte, jetzt, am Ende der kleinen Pause, in die Klassen zurückzugehen. Ihr Körper schien der Macht der Gewohnheit zu gehorchen, als er sich leicht neigte, um sich umzudrehen und dem Aufruf der Klingel zu folgen, aber ihre Füße waren wie angewurzelt.

»Sie war vor fünf Jahren zum Fortgehen gezwungen. Sie wollte es nicht, aber sie hatte keine andere Wahl. Seit damals denkt sie ständig an dich.«

Die Klingel verstummte, und ein großes Getöse, das Geräusch unzähliger Schritte, erhob sich, als die Schülerinnen, die im Hof spielten und in den Gängen umherliefen, in ihre Klassen gingen. Rivka Kohnsteins Gesicht schien mit einemmal undurchdringlich, sie verschloß den Gurt ihres Schuhs und sagte: »Ich muß in meine Klasse zurück. Wir haben jetzt Pädagogik.«

Und als ich auf dem Heimweg wieder im Autobus saß und zornig nachsann über Malka Kohnsteins Lebenslauf, der sich mit meinem gewaltsam verquickte, kam mir ein neuer Verdacht: Vielleicht war Rivka gar nicht ihre Tochter. Vielleicht war die Frau, mit der ich wohnte, nicht die, die sie zu sein glaubte. Vielleicht hatte sie sich die ganze Geschichte nur im Wahn ausgedacht und in ihrer Einbildung die Tochter einer anderen Frau adoptiert. Aber bereits eine Haltestelle später verwarf ich diesen Gedanken – nannte doch die geheime Akte, die im Schwesternzimmer ruhte, ausdrücklich ihren Namen und ihren Beruf. Und deutete nicht das Schweigen, das den Fall umgab, auf seine Schrecklichkeit hin? War die Verwandtschaft beider nicht auch in das Gesicht des Mädchens geprägt – in Form dieser einzigartigen hellblauen Augen?

Die folgenden Tage brachten keine Neuerung, und sie lösten nicht die Spannung, die mich angesichts dessen, was uns bevorstand, erfüllte. Malka Kohnstein versuchte nicht, mich zu treffen und zu erfahren, ob ich die Mission, die sie mir auferlegt hatte, erfüllt hätte. Scheinbar hatte sie ihre Meinung geändert und bereute es, in einem Augenblick der Schwäche so offenherzig mir gegenüber gewesen zu sein. Und meine Schülerin Rivka warf mir kurze prüfende Blicke zu, schaute jedoch meist zu Boden. So stand während mehrerer Wochen alles still, schien der Lauf der Dinge blockiert.

Zwei Wochen nachdem ich mit Rivka gesprochen hatte, begann ich an meinem Verstand zu zweifeln. Waren die Dinge, die ich glaubte erlebt zu haben, wirklich geschehen? Und hatte ich meine Mission erfüllt? Ich erinnerte mich doch, die Worte gesprochen zu haben! Aber wenn sie nicht angekommen waren – zählte meine Tat dann?

An einem Samstagmorgen stand Luliks fünfzehnjährige Tochter vor unserer Wohnungstür. Einen Augenblick sahen wir einander verblüfft an. Dann klang ihre trockene, harte Stimme in meinen Ohren; sie sprach wie ihr Vater. Sie lehnte es ab, auf meine Einladung hin in die Wohnung zu treten. Statt dessen blieb sie vor der Wohnungstür stehen und sagte, sie komme im Auftrag ihrer Mutter, um mir klipp und klar zu verstehen zu geben, daß ihr Vater noch immer verheiratet sei. Ich solle ihn und seine Familie in Frieden lassen. Nur um den Preis all seines Geldes würde ihre Mutter ihn aufgeben – sagte sie, kehrte mir den Rücken und verschwand. Doch stellte ich im Laufe der darauffolgenden Stunde überrascht fest: Mehr noch als Lulik und seine Tochter beschäftigte Malka Kohnstein mein Denken.

Fünf Wochen danach geschah etwas Unerwartetes. Als ich an der Bushaltestelle stand, so wie ich es bereits unzählige Male getan hatte, und vergnügt die Geschäfte auf der anderen Straßenseite betrachtete, begann mein Herz zu rasen – noch ehe ich begriff, was ich sah: Über einem der Läden hing ein Schild, auf dessen verrußtem Grund die Buchstaben kaum zu erkennen waren; nur mit Mühe las ich: *Kunsthandwerk*, und darunter, in kleineren, aber wegen ihrer hellen Farbe gut lesbaren Lettern: *Pessach Kohnstein*. Ich spähte hinüber, und es gelang mir, im Schaufenster ein paar dunkle Gegenstände zu erkennen.

Blindlings überquerte ich die Fahrbahn und näherte mich dem Laden. Die Fensterscheibe war von innen staubiger als zur Straße hin. An der Außenseite waren kleine geputzte Flächen zu erkennen, dort, wo Passanten stehengeblieben waren und mit ihren Händen über die Scheibe gewischt hatten, um die Ausstellungsstücke besser sehen zu können; innen jedoch hatten weißliche Flocken zarte Kokons gebildet, und oben, zum Rahmen hin, umschlossen Staubweben ein schmutziges, zerschlissenes Stück Stoff. Jenseits der Glasscheibe standen Chanukkaleuchter, siebenarmige Leuchter und Leuchter für den Sabbat, kleine und mittelgroße goldene Tabletts, Mesusot, Serviettenständer, Salzstreuer und Zuckerdosen, silberne Teeglashalter, kleine Behälter für duftende Kräuter, Schmuck und schöne Flakons – alles schien nachlässig, wie zufällig hingestellt und fügte sich zu einem reizlosen Durcheinander.

Es zog mich hinein. Im Innern herrschte ein Geruch von Staub, wie in einem verlassenen Haus. Auf langen Borden, die entlang der Wände verliefen, standen, als seien sie versehentlich dorthin geraten, Gegenstände von der gleichen Art wie jene im Fenster. Ich hob meinen Blick zu den oberen Borden, die weniger beladen waren. Die Ränder des Holzes waren weiß vom Staub. Dem Eingang gegenüber, hinter einer Verkaufstheke, stand ein Holzschrank, der früher gewiß prachtvoll ausgesehen hatte und hinter dessen in Schienen verschiebbaren Glastüren sich glänzende Silbergefäße befanden. Offenbar wurden hier die schönsten und kostbarsten Stücke aufbewahrt.

Aus dem Hintergrund, aus einem Raum, der als Werkstatt

oder Lager zu dienen schien, war das Klingeln von Metall und das Scheuern von Arbeitsgeräten zu hören. Kurz nachdem ich den Laden betreten hatte, erschien aus der dämmrigen Öffnung des Hinterzimmers ein greisenhafter junger Mann, der auf der anderen Seite der Theke mir zugewandt stehenblieb. Das war er – ich wußte es. Während ich mich im Laden umschaute, musterte ich ihn aus dem Augenwinkel: rundliche Gesichtszüge, die von einer Brille mit runden Gläsern betont wurden; ein breiter, leicht abgeflachter Schädel, der von einem über der Stirn thronenden Käppchen bedeckt war; aufgerissene dunkle Lippen, die einem geschminkten Frauenmund ähnelten. Mein Herz pochte in einem ungewohnten Rhythmus. Etwas in mir wollte sagen: »Über dich ist mir einiges bekannt« – wollte das Ersticken, das meine Stimme gefangenhielt, fortnehmen. Würde er vor meinen Augen in Tränen ausbrechen, würden sich seine schönen Lippen verzerren und seiner Kehle furchtbare Laute entrinnen – Laute wie jene, die seine Frau von sich gegeben hatte, als sie am Fenster stand, die brennenden Kerzen in ihrem Rücken und ihr gegenüber die spielenden Kinder? Aus dem Augenwinkel erkannte ich die Mischung aus Kindlichem und Greisenhaftem, die diesem Mann eigen war. Eine Spur von Unschuld und Mattheit.

Lange stand er bewegungslos, als wolle er mich nicht stören, und wartete, daß mein Blick die Borde entlanggewandert wäre und die schönen Gefäße in dem verschlossenen Schrank taxierte.

»Ist das alles aus Silber?« fragte ich, nachdem einige Zeit vergangen war und es mir angebracht schien, das Schweigen zu brechen. Eine andere Frage fiel mir nicht ein.

»Nein«, antwortete er geduldig. Seine Stimme überraschte mich: Sie klang melodisch und sonor wie die eines Rundfunksprechers. »Manche Stücke sind nur versilbert, die meisten aus Kupfer.«

»Und Sie – ?« sagte ich und wandte aus Verlegenheit über die Fragen, die in meiner Kehle warteten, meinen Blick von ihm ab, »sind Sie der Besitzer des Ladens?«

»Ja.«

»Pessach Kohnstein?«

»Ja.« Verwunderung klang in seiner Stimme, als er mich seinen Namen aussprechen hörte.

Mein Herz fing so heftig zu schlagen an, daß es mir den Atem benahm – als hämmere es gegen die Wand meines Körpers. Wie durch das Stethoskop eines Arztes vernahmen meine Ohren die Erschütterung. Ich dachte: Nicht einmal in Augenblicken der Furcht oder beim Liebesakt mit Lulik oder einem anderen Mann hat mein Herz je so heftig geschlagen. Und als wollte ich das Zappeln meines Körpers zum Schweigen bringen, verlangte ich mit zu lauter Stimme, ein Leuchterpaar zu betrachten, das im Regal neben ihm stand. Er drehte sich zur Seite und nahm die Leuchter von ihrem Platz, pustete, um sie vom Staub zu befreien, und stellte sie vor mich auf die Verkaufstheke. Weinranken wanden sich um ihren Fuß und kletterten hinauf zu den Kerzenhaltern. Ich erinnerte mich, daß ich auch in Malka Kohnsteins Zimmer mit Weinranken verzierte Leuchter gesehen hatte. Ich drehte sie, einen in jeder Hand haltend, und sagte: »Die hier sind hübsch.«

»... und gar nicht teuer«, fügte er hinzu. »Es ist das letzte Paar. Es steht schon seit mehreren Jahren hier. In diesem Fall kann ich einen kräftigen Preisnachlaß gewähren.«

Ich stellte die Leuchter auf die Verkaufstheke zurück und drehte sie von neuem, wobei ich diesmal die Kerzenhalter umfaßte. Er erwartete, daß ich um den Preis feilschen würde, und es tat mir leid, ihn zu einer Minderung des Betrages zu zwingen, da ich vortäuschte, jemand zu sein, der ich nicht war, und ihm unnötig Umstände bereitete.

Ich nahm allen Mut zusammen und sagte zu ihm: »Ich will ehrlich sein: Die Leuchter sind schön, aber ... wie soll ich es ausdrücken ... nicht ihretwegen bin ich in den Laden gekommen.«

»So geht es vielen Leuten«, sagte er sanft, als tröste er mich über die bösen Worte hinweg, die jemand zu mir gesagt hatte. »Man tritt ein, um etwas zu kaufen, und geht mit etwas anderem wieder hinaus.«

»Nein«, entgegnete ich – seine Höflichkeit machte es mir schwer –, »ich bin nicht gekommen, um etwas zu kaufen.«

»Nicht?« sagte er verwundert.

»Ich bin wegen Ihres Namens hier, der oben auf dem Schild steht.«

»Ja?« sagte er gedehnt, als versuche er zu verstehen.

»Ich kenne jemanden mit diesem Namen.«

»Gewiß«, sagte er erfreut, mir helfen zu können. »Sie suchen Familie Kohnstein? In Bne Braq gibt es noch drei Familien mit diesem Namen – mein Bruder und zwei Cousins. Und wir haben auch in Jerusalem Verwandte – «

»Die Person, die ich kenne, wohnt weder in Bne Braq noch in Jerusalem«, sagte ich, um ihm einen Hinweis zu geben.

Sein Gesicht wurde ernst. »Weder in Bne Braq noch in Jerusalem ... Vielleicht in Brooklyn?«

Da ich ihn nur verwirrte, beschloß ich, das Spiel augenblicklich zu beenden: »Ich spreche von Malka.«

Er wurde kreidebleich. Er ließ den Kopf sinken, so daß seine Brille verrutschte. Mit einer Hand hielt er sich an der Verkaufstheke fest, mit der anderen rückte er die Brille zurecht. Sekundenlang stand er regungslos, dann richtete er seinen Blick auf die Leuchter und sagte: »Zwölf Dollar. Das ist nicht zuviel verlangt.«

*

Als wir uns zu Purim unter lautem Gejuchze in Luliks Cabriolet zwängten und auf der Fahrt zum Maskenball erste Regentropfen aus unseren Gesichtern wischten, wandte sich Ilan, der auf dem Beifahrersitz saß, mit einemmal um und sagte zu uns: »Hört zu, ich habe eine brandheiße Nachricht für euch. Ihr werdet sie mir nicht glauben!«

»Dann spar dir die Mühe und erzähl sie uns nicht«, gab Schlomit zurück, indem sie ihren spitzen Hexenhut vor dem Regen zu schützen suchte.

»Noch einmal von vorn – Korrektur: Am Ende werdet ihr's glauben. Nur am Anfang wird es euch schwerfallen. Ihr werdet mir glauben, denn ihr habt keine andere Wahl – es steht schwarz auf weiß in der Zeitung. Als ich gestern an einem Artikel arbeitete – «

»Tu mir einen Gefallen«, rief Schlomit und hielt sich ein Ohr zu, während sich ihre andere Hand unter meinen Gräfinnenhut schob und auf mein Ohr legte, »wir wollen nichts davon hören! Laß uns uns amüsieren. Es interessiert uns nicht zu erfahren, wie du die Leiche entdeckt hast.«

»Darum handelt es sich überhaupt nicht«, sagte Ilan und langte nach ihren Händen, um sie von unseren Ohren wegzuziehen. »Hört zu: Gestern arbeitete ich an einem Artikel. Ich saß im Archiv. Und plötzlich stieß ich auf etwas.«

»Sehr lustig!« sagte Schlomit und befreite ihre Hände aus seinem Griff. »Diesen Trick kennen wir schon. Du bist dem Hund von Michael, der im Archiv arbeitet, auf den Schwanz getreten.«

»Du nimmst mich nicht ernst, meine schöne Hexe. Es handelt sich um eure orthodoxe Mitbewohnerin.«

Malka Kohnstein schien in den vergangenen zwei Monaten aus meinem Leben verschwunden. Offenbar hatte ich sie über meinen eigenen Problemen, die vor allem in Luliks vor Gericht ausgetragenem, nicht enden wollendem Scheidungskrieg bestanden, völlig vergessen. Guten Gewissens beruhigte ich mich, indem ich mir sagte: Die Mission, die sie mir auferlegt hat, habe ich erfüllt. Ich habe ihrer Tochter die Grüße übermittelt und bin, ohne daß es von mir verlangt worden wäre, auch zu ihrem Mann gegangen. Sollen sie jetzt tun, was sie wollen. Im Moment scheint jeder davor zurückzuschrecken, den ersten Schritt zu unternehmen: Malka Kohnstein ignoriert mich, als wäre jene Nacht nur ein Traum; ihre Tochter wirft mir heimlich Blicke zu, sagt jedoch nichts; und ihr Mann senkt den Preis, wenn ich den Namen seiner Frau erwähne ... In rebellischem Ton sagte ich zu mir: Durch das Labyrinth dieses Lebens, das nicht meins ist und an dem mir alles seltsam erscheint, bin ich hindurch. Von nun an betrachte ich mich als freien Menschen!

»Was hast du herausgefunden?« fragte Schlomit.

»Erinnert ihr euch an den Vorfall, den sie erwähnte, und wie wir uns fragten, was sie gemeint hatte?«

Ich schaute Schlomit in der Dunkelheit vorwurfsvoll an. In einem Augenblick der Schwäche hatte ich ihr flüsternd von jener Nacht berichtet; doch bereits wenige Augenblicke später hatte ich es schon bereut, so daß ich sie schwören ließ, niemandem davon zu erzählen. Jetzt streckte sie ihren Hals und wandte sich, meinen wütenden Blick ignorierend, von mir ab.

»Ja, und?« sagte sie.

»Wißt ihr, worum es sich handelte?«

»Worum?« fragte sie desinterressiert.

»Selbst wenn ihr hundert Antworten frei hättet – ihr würdet nicht darauf kommen!«

»Wir haben keine Lust auf dein Ratespiel. Erzähl selbst, worum es sich handelt.«

Er versuchte sich in seinem Sitz zu mir umzudrehen und sagte lachend, indem er mir in die Augen sah: »Um Vergewaltigung!«

Lulik reagierte zuerst: »Hör auf mit dem Blödsinn!«

»Ich schwör's dir, sie ist vergewaltigt worden!« sagte er kaugummikauend an Lulik gewandt. »Ich bin fast hundert Prozent sicher, daß es um *sie* geht. Es geschah vor vier oder fünf Jahren. Eine Studentin der sozialpädagogischen Fakultät wurde auf dem Feld hinter der Universität vergewaltigt. Es war spät abends. Sie überquerte das Feld in Richtung der Bushaltestelle. Ich bin bereit, euch den Artikel zu fotokopieren. Er enthält noch andere Details, an die ich mich im Moment nicht erinnere.«

Etwas, das ich glaubte hinter mir gelassen zu haben, kehrte zu mir zurück und versetzte mir einen mächtigen Schlag. Ich war sofort überzeugt: Die Meldung bezog sich auf Malka Kohnstein. Wie war es möglich, daß ich nicht selbst darauf gekommen war? Tatsächlich hatte sie mir alle Anhaltspunkte gegeben, nur jenes Wort hatte sie nicht genannt.

Und plötzlich, als würde ich um Jahre zurückversetzt, sah ich uns am letzten Schultag der sechsten Klasse, fünf Mädchen mit

Zeugnissen in der Hand auf dem Weg zu Nurits neuem Heim, wo wir uns einfinden wollten, um den Garten zu schmücken und das Büffet für die Schuljahresschlußparty vorzubereiten. Wir überquerten ein Feld, das früher dem Melonenanbau gedient hatte und brachlag, seit es mehrere Jahre zuvor verkauft worden war. Während wir lachend das freie Gelände durchschritten, bemerkten wir, daß drei Jungen uns folgten. Der Abstand zwischen ihnen und uns verringerte sich, bis sie sich in Hörweite befanden und uns zuriefen, sie wollten unsere Ausweise sehen. Zuerst lachten wir. In einem von ihnen erkannten wir den Freund von Boas, einem Jungen aus unserer Klasse. Niza übernahm die Rolle unserer Wortführerin und machte einen Scherz über die Ausweise der Jungen. Das Lachen eines Jungen klang tiefer als das der anderen, als er rief: »Meinen Ausweis will ich euch gerne zeigen!« – »Wo hast du ihn?« fragte Niza. – »Ich trage ihn immer bei mir«, rief er zurück und legte unter dem Gelächter seiner Freunde die Hände auf seinen Hosengürtel. Unterdessen schrumpfte der Abstand zwischen ihnen und uns, kurz darauf waren sie nur noch wenige Schritte entfernt. Als wir uns umschauten, stellten wir fest, daß der Junge älter als seine Freunde war, und wir erschraken. Der jüngste von ihnen warf einen Stein nach meiner besten Freundin Jael; sie kreischte auf und begann zu laufen. In Sekundenschnelle liefen wir ihr hinterher, die Jungen in unserem Gefolge. Jael und ich waren schneller als die anderen Mädchen. Hinter uns hörten wir Nurit vor Angst schreien. Meine Beine trugen mich dank einer Kraft, die nicht meine war. Das weite offene Gelände, die Eichenreihen, die es in der Ferne begrenzten, und die Häuserdächer dahinter verschwammen vor meinen Augen, so als flöge ich mit großer Geschwindigkeit. Die Luft war erfüllt vom Staub, den die stampfenden Füße aufwirbelten, und meine Kehle und meine Nasenlöcher waren voll feiner Körnchen. Ich drohte zu ersticken, doch lief ich weiter, bis ich endgültig keine Luft mehr bekam und ins Stolpern geriet. Keuchend vor Schmerz und vor Furcht wurde ich langsamer, dann blieb ich stehen. In dem undeutlichen Bild um mich her sah ich meine Freundinnen schreiend davonlaufen. Plötzlich wurde ich vornüber gestoßen, und ein schwerer Körper preßte mich auf den Boden. Ich rang nach Luft, hob den Kopf seitwärts aus dem Sand, der in alle Poren meines Gesichts drang. Ich krächzte und hustete, und feine Staubwolken stieben auf und sickerten in meine Augen. Ich spürte, wie Hände meine Arme umfaßten und meine Hüften umklammert hielten. Und während ich mich unter dem festen Griff hin und her wand, hörte ich, wie sich die Stimmen meiner Freundinnen entfernten, aber ich war unfähig, irgendein Körperglied zu bewegen. Ein schweres Gewicht drückte meine Beine in den weichen Sand und bremste jeden meiner Versuche. Noch viele Jahre nachdem mir erklärt worden war, der Arzt, der mich untersucht hatte, habe festgestellt, daß mein Körper unversehrt sei, konnte ich mich an alle Einzelheiten des Vorfalls erinnern. Selbst als meine Mutter mich zu einem Sportverein schickte, wo ich lernen sollte, mich zu verteidigen, und mich als begabte Schülerin erwies – ja sogar als ich Landesmeisterin im Hürdenlauf war, übermannte mich oft ein plötzlich auftretendes Gefühl der Hilflosigkeit: Und wieder war ich das Mädchen in dem neuen weißen Faltenrock, das ohnmächtig dalag, den Mund im trockenen Sand, und über sich das Gewicht von zwei schwitzenden Jungenkörpern spürte; ihr lautes Atmen war mir als das Todesröcheln eines Hundes in Erinnerung geblieben, der vor unserem Grundstück überfahren worden war und auf dem Gehsteig verendete, mit der Schnauze in dem Wassernapf, den ich ihm hingestellt hatte. Und während ich an diesen Augenblick dachte, der stets mit der gleichen schmerzhaften Präzision in meiner Erinnerung erschien, hörte ich Schlomit fragen: »Wurde der Täter gefaßt?«

»Er ist ein paar Monate später rein zufällig geschnappt worden. Irgendein Araberjunge vom Reinigungsdienst der Universität – er bewachte nachts das Gelände der medizinischen Fakultät, die sich damals im Bau befand. Er wurde für achtzehn Jahre ins Gefängnis gesteckt.«

»Stand ihr Name in der Zeitung?«

»Die Namen von vergewaltigten Frauen werden von der Presse nicht abgedruckt.«

»Was läßt dich dann glauben, daß sie es war?«

»The inches«, sagte Ilan und schnippte mit den Fingern. »Es gab auch einen Hinweis, der besagte, daß es sich um eine Orthodoxe handelte. Sie schrieben, sie wohne in Bne Braq, sei verheiratet und habe Kinder. Wegen des Verheiratetseins und der Kinder war ich nicht sicher, ob wirklich sie gemeint war, aber manchmal werden Kleinigkeiten verändert, um die Identität der Frau zu vertuschen.«

Während der Party, die ich verließ, als ich das Gelächter der sich allmählich betrinkenden Gäste nicht mehr ertrug, inmitten der Konfetti, die in feinen Kaskaden von der Decke herabrieselten und das Haar und die Kleidung der Leute mit Punkten übersäten, im sanften Licht der gleichsam schwebenden Japanlampions beschritt ich mit Malka Kohnstein den letzten Weg, den sie in jenem früheren Lebensabschnitt zurückgelegt hatte: die ersten, furchtlosen Schritte, dann der panische Schrecken, die Flucht, die Gefangennahme, der Fall, die Berührung der Erde, die verbrecherischen Hände, der Schweißgeruch, das Zappeln und der Versuch, sich zu erheben aus dem mit dem Erdboden vereinigten Körper.

»Sei fröhlich, Mädchen! Schließlich ist nicht jeden Tag Purim!« rief Ilan zwischen den blinkenden Lichtern hindurch, die Blut und Eis über den Saal schütteten. »Weshalb machst du so ein Gesicht?«

»Deinetwegen«, antwortete ich ernst, und zu Lulik sagte ich: »Ich geh fort von hier.«

*

Wenige Tage nach dem Fest blieb Rivka Kohnstein am Ende meiner Unterrichtsstunde in der vierten Klasse hinter ihren Freundinnen, die sich entfernten, zurück und kam zu mir gelaufen. Aus der Brusttasche ihrer Schuluniform, auf die ein Buch und eine brennende Fackel gestickt waren, zog sie ein gefaltetes Blatt, hielt es mir hin und sagte zögernd: »Wenn es nicht zu schwierig ist, geben Sie das bitte der Frau ...« Dann lief sie davon, um ihre Freundinnen einzuholen. Das Blatt brannte in meinen Fingern. Am liebsten hätte ich es aufgeschlagen, um herauszufinden, was Rivka Kohnstein an Malka Kohnstein schrieb und was ihr über ihre Beziehungen zueinander bekannt war. Dies war die Lösung des Rätsels, das mir seit so langer Zeit schon die Ruhe raubte. Nur ein Blick, und ich wüßte Bescheid. Doch ich steckte das Blatt zwischen die Seiten meines Notizbuches. Während des ganzen Heimwegs spürte ich die Anwesenheit des Blattes in meiner Tasche, doch beherrschte ich mich. In der Wohnung befestigte ich es mit einer Heftzwecke an Malka Kohnsteins Zimmertür und fühlte, wie mir leichter ums Herz wurde: Bald wäre die Mission vollbracht, und ich wäre frei.

In den folgenden Wochen wurde es zur Gewohnheit: Am Ende meines Unterrichts in der vierten Klasse verlangsamte Rivka Kohnstein ihren Schritt, so daß sie allein zurückblieb; dann näherte sie sich mir, zog das hinter der Darstellung des Buches und der Fackel verborgene Blatt hervor, überantwortete es mir – jetzt bereits wortlos – und lief davon. Bei meiner Heimkehr aus Bne Braq nahm ich es aus meinem Notizbuch und hängte es an Malka Kohnsteins Zimmertür. Einmal glaubte ich rote Linien zu erkennen, die durch die Rückseite durchschimmerten; ich nahm an, das Blatt enthalte eine Zeichnung oder große, besonders dick aufgetragene Buchstaben. Malka Kohnstein sah ich in dieser Zeit kein einziges Mal. Die Blätter, die ich an ihrer Zimmertür feststeckte, waren stets am darauffolgenden Tag verschwunden; nur die Heftzwecke ließ sie gewissenhaft am gewohnten Ort, um mir keine Umstände zu bereiten. Auf den Briefumschlag, in den sie am ersten Tag des Monats die Miete hineinsteckte, schrieb sie mit einem Bleistift: »Vielen, vielen Dank.«

In der letzten Unterrichtsstunde vor Pessach verabschiedete ich mich von meinen Schülerinnen und wünschte ihnen angenehme Tage, wie ich es stets vor den Ferien tat. Und wie immer kam Rivka Kohnstein am Ende der Stunde zu mir, um mir ein

Blatt zu überreichen. Diesmal aber wandte sie sich nicht von mir ab. Einen langen Augenblick stand sie da und sah zu, wie ich das Blatt in mein Notizbuch legte.

»Ich wollte fragen ...«, sagte sie im Flüsterton, »ob meine Bilder ... ankommen.«

»Sie werden dankbar entgegengenommen«, sagte ich, mich an die Worte auf dem Umschlag erinnernd.

»Außerdem wollte ich ... Ihnen danke sagen und schöne Ferien.« Ohne meine Antwort abzuwarten, drehte sie sich um und lief fort.

Als ich eine Stunde später an der Bushaltestelle stand, betrachtete ich das staubbedeckte Schild über dem Geschäft Pessach Kohnsteins, so wie ich es seit dem Tag, an dem ich über die Schwelle des Ladens getreten war, stets betrachtete. Um ihm die peinliche Situation einer erneuten Begegnung zu ersparen, war ich seit damals nie mehr zu ihm hineingegangen. Jetzt aber, da ich wußte, daß ich in den folgenden drei Wochen nicht hierherkommen würde, überquerte ich die Fahrbahn von neuem und hielt vor dem Schaufenster inne. Die Ausstellungsstücke standen an derselben Stelle wie mehrere Wochen zuvor, nur hatte sich auf den Leuchtern, die sich in der Nähe der Tür befanden, noch mehr Staub angesammelt und dehnten sich kahle Flächen dort, wo einzelne Stücke, offenbar zum Verkauf, entnommen worden waren. Pessach Kohnstein stand in seinem düsteren Laden, und ich glaubte zu erkennen, daß er ein Stück Draht mit einer Goldschmiedezange kräuselte. Er hob seinen Kopf und blickte gleichgültig aus dem Fenster. Doch plötzlich legte er die Gegenstände, mit denen er beschäftigt war, auf die Theke und kam zu mir herausgelaufen. Sein Gesicht war feuerrot, und er biß sich in seine zitternde Unterlippe. Während ich ihn begrüßte, bedauerte ich, daß ich hierher gekommen war und ihn in Aufruhr versetzte.

»Bitte sehr, gnädige Frau, bitte – «. Er näherte sich mir, nahm meine Hände und zog mich mit einer Geste, die mich willkommen hieß, in den Laden; danach begab er sich wieder hinter die Theke.

»Ich habe gedacht: Vielleicht, wenn der Herr es so will, wird sie noch einmal hierherkommen. Ich ... ich hatte nicht einmal für ... für die Grüße gedankt. Ich war verwirrt, völlig verwirrt, und verstand nicht sogleich. Später tat es mir sehr leid ... sehr, sehr leid. Aber Sie waren fort, noch ehe ich begriff, was geschehen war. Später hat mir Rivkale alles erzählt. Und es tat mir leid, daß ich nicht danke gesagt und den Gruß ... den Gruß nicht erwidert hatte ... Als Rivkale mir dann alles erzählte, habe ich gedacht: Das war eine Botschaft des Himmels ... und ich, ich habe nicht einmal danke – «

»Das macht nichts«, sagte ich, um ihm in seiner Not zu helfen.

Er aber fuhr fort, den Kopf zu schütteln und sich die Hände zu reiben, die mehr noch als alle Worte vom Sturm in seinem Innern kündeten. »Rivkale ist seitdem ... so aufgeregt. Gestern sagte sie zu mir, sie hätte die ganze Zeit gewartet, daß es geschehe. Wissen Sie, Kinder ... Kinder fühlen alles ... Und sie können es nicht verbergen ... Die ganze Zeit malt sie und spricht. Noch nie hat sie soviel gesprochen, nie war sie so aufgeregt. Sie ist ein ruhiges Kind, ein gutes Kind, Rivkale ... sie – «

Ich hörte, wie die Tränen die Worte in seiner Kehle erstickten. Mit Verwunderung stellte ich fest, daß mich seine Erregung an einem tief in mir ruhenden Punkt traf, bis zu dem nur wenige Menschen vordringen. Ich hatte seit Jahren nicht mehr geweint – jetzt standen mir Tränen in den Augen. Ich senkte den Blick, um mir meine Erregung nicht anmerken zu lassen. Und in meiner Verwirrung tat ich etwas, wovor ich mich bis dahin gehütet hatte: Ich holte das Notizbuch aus meiner Tasche, blätterte darin, bis ich das Blatt fand, breitete die Zeichnung von Rivka Kohnstein auf der Verkaufstheke aus und strich die zerknitterten Ecken glatt.

Auf dem Blatt stand in leeren Weiten ein Haus mit einem großen Fenster, das nahe am Dach angebracht und von einer einem umgedrehten Teller ähnelnden Lampe in goldenes Licht getaucht war. Die Mauern des Hauses waren ein wenig gekrümmt, als neigten sie sich zur Erde: Oben, an der Grundlinie des dreieckigen Daches, dessen First übertrieben hoch aufragte, waren sie weiter voneinander entfernt als unten am Boden. Die Tür des Hauses war länglich und schmal; auch durch sie fiel wie durch durchsichtigen Stoff das goldene Licht der Lampe.

Er nahm das Bild und hielt es mit beiden Händen. Seine Stimme klang liebevoll und war frei von Tränen, als er sagte: »Seit wir miteinander gesprochen haben, malt Rivkale den ganzen Tag immer nur Häuser. Gerade gestern sagten wir noch im Scherz, sie würde vielleicht einmal Bauingenieurin. Jedes neue Haus, das sie malt, ist schöner und höher als das vorhergehende.« Zärtlich strich er mit seiner Hand übers Blatt. Ein Farbfleck an seinem Daumen, offenbar ein Tintenspritzer von dem Füllfederhalter, der in seine Bestandteile zerlegt auf der Verkaufstheke lag, verursachte am Rand des Blattes eine feine tiefviolette Linie. Er betrachtete die Farbe und wurde blaß im Gesicht. Dann beugte er sich vornüber und versuchte sie mit dem Finger zu entfernen. Doch das Violett verwischte sich zu einem Fleck, der unter dem reibenden Finger größer und größer wurde. Von panischem Schrecken erfaßt nahm er das Blatt in die Hand; er sah aus wie ein Mensch, der miterlebt, wie großes Unheil geschieht, und nicht imstande ist, es zu stoppen. Unterdessen hatte das Blatt die Tinte aufgesogen, so daß ein großer sechseckiger Fleck am Eingang des Hauses stand.

»Ich habe die Zeichnung verdorben«, rief er klagend, »Rivkales schönste Zeichnung – «

»Man sieht es überhaupt nicht«, sagte ich und versuchte ihm das Blatt aus den Händen zu ziehen. Doch er hielt es fest und wich ein wenig zurück.

»Könnten wir den Fleck nicht herausschneiden?« fragte er verzweifelt, während sein Blick auf das befleckte Blatt geheftet war.

»Nein. Bitte nicht. Rivka hat lange daran gearbeitet.«

»Ja, gewiß, sie hat sich große Mühe gegeben«, sagte er, ohne von der Zeichnung aufzuschauen. »Aber jetzt ist sie nichts mehr wert. Ich habe alles verdorben. Es ist nicht mehr das, was die Kleine wollte. Vielleicht denkt ihre ... ihre Mutter, das Papier wäre schmutzig gewesen.«

»Nein, das macht nichts«, sagte ich, bemüht, entschlossen zu klingen. »Das Wichtigste ist das Haus. Der Fleck ist ja ganz am Rand. Er fällt gar nicht auf, und das Ganze ist auch nicht schlimm.«

Er zögerte und kaute aus Kummer auf seinen Lippen. »Was für eine Geschichte! Was für ein Unheil! Vielleicht sollten wir ihn doch herausschneiden. Sehen Sie, so – und das Haus bleibt. Nur hier – «

»Nein«, protestierte ich, und endlich gelang es mir, ihm das Blatt aus den Händen zu ziehen. »Das stört kein bißchen. Es verleiht dem Bild sogar etwas Besonderes.«

Nachdem ich mich vergewissert hatte, daß der Fleck getrocknet war, faltete ich das Blatt den Knickstellen entsprechend und legte es erneut zwischen die Seiten meines Notizbuchs. Er indes stand da und verfolgte mit sehnsüchtigem Blick, als sei ihm etwas Wertvolles genommen, wie meine Hände die Zeichnung verschwinden ließen.

»Wenn«, sagte er, als wir uns voneinander verabschiedet hatten und ich mich bereits an der Tür befand, »wenn Rivkales Mutter fragen sollte, könnte man sagen, es sei eine Wiese?«

»Gut«, entgegnete ich und versuchte freundlich zu klingen. Auf dem Heimweg aber sagte ich zu mir: »Eine Wiese! Eine violette Wiese! Was für eine verrückte Idee. Eine sechseckige violette Wiese. Anscheinend hat dieser Mensch keine Ahnung, wie eine Wiese aussieht!«

*

Am folgenden Tag sollte ich zu meinen Eltern fahren, um die Pessachferien bei ihnen zu verbringen. Als ich um Mitternacht von einem Treffen mit Lulik heimkehrte, von dem ich nicht wußte, daß es das letzte gewesen war, brannte noch Licht in dem Zimmer am Ende des Flurs. Malka Kohnstein, die mich offenbar ungeduldig erwartet hatte, kam auf mich zu, und ihr Gesicht strahlte.

»Gute Nachrichten?« fragte ich und dachte an das Bild mit dem Fleck, das ich an jenem Tag an ihrer Tür befestigt hatte.

Sie machte eine Geste, derjenigen gleich, die wenige Stunden zuvor ihr Mann, in der Eingangstür seines Geschäfts stehend, gemacht hatte. Während ich ihr in ihr Zimmer folgte, dachte ich beschämt an meinen letzten Besuch bei ihr. Sie wartete, bis ich eingetreten war, dann deutete sie auf die Wand. Eine Reihe von Zeichnungen – all die Blätter, die Rivka Kohnstein mir übergeben hatte –, waren mit durchsichtigem Klebestreifen an der weißen Mauer befestigt, und im Mittelpunkt jedes Bildes sah ich das Kreuz, das vom Knicken herrührte. Die Häuser streckten sich in die Höhe, die Wände wurden enger und enger, und von Bild zu Bild war das Fenster dem Himmel näher und wirkte das Dach immer mächtiger. Am Ende der Reihe stand, größer und trutziger als alle anderen Häuser, jenes, an dessen Seite der sechseckige Fleck war.

»Sehr gute Nachrichten. Sehr, sehr gute«, sagte Malka Kohnstein in einem wundersam singenden Ton, wie ein Mensch, der aus einem lichten Traum spricht. »Und dies alles dank deiner Hilfe. Ja doch. Alles dank deiner Hilfe. Verstehst du jetzt, daß alles ein Wunder ist?« fragte sie und führte ihren Zeigefinger zur Dachspitze des letzten Hauses. »Ich habe heute bei der Arbeit einen Anruf aus Amerika erhalten. Die Rabbinerin wird hierher kommen, sie hat einen Weg gefunden. Sieh her. Dies sind Zeichen. Der Heilige, er sei gepriesen, sendet uns Zeichen. Man muß sie nur zu deuten verstehen.« Sie hielt einen Augenblick inne und sah mich lachend an. Ihr Lachen war das eines Kindes, ihr ganzes Gesicht schien erleuchtet. Nie zuvor, überlegte ich, hatte ich sie lachen gesehen.

»Du denkst, das sei Aberglaube, nicht wahr? Du fragst dich sicher: Wie kann ein Mädchen mit einem Universitätsabschluß an so einen Unsinn glauben? Aber es liegt auf der Hand. Auch überaus kluge Menschen glauben daran. Schau diesen Leuchter an. Er ist ein Zeichen, das besagt: Alles wird gut. Und das bevorstehende Fest, Pessach, es ist das Fest der Befreiung und trägt denselben

Namen wie Rivkales Vater – auch das ist kein Zufall. Sieh hier, wie hoch das Haus ist und wie groß und offen das Fenster, dem Himmel so nahe wie möglich. Eine ganze Wissenschaft gründet sich auf diese Zeichen, das ist mehr als ein Aberglaube.«

Und dann deutete sie auf den unteren Rand des letzten Bildes, strich mit ihrem kleinen Finger behutsam, beinahe zärtlich, über den violetten Tintenfleck und sagte: »Sieh nur, welche Zuversicht! Zuversicht deutet stets in die Zukunft. Manchmal fühlt man die Dinge, bevor sie geschehen. Kinder fühlen sie stärker als Erwachsene, das ist bekannt. Und hier, siehst du? Schau, wie schön – Rivkale malt schon Wiesen.«

Sonja Moskat

Seit vielen Jahren schon ist es in den langtagigen Sommermonaten jeden Morgen das gleiche: Wie ein Messer bohrt sich der Strahl der aufgehenden Sonne in Albert Moskats Augen. So sehr er seinen Kopf auch wendet und seine Pupillen zu schützen sucht, selbst wenn er sein Gesicht ins Kissen drückt oder mit den Füßen am oberen Ende des Bettes liegt – die steigende Glut holt ihn ein, als sei es ein vergnügliches Spiel für sie, ihn zu finden. Läßt er die Rolläden herunter, ehe er zu Bett geht, so erwacht er bei Anbruch des Tages und hält seine krampfende Gurgel umklammert wie ein Mensch, der im Begriff ist zu ersticken. Läßt er aber die Lamellen der Jalousie einen Spaltbreit geöffnet, trifft ein Streifen vom ersten Licht seine Lider und vertreibt seinen Schlaf. In beiden Fällen ist er verdammt, sich früh zu erheben und in einen langen, von Visionen erfüllten Tag zu treten, am Fenster zu stehen, das auf das Brennesselfeld hinausgeht, und die Gestalt Sonjas zu betrachten, die vom Meer her über das Land schreitet: Ihr Gesicht strahlend weiß in der mächtigen, ihren Kopf umwehenden Haarwolke, ihre langen Kleider flatternd wie Segel, hält sie mit beiden Armen den breiten Weidenkorb und trägt ihn behutsam, als wär's ein zu groß geratener Säugling.

Wenn er aus seinem nächtlichen Traum erwacht, stellt er sich für die Dauer eines Augenblicks vor, er sei ein kleiner Junge, der im Bett der Mutter liegt, eingemummt und an ihren warmen Körper geschmiegt, umhüllt vom Duft ihrer Decken. Sodann aber kommt er rasch zu sich, richtet sich auf und entsinnt sich – wie immer viel zu spät – der Anweisung des Arztes, der sagte, er müsse seines niedrigen Blutdruckes wegen beim Aufstehen vorsichtig sein, da das Blut plötzlich in seine Augen schieße. Er schaut auf die runde Uhr mit den gebogenen Füßen, die ihm vor acht Jahren, als er in Rente ging, seine Kollegen aus der Buchhaltung des *Maschbir*-Kaufhauses schenkten.

Noch ehe er sein Hemd zugeknöpft hat, eilt er ans Fenster; denn in all seinen Gliedern spürt er, daß der Augenblick da ist: Sonja läuft bereits über das Feld. Das Mehl und die Rüben wiegen schwer in ihrem Korb. Schon bald wird sie das Zwicken der Brennesseln fühlen, die ihre Knöchel lecken.

Wenn Rachel, die seit dem Tod ihrer Mutter das Altersheim führt, guter Dinge ist, kommt sie ihm entgegen und schickt ihm das Frühstück aufs Zimmer, damit er nicht gezwungen ist, sich vom Fenster zu entfernen und in den Eßsaal hinunterzusteigen, und nicht den Augenblick versäumt, dessentwegen er seit vielen Jahren jeden Morgen am Fenster steht und den er erwartet wie den Tag der Erlösung: Da kommt Sonja in ihrem wallenden Flachskleid, ihr Gesicht sanft und hell und ihre Augen voll Liebe. Vorsichtig stellt sie den Korb neben sich und winkt ihm von fern mit beiden Händen zu. Danach ergreift sie von neuem den Korb, kommt näher und stößt das Gartentor auf, klopft an seine Tür, tritt ein und setzt ihn auf seinen Tisch; sie wendet sich zu ihm um, er nähert sich ihr, legt seine Hände auf ihre Wangen und spricht immer wieder das in seiner Kehle zurückgehaltene Wort: »Verzeih, verzeih, verzeih.« Liebevoll nickend berührt sie mit ihrer schweren Hand seine Stirn, so wie sie es früher zu tun pflegte, als sie sich zu ihm legte und sich ihm hingab.

Später fühlt er die Last der Müdigkeit, die, seit er zur Welt kam, tief in ihm ruht; er schüttelt die Bürde ab, die ihn seit so vielen Jahren zum Fenster treibt, hört auf, seinen Blick zu schärfen und zur Grenzlinie des weiten Feldes zu schauen, und gestattet dem Ende, zu ihm zu kommen wie eine Geliebte, deren gütigen Händen er sich anvertraut. Sein Herz ist befreit von der Erinnerung an das Böse, das er, seine Mutter und seine Tante in den furchtbaren Tagen, die sie in ihrem Versteck verbrachten, Sonja zufügten und das alle Lebenskraft aus ihr herausgesaugt hat.

1.

Dreißig Jahre alt war er, Sonja erst vierzehn, als sie einander zum erstenmal sahen. Damals erfuhr er, daß sie seine Cousine sei, die Tochter von Nele, der geheimnisumwobenen Schwester seiner Mutter – und er sollte die Augen vor dieser Tatsache nie mehr verschließen können.

An den Namen Nele erinnerte er sich noch aus seiner Kindheit: Er war stets mit gesenkter Stimme ausgesprochen, hinter vorgehaltener Hand geflüstert worden. In seiner frühen Kindheit, als seine Mutter und seine Tante glaubten, er sei noch zu klein, um zu verstehen, und sich vor seinen lauschenden Ohren noch nicht in acht nahmen, hatten sie einander Sätze ins Ohr geflüstert, in denen der Name Nele immer wieder aufgetaucht war. In solchen Momenten wirkten die Gesichter der beiden Frauen düster, sie steckten die Köpfe zusammen und stellten Erwägungen an, deren Sinn er nicht verstand. Einmal fragte er unschuldig das alte Kindermädchen, das in seiner Jugend schon auf seine Mutter aufgepaßt hatte, wer Nele sei. Da begann die Alte zu zittern und wäre fast in Ohnmacht gefallen, und am nächsten Morgen rief seine Mutter ihn in das stets finstere Arbeitszimmer des Vaters, in das sie ihn immer dann kommen ließ, wenn sie ein ernstes Wort mit ihm zu reden hatte, schimpfte ihn laut aus und wies ihn an, dem Kindermädchen nie wieder Fragen über Familienangelegenheiten zu stellen – er solle den gewissen Namen aus seinem Gedächtnis tilgen und niemals mehr in den Mund nehmen.

Aber der Name blieb an ihm haften und weigerte sich, von ihm abzulassen. In den Nächten träumte er von Nele, tagsüber suchte er sie und schlich fremden Frauen hinterher. Zuweilen stellte er sie sich als wunderschöne gute Fee vor, die ihm rosa Bonbons zu essen gäbe und als Glücksbringer bunte Konfetti aufs Haar streute. In manchen Träumen, insbesondere wenn er krank war, kamen blitzähnliche zickzackförmige Feuerzungen aus ihrem Mund und versengten sein Haar.

Als Albert fünfzehn Jahre alt war, lange nachdem ihre Gestalt seine Träume verlassen hatte, verbrachte er einige Tage bei Verwandten, von denen er Abschied nehmen wollte, ehe er nach Palästina aufbrach. Während eines vertraulichen Gesprächs berichtete ihm ein Angehöriger von einer Tante, die verschwunden war und in einem fernen Dorf lebte. Tagelang ging Albert die Erzählung nicht aus dem Sinn; als handle es sich um ein Märchen aus seiner Kinderzeit, sah er die ganze Geschichte vor seinem geistigen Auge und schien alle Einzelheiten zu kennen, auch die, von denen ihm niemand erzählt hatte: Sie hieß Nele und war eine Schwester seiner Mutter und seiner Tante, die jüngste Tochter seines verstorbenen Großvaters Issachar, der der reichste jüdische Bankier in Bulgarien war. Anders als ihre Schwestern war sie weder mit Klugheit noch mit Talenten gesegnet. Auch ihre Erscheinung unterschied sich von der ihrer Angehörigen; sie ähn elte den christlichen Mädchen des Ortes, hatte eine helle Haut und ein rundes Gesicht und war breithüftig und lebensfroh. Während ihre Schwestern Klavier spielten, fremde Sprachen studierten und sich eifrig mit ihren Büchern beschäftigten, schlich sie sich in die Küche und saß mit den beiden Dienstmädchen zusammen, schwatzte und kicherte, schälte Knoblauchzehen, hackte Zwiebeln und flocht mit ihnen Zöpfe aus Rotepaprikazweigen. Gelegentlich trat sie ans Fenster, beugte ihren Oberkörper zur Straße hinaus und beschimpfte lauthals die Mädchen, die auf der anderen Seite des Platzes wohnten und mehrere Jahre jünger waren als sie, denn häufig versammelten sie sich unter dem Küchenfenster und bettelten, sie möge ihnen Schokoladenstücke herauswerfen.

Ihre Eltern versuchten, ihr Musik- und Sprachstunden aufzuerlegen, aber die Lehrer verzweifelten an ihr. Gewiß, sie war liebenswürdig und stets gutgelaunt – das sagten alle, auch wenn sie sich unterschiedlicher Worte bedienten –, sie saß still und hörte geduldig zu, machte ihre Aufgaben und bemühte sich zu verstehen, doch besaß sie kein Fünkchen Intelligenz oder Begabung. In Minutenschnelle hatte sie alles vergessen. So überließen sie die Eltern sich selbst und vergaßen die Liebe, die sie für sie empfunden hatten, als sie noch ein fröhliches kleines Mädchen war.

»In einem anständigen Haus wird einem die Liebe entsprechend seiner Intelligenz und seinem Fleiß zuteil«, sagte sich der Junge, der nach Palästina reiste, und dachte an die Bande, die zwischen ihm und seiner Mutter bestanden.

Und indes ihre Liebe zu Nele allmählich abnahm, wurden die Eltern hartherzig ihr gegenüber und behandelten sie wie eine Fremde. Für jede schlechte Note erhielt sie eine Bestrafung, als habe sie etwas Verbotenes getan. Die Geburtstagsgeschenke, die sie ihr überreichten, fielen immer bescheidener aus und entsprachen den geringen Fortschritten, die sie vorweisen konnte. Wenn sich die Familie an den Feiertagen zur Synagoge begab, war Nele aus dem engen Kreis ausgeschlossen und ging, einer Aussätzigen gleich, einige Schritte hinter den anderen. Ihr wurde verboten, mit den Dienerinnen zu sprechen und mit den Kindern, die auf dem Platz vor dem Haus spielten. Ihr Zimmer wurde in den Nordflügel des großen Gebäudes verlegt, der dem riesigen tristen Garten zugewandt war; die Begrenzungen des Grundstücks waren mit Birken bepflanzt, die wie eine weiße Wand schienen. Wenn sie ertappt wurde, wie sie mit den Kindern auf der Straße sprach oder den Dienerinnen zulächelte, wurde sie auf ihr Zimmer geschickt und durfte nicht mit den anderen zu Abend essen. Niemand in der Familie kümmerte sich darum, daß sich auf dem Gesicht Neles, die sonst immer lachte, schon seit Monaten nicht der Anflug eines Lächelns gezeigt und sich in ihrem Blick Trauer festgesetzt hatte.

Im Winter ihres vierzehnten Lebensjahrs verbrachte sie die meisten Stunden des Tages – vom Augenblick, in dem sie aus der Schule zurückkam, bis sich die Kronen der Birken verdüsterten – in ihr Zimmer gesperrt. Tagelang lag sie untätig auf ihrem Bett und hörte, wie ihre Schwestern plauderten und musizierten, wie die Dienstmädchen das Eßzimmer fürs Abendbrot vorbereiteten und die schweren Stühle im Flur verrückten, wie die eintreffenden Gäste überschwenglich begrüßt wurden, wie alle lachten und wie das Geschirr beim Abräumen klirrte. Wenn ihr das Dienstmädchen die Mahlzeiten aufs Zimmer brachte, war immer eine ihrer Schwestern dabei um sicherzustellen, daß sie nicht miteinander sprachen. Nur zum Essen am Freitagabend verließ sie ihr Zimmer und sprach mit der Familie den Festtagssegen. Ihr Gesicht wirkte blaß wie das einer kränklichen Person, und ihr Blick war leer.

An einem Samstagmorgen am Ende des Winters fand ihre Familie sie ohnmächtig auf dem Teppich ihres Zimmers liegend. Doktor Cohen, ein junger Arzt, der vom Studium in Wien zurückgekehrt war, eilte erschrocken herbei und unterzog sie einer eingehenden Untersuchung. Schließlich schickte er alle Anwesenden aus dem Zimmer, schloß die Tür und unterhielt sich mit ihr, bis es Mittag wurde. Danach ging er mit düsterer Miene zu ihren Eltern und zog sich mit ihnen ins Arbeitszimmer zurück. Als er das Haus verließ, waren die Augen der Mutter vom Weinen gerötet.

Eine Woche darauf wurde Nele zur Erholung in einen Kurort in die Berge geschickt, so wie der Arzt es angeordnet hatte. Eine von zwei Pferden gezogene Droschke fuhr vor, um sie zum Bahnhof zu bringen. Der Vater hatte bereits am Eingang des Hauses mit einem Händedruck von ihr Abschied genommen. Er wollte nicht warten, bis die Droschke aus der Straße hinausfuhr, sondern war rasch in sein Arbeitszimmer gegangen. Nur ihre beiden Schwestern und ihre Mutter begleiteten sie zu dem Gefährt. Helene, das Dienstmädchen, das ausgewählt worden war, um ihr während des Kuraufenthalts als Begleitung zu dienen, folgte ihnen an der Seite ihres Bruders, der ebenfalls Dienstbote im Haus war und mitgeschickt wurde, um die jungen Frauen bis zur Pension zu geleiten. Während der Kutscher die beiden mit Schnitzereien versehenen Reisetruhen auflud, versammelte sich um das Gefährt eine ausgelassene Kinderschar aus ihrer Straße und schaute zu, wie die Schwestern Nele küßten, wie die Mutter das Gesicht der Tochter streichelte und sie aufforderte, sich gut zu benehmen und der Familie keine Schande zu bereiten. Die Kinder, die sich erinnerten, wie feurig Neles Gesicht war, wenn sie sich über das Fensterbrett zu ihnen hinausbeugte, waren erstaunt, es jetzt bleich und tränenüberströmt zu sehen. Noch ehe die Pferde sich in Bewegung setzten, war das bestickte Taschentuch, das sie in ihrer Hand hielt, vollgesogen, und ihr Gesicht glänzte in dem verzierten Fensterrahmen, als sei es in frisches Wasser getaucht.

Sieben Briefe schickte Nele aus der Pension in dem berühmten Kurort nahe der Westgrenze, in dem sie neue Kraft sammelte. Ihre Schwestern lachten beim Anblick ihrer groben Rechtschreibfehler, doch ihre Mutter stellte mit Erleichterung fest, mit jedem Brief werde deutlicher, daß Nele ihr freundliches Wesen wiedergefunden habe. In ihrem sechsten Brief lasen sie: »Als ich heute in den Spiegel blickte, sah ich, daß mein Gesicht rundum rosig ausschaut, und auch der Hotelangestellte sagte zu mir, daß ich schöner bin als am Tag, an dem ich hier ankam.« Plötzlich wurde das Gesicht ihrer Mutter ernst, und sie flüsterte: »Ich hoffe, daß Helene in ausreichendem Maße auf sie achtgibt, damit sie keinen Unfug anstellt.«

An einem Freitagabend, zwischen dem Segensspruch und dem Festessen, sagte die Mutter mit einer Stimme, die die anderen erzittern ließ, wenn Nele zu Monatsanfang zurückkehre, hätten alle die Pflicht, sie für das furchtbare Jahr, das sie ihr bereitet hatten, zu entschädigen. Das Mädchen sei nicht schuld daran, daß es mit einer minderen Begabung für das Studium zur Welt gekommen sei. Schließlich bildeten auch Lebensfreude und ein freundliches Wesen Eigenschaften, die den Menschen erhöhten. Wenn sie heimgekehrt wäre, würden sie ihren fünfzehnten Geburtstag festlich begehen und sie um Verzeihung bitten und ihr erlauben, sich ihre Freunde und die Betätigungen, die zu ihr paßten, selbst auszusuchen – so wie es Doktor Cohen gesagt habe.

Statt eines achten Briefes von Nele traf wenige Tage später ein alarmierendes Schreiben ein, das der Leiter der Pension verfaßt hatte: Nele sei bereits seit zwei Tagen verschwunden. Die Polizei suche sie seit dem Vortag in den umliegenden Wäldern, doch habe sie bislang nichts gefunden. Sie hätten mit der Benachrichtigung der Eltern einen Tag gewartet, um sie nicht unnötig in Aufregung zu versetzen. Jetzt aber sollten sie schnell kommen.

Als die Eltern und die beiden Schwestern am folgenden Tag im Kurort eintrafen, wußten bereits alle Gäste über die Geschichte Bescheid: Ein reiches jüdisches Mädchen habe sich in den christlichen Gärtner der Pension verliebt, in die es geschickt worden war, um sich von einer schweren Krankheit zu erholen, und sei mit ihm an einen unbekannten Ort geflohen. Als sie ankamen, eilte Helene, die Dienerin, ihnen mit ernstem Gesicht und vor der Brust gefalteten Händen entgegen. Zitternd und unter Tränen wiederholte sie, was sie bereits dem Schreiben des Pensionsleiters entnommen hatten. Als die Mutter in Neles Zimmer den Brief las, den das Zimmermädchen auf ihrem Kopfkissen gefunden hatte, sank sie ohnmächtig auf das Bett ihrer Tochter. Das Blatt mit den in kindlicher Handschrift geschriebenen Zeilen wanderte von Hand zu Hand. Es wurde schweigend und mit düsterer Miene gelesen: »Ich liebe Ioscu, und er ist gut zu mir. Ich möchte Euch keine Sorgen bereiten, weil Ihr meine Mutter, mein Vater und meine Schwestern seid, aber er liebt mich mehr als Ihr, und ich liebe ihn auch. Ihr braucht Euch keine Sorgen zu machen, denn so ist es am besten.«

Als ihr Mann und ihre beiden Töchter den Ort verlassen hatten und nach Sofia heimgekehrt waren, verbrachte die Mutter, Dorothea, noch fünfzig Tage in Neles Hotelzimmer; von früh bis spät stand sie auf dem langen, mit Karniesen geschmückten Balkon, der zu den Bergen hinausging und zu fernen, von Wäldern bedeckten Hängen, und wartete, daß ihre Tochter nach der dummen Jugendsünde, die sie begangen hatte, zurückkäme und sie einander verzeihen könnten. In den endlosen Stunden, während deren sie einsam auf dem Balkon stand, wurde sie von Erinnerungen heimgesucht: Wie sie sie weggestoßen hatte, als sie sich ihr, einer Katze gleich, zögerlich, mit schleichendem, ausweichendem Schritt näherte, um die streichelnde Hand der

Mutter zu suchen; und wie sie die beiden anderen Töchter, über deren Anmut und edlen Charakter die ganze Stadt sprach, überschwenglich gelobt und absichtlich nie den Namen ihrer Jüngsten erwähnt hatte. Einmal, in der Dämmerstunde, glaubte sie eine Vision zu sehen: Ihre Tochter kam von fern auf sie zu, tauchte auf aus den dunklen Pfaden des Waldes, ihr Kleid leuchtete wie ein weißer Fleck, und ihr langes Haar fiel über ihre Schultern.

Aber Nele kam nicht zurück. Und am Ende der siebten Woche faltete die Mutter ihre und ihrer Tochter Kleider und legte sie in die große Reisetruhe.

Nie wieder wurde ihr Heim die Stätte des Friedens, die es gewesen war, bevor Nele fortging. Sogar die Blütenblätter der Rosen im Garten hinter dem Haus färbten sich gelb und wurden von Welkheit befallen. Eines der Dienstmädchen mußte entlassen werden, weil es in seiner Trauer rastlos durchs Haus wanderte. Jene Trauer, die mit schmerzhafter Reue einhergeht, wohnte fortan im Blick der Bewohner des Hauses und durchdrang das Gemäuer. Hin und wieder kamen ihnen Geschichten von Frauen zu Ohren, die offenbar Jüdinnen waren und mit christlichen Männern in fernen Dörfern lebten. Jedesmal schickte Issachar einen Boten oder befahl seinem Kutscher oder einem Diener, hinzufahren und die Geschichte zu überprüfen. Im Dorf des Gärtners hatten sie sie nicht gefunden, und die Angehörigen des Mannes hatten sich geweigert, Fremden Auskunft zu geben. Eines Tages kam ein Jude von weit her und nannte ihnen eine Adresse in einem Ort an der Küste des Schwarzen Meeres; nachdem er Neles Fotografie eingehend betrachtet hatte, schwor er, das Mädchen in jenem Ort gesehen zu haben, und behauptete, daß sie hochschwanger sei. Am selben Tag machte der Kutscher sich auf, doch als er zehn Tage später krank zurückkehrte, berichtete er, er habe Nele in dem Ort nicht gefunden. Viele Monate noch warteten sie auf einen Brief von ihr, aber ihre Hoffnung wurde enttäuscht.

Das Herz der Mutter verbrauchte sich rasch in dieser bedrückenden Stille, und eines Abends fand man sie tot im alten

Schaukelstuhl. Ihre Augen waren auf ein Familienfoto gerichtet, das im Garten des Hauses neben den hohen Rosenbüschen gemacht worden war: Die Eltern saßen auf der hölzernen Bank, die gewöhnlich unter dem bogenförmigen Weinrankendach am hinteren Ausgang des Hauses stand und für die Aufnahme in die Mitte des Gartens gerückt worden war. Die drei Töchter knieten auf dem Rasen, zu Füßen der Eltern. Nele, deren plissierter Glockenrock wie ein Fächer aussah, saß vor den Beinen der Mutter und warf lächelnd den Kopf zurück.

Vier Jahre nachdem sie verschwunden war, besuchte Nele ihr Elternhaus. Ihre kurze, in runden, kindlichen Buchstaben geschriebene Ankündigung versetzte ihre Schwestern in große Aufregung. Der Vater aber wollte den Namen seiner jüngsten Tochter nicht hören; er sei aus der Familienchronik gelöscht, denn sie habe beschlossen, eigene Wege zu gehen, und durch diese Tat ihre Mutter in den Tod getrieben. Lidia, Neles älteste Schwester, hatte in der Zwischenzeit geheiratet und einen Sohn zur Welt gebracht; die junge Familie bewohnte eine separate Wohnung in dem prachtvollen Haus ihres Vaters, das sie seit ihrer Kindheit nicht verlassen hatte.

In den Stunden, die der Ankunft des verblüffenden Briefes folgten, waren die Schwestern wie betäubt. Später jedoch beratschlagten sie miteinander und beeilten sich, einen Antwortbrief in das Dorf zu schicken, dessen Namen sie nie zuvor gehört hatten und das nur auf einer detaillierten Landkarte – in unmittelbarer Nähe der Westgrenze – eingezeichnet war. In freundlichen Worten luden sie Nele ein, nach Hause zu kommen, und entsprachen so der Bitte, die sie in ihrem Brief geäußert hatte; auch kündigten sie an, daß sie bei ihnen wohnen dürfe, und legten ihrem Schreiben sogar einige Geldscheine für die Reise bei.

Die Gestalt der achtzehnjährigen Nele, die eines Tages, ein kleines Kind in den Armen und ein geschnürtes Bündel zu ihren Füßen, im Eingang des Hauses stand, glich der einer Frau in fortgeschrittenem Alter: Ihr Körper war rund und schwer, in ihrem Mund fehlten mehrere Zähne, und ihr Haar war zerzaust. Aber ihr Lächeln hatte sein Strahlen nicht verloren, und in ihren Augen leuchtete der unschuldige Blick eines Kindes. Lidia schalt sie sofort, weil sie ihnen den Zeitpunkt ihrer Ankunft nicht mitgeteilt hatte – andernfalls hätten sie einen Dienstboten geschickt, der sie vom Bahnhof abgeholt hätte. Nele sagte, das sei nicht nötig gewesen; sie habe es genossen, zu Fuß zu gehen, und mit Freude festgestellt, daß sie sich an alle Straßen genau erinnerte.

»Du bist zu Fuß gekommen?« rief Paula.

»Ja«, antwortete Nele verwundert.

»Vom Bahnhof hierher?«

»Ja.«

»Mit dem Kind und dem Gepäck?«

»Ja!«

»Das ist sehr weit!«

»Gewöhnlich gehe ich sogar längere Wege zu Fuß«, sagte Nele mit einem Lächeln, das ihre Zahnlücken freilegte. »Und das hier trage ich die ganze Zeit bei mir.«

Nachdem die Schwestern einander unbeholfen umarmt hatten, setzten sie die Unterhaltung fort und begaben sich, wie mit ihrem Vater vereinbart, in Lidias Salon. Vor der Wohnungstür ihrer Schwester hielt Nele einen Augenblick inne, um Lidias neuen Namen laut zu entziffern: »Moskat.« Danach, als sie behutsam auf dem äußersten Rand des Sessels Platz genommen hatte, schaute sie immer wieder verstohlen auf die Möbel, die in goldene Rahmen gefaßten Bilder, die Vorhänge mit den langen Troddeln und die ganze prunkvolle Ausstattung, so als hätte sie das Gedächtnis verloren und wüßte nicht mehr, daß sie in einem so reichen Haus gelebt hatte. Die beiden Schwestern indes musterten mit vorsichtig tastendem Blick die fleischige Bäuerin, ihre Kleider aus grobem Stoff, ihre geschwollenen Finger und das still in ihren Schoß gekauerte Kind.

In einer fehlerhaften Sprache, die durchsetzt war mit Wörtern, die sie von den Bauern gelernt hatte und deren Sinn ihre Schwestern eher errieten als wirklich verstanden, berichtete sie, was ihr widerfahren war, und machte ihnen unentwegt Komplimente für ihr gutes Aussehen, die Schönheit des Zimmers und die ausgezeichneten Kekse. Ohne entschuldigenden Unterton erzählte sie, sie lebe fern von ihnen, weil sie ihnen keine Schande bereiten wolle. Was sie getan habe, sei schlecht, aber sie bereue es nicht. Sie habe einen guten Mann und eine glückliche Familie, und daheim warte noch ein hübsches, vor Gesundheit strotzendes kleines Mädchen, das sie bei der Schwiegermutter gelassen habe. Ja, antwortete sie auf die Frage ihrer Schwestern, sie wisse, daß an der türkischen Grenze Krieg herrsche. Ungefähr vierzig Männer ihres Dorfes seien zur Armee eingezogen. Das Schicksal einiger sei noch ungewiß, doch drei seien gefallen, vier mit Verwundungen heimgekehrt, und einer habe den Verstand verloren. Sie möge das Dorf, und es gefalle ihr, darin zu leben. Dorthin gehöre sie, und nur zufällig sei sie an einem anderen Ort geboren. Der Mensch müsse an einem Ort leben, der zu ihm passe. Jeden Sonntag gehe sie in die Dorfkirche und spreche inbrünstig ihr Gebet. Vor langer Zeit schon, noch vor ihrer Hochzeit mit Ioscu, sei sie getauft worden, und die Heilige Jungfrau Maria beschütze sie vor allem Bösen. Sie wisse, daß ihre Mutter weniger als ein Jahr, nachdem sie mit Ioscu fortging, gestorben sei. Sie habe es im Traum gesehen. Ihre Mutter erscheine ihr öfter im Traum und gebe ihr Anweisungen, was sie tun oder nicht tun solle. Jeden Sonntag bete sie für die Seele der Mutter und für ihre frühere Familie. Und im Beichtstuhl flehe sie, daß ihr alle verzeihen mögen: ihr Vater und ihre Schwestern, die Seele ihrer Mutter und der Gott, von dem sie sich abgewandt habe. Ihr selbst fehle es an nichts. Ioscu arbeite in den Wäldern und verdiene den Unterhalt der Familie. Einzig für ihren Sohn wolle sie etwas erbitten ... Sie hob das Kind, das in ihrem Schoß ruhte, in die Höhe und setzte es auf ihr Knie, um es den Schwestern zu zeigen ... Seit er geboren sei, werde er immer wieder von einem Husten befallen, der ihm all seine Kraft raube. Die alte Kräuterfrau aus dem Dorf, die Ioscu in seiner Kindheit das Leben gerettet hatte, habe ihn bereits aufgegeben, und auch der Arzt, zu dem sie eigens gefahren seien, habe kein passendes Heilmittel für ihn gefunden. Mit jedem Auftreten der Krankheit werde sein Zustand bedrohlicher und verlängere sich die Dauer seiner Bewußtlosigkeit. Sie bitte, ihn zu dem Arzt aus Wien zu bringen, dessen Namen sie vergessen, der sie jedoch damals untersucht und in die Pension in den Bergen geschickt habe. Dies habe ihre Mutter ihr im Traum ausdrücklich befohlen.

Während des Monats, in dem Nele bei ihrer Schwester wohnte, hielt sie ihren Sohn von früh bis spät in den Armen. Stundenlang stand sie am Fenster und drückte ihn an ihre Brust, so daß man hätte glauben können, er wäre mit ihrem Körper verwachsen. Sie schaute den Kindern zu, die vor dem Haus spielten, und ihre Lippen zählten lautlos die Sprünge der Mädchen beim Seilspringen. Ein Mädchen, dem sie vielleicht einmal ähnlich war, näherte sich dem Fenster und steckte seinen Zeigefinger in den geöffneten Mund – genau wie die Kinder, die sie früher um Süßigkeiten gebeten hatten. Aber Nele, deren Augen weit aufgerissen waren wie die eines Propheten, stand regungslos da und lächelte dem Kind zu. Als die Kinder den Platz vor dem Haus verlassen hatten, stieg sie in ein Zimmer hinauf, das dem rückseitigen Garten zugewandt war; den schlafenden Sohn in ihren Armen, betrachtete sie die mächtigen Birken, die das Grundstück umschlossen, und erkannte das Bild, das sich ihr in jenem traurigen Winter vom Fenster ihres alten Zimmers aus gezeigt hatte.

Als der Monat zu Ende ging, packte Nele vorsichtig die Medikamente ein, die sie vom Arzt erhalten hatte, versteckte zwischen ihren Brüsten, im Büstenhalter, die Geldscheine, die Lidia ihr gab, nahm die Geschenke der Schwestern für ihr Töchterchen und ihren Mann, steckte sich den Ring an, den sie sie aus dem Schmuck ihrer Mutter hatten aussuchen lassen, und kleidete ihren Sohn in neue Kleider. Dann umarmte sie sie lange, dankte ihnen für ihre Güte und nahm abermals mit feuchten, frisch gewaschen wirkenden Wangen Abschied von ihnen, indem sie versprach, auch in Zukunft zur Heiligen Jungfrau zu beten, damit diese sie und die Ihren immer beschütze.

2.

In den dreißig Jahren, die ihrem Besuch folgten, hörten die Schwestern nichts mehr von Nele. Der Brief, den Lidia an die Adresse schickte, die sie von ihr besaß, um sie über den Tod ihres Vaters zu informieren, blieb ohne Antwort. Doch sie stellten keine Nachforschungen an, denn sie glaubten, sie sei in ein anderes Dorf gezogen oder hege den Wunsch, für immer von ihnen losgerissen zu sein. In diese Zeit fielen der Krieg, die Heirat der jüngeren Schwester, die Geburt der Zwillinge, deren einer als Säugling starb, und der erschütternd plötzliche Tod des Mannes einer der beiden Schwestern. Hin und wieder sprachen sie noch von Nele und flüsterten ihren Namen, wenn sie sich über Dinge unterhielten, die in ihrer Kindheit geschehen waren. Nach vielen Jahren, als ihr Haar grau wurde, waren sie überzeugt, daß Nele nicht mehr am Leben war. Sie sei an einer Krankheit gestorben, sagten sie, oder bei der Geburt eines Kindes, in einem der entlegenen Dörfer, in das sie mit dem Christen gezogen war. Einmal war Doktor Cohen zu ihnen gekommen, eigens um sich nach Neles Befinden zu erkundigen; für den Fall, daß eins ihrer Kinder oder später ein Enkelkind die Krankheit geerbt hätte, bat er, ihr auszurichten, es existiere mittlerweile ein wirksames Mittel, das sie auch dem Jungen, den er einst untersuchte, im Notfall verabreichen sollte. Er hinterließ einen Zettel mit dem Namen des Medikaments, und sie dankten ihm, schämten sich aber zu sagen, daß sie seit damals ohne Nachricht von ihrer Schwester seien, und legten die Notiz in das alte Schmuckkästchen ihrer Mutter.

Dreißig Jahre nachdem Nele mit ihrem Sohn das schloßartige Haus ihres Vaters, in das sie nie mehr zurückkehren sollte, verlassen hatte und in ihr Dorf heimgefahren war, wurden die Juden Bulgariens von großer Unruhe erfaßt wegen der Gerüchte, die zu Beginn des Winters 1943 immer öfter zu hören waren. Fünf Monate zuvor war Albert Moskat, der sich mit seiner Frau und seinem kleinen Sohn in Spanien aufhielt, zurückgerufen worden, um das Geschäft seines Großvaters aufzulösen. Mit Bestechungsgeldern und Diplomatenpapieren gelang es ihm, sich mit dem Schiff und dem Zug einen Weg in seine Heimat zu bahnen. Seine Frau und ihr Sohn fuhren zu seiner Schwester nach Südfrankreich. Noch bevor er die Lager und die Bücher geprüft hatte und einen Käufer fand, der bei einer französischen Bank Geld deponiert hatte und der es ihm ermöglichte, jenes Gesetz zu umgehen, das die Juden dazu verpflichtete, alle Gelder, die sie beim Verkauf ihres Besitzes erwarben, bei einem einheimischen Institut anzulegen, wurden die Grenzen geschlossen, und er war gezwungen, bei seiner Mutter zu bleiben. Nach wenigen Tagen drang die Polizei in ihr Haus ein, in der Absicht, ihn zu einer Arbeitskolonne zu schicken, die im Dienst des Ministeriums für öffentliche Arbeiten stand. Seine Mutter stritt mit den Polizisten und rief zu nachtschlafender Zeit einen christlichen Freund an, der im Justizministerium verkehrte. Doch war alles umsonst. Derweil die Polizisten sich in den alten Sesseln im Salon niederließen, packte Albert, kreidebleich und mit geweiteten Augen, seine Sachen zusammen und ließ sich wenig später zur Rekrutierungsstelle bringen. In der langen Zeit, in der kein Brief von ihm kam, wurde seine Mutter in regelmäßigen Abständen auf der Polizeistation, im Büro der jüdischen Gemeinde und bei den Beamten des Ministeriums für öffentliche Arbeiten vorstellig. Aber erst als ihr christlicher Bekannter es in die Hand nahm, Alberts Los zu ergründen, erfuhr sie, daß er von einer Kolonne rekrutiert worden war, die nur aus Juden bestand und Straßen in Richtung Griechenland baute. Kurz vor Weihnachten kamen die Angehörigen der Kolonne frei, und Albert kehrte mit einem Gesicht, das so schwarz war wie das eines Negers, und mit dem unruhigen Blick eines wilden Tieres nach Hause zurück. Nächtelang ging er in seinem Zimmer stumm auf und ab und verschloß sich dem Wunsch seiner Mutter, die ihn anflehte, endlich sein Schweigen zu brechen.

Einen Monat vor seinem dreißigsten Geburtstag war Albert Moskat trauriger und einsamer, als er jemals zuvor in seinem Leben gewesen war. Ihn verfolgten Erinnerungen an Hunger und körperliche Strapazen, und wie ein Alpdrücken peinigte ihn das

Bild seiner Frau und seines Sohnes, die er in seinen Träumen ermordet daliegen sah, auf den Rücken gestreckt auf einer mächtigen stählernen Brücke, ihre Füße von Hunden beleckt; auch sah er den großväterlichen Besitz, der der Stolz von vier Generationen war, vor seinen Augen zerrinnen. Schlag auf Schlag gingen die Lager, die Geschäfte, die Häuser, die Goldbarren und die Gelder, die auf Befehl der Behörden bei der bulgarischen Bank deponiert worden waren, verloren. Lange sprach er mit dem neuen Direktor; sie befanden sich in dem Raum, der das Arbeitszimmer seines Großvaters gewesen war, und er dachte an die Serie von Reiterdarstellungen, deren Anblick ihn als Kind immer gefesselt hatte, als er den Großvater besuchte und die Angestellten ihn zärtlich in die Wangen zwackten. Jetzt hatte er mit einem neuen Direktor, einem Christen, zu tun, der ihm die Transaktionen, denen das Familienvermögen unterzogen worden war, gezwungenermaßen in allen Einzelheiten erklärte. »Das hier«, sagte er, indem er mit einem vergoldeten Füllfederhalter auf eine Zahl zeigte, »ist die einmalige Abgabe für jüdischen Besitz in Bulgarien gemäß der Bestimmung, die der König im Offiziellen Bulletin Nummer 164 hat veröffentlichen lassen. Vom deklarierten Vermögen wurde eine Summe von zweihunderttausend Lev abgezogen, die von der Versteuerung ausgenommen ist. Vom restlichen Vermögen werden drei Millionen Lev mit einer zwanzigprozentigen und weitere drei Millionen mit einer fünfundzwanzigprozentigen Abgabe belegt.« Der Direktor zog die Füllfederhalterspitze vom Blatt zurück und sagte in schmeichlerischem Ton: »Einem Enkel des seligen Herrn Issachar, für den sich kein treffenderer Titel finden läßt als der eines ›Zauberers in Geldangelegenheiten‹, wird die Rechnung sicher verständlich sein. Alles ist genaustens aufgeführt.«

In dieser Zeit, da es Albert Moskat schien, als habe sein Glück sich verkehrt, kam ins Haus seiner Mutter ein in einen dicken Bauernmantel gekleidetes Mädchen, dessen Füße schwielig vom Wandern waren. Ihre Ankunft versetzte seine Mutter und seine Tante in große Unruhe, doch in Alberts Leben trat eine Süße und ein Genuß, derengleichen er vor diesem Mädchen nicht gekannt und die er auch nach ihr – so würde er Jahrzehnte später zu sich sagen – nie wieder erfahren hatte.

Am Tag ihrer Ankunft kehrte Albert in den frühen Abendstunden von einer Bestandsaufnahme aus den Lagerschuppen des Holzwerkes zurück, das sein Großvater vierzig Jahre zuvor am Stadtrand errichtet hatte und das nun auf den Namen seines christlichen Kompagnons lief. Seit den Mittagsstunden fielen dicke, weißen Schmetterlingen ähnelnde Schneeflocken und häuften sich auf den Gehsteigen, den Bäumen und den Schultern der Leute. Als er sich dem Haus näherte, sah er, wie ihm seine Mutter, entgegen ihrer Gewohnheit, vom Fenster aus zuwinkte und ihn zur Eile antrieb. Als er das Haus erreichte, stand sie am Eingang und erwartete ihn mit besorgter Miene.

»Neuigkeiten aus Frankreich?« fragte er mit aschfahlem Gesicht.

»Nein, nicht aus Frankreich. Etwas völlig anderes«, antwortete seine Mutter und wies ihm den Weg in den Salon. Nach ihrem Eintreten schloß sie behutsam die Tür, deutete in einer raschen Geste auf einen Sessel, damit er Platz nähme, und setzte sich ihm gegenüber, die Handflächen nebeneinander auf ihren Knien.

»Was ist geschehen?«

»Es hat weder mit Frankreich noch mit Spanien zu tun. Es geht um etwas völlig anderes. Die Sache steht in Zusammenhang mit ... einer Familienangelegenheit. Du weißt nichts davon. Es ist viele Jahre her. Damals warst du noch nicht geboren ... Ich brauche dich jetzt sehr, Albert. Paula kommt erst morgen nach Hause. Ihr Verhältnis zu Isaak ist in letzter Zeit nicht sehr gut. Er wird wohl dort im Hotel bleiben. Er hat beschlossen, nicht nach Sofia zurückzukehren. Begreifst du die Situation, Albert? Du bist jetzt der einzige Mann im Haus. Und ich weiß nicht, was ich tun soll. Wenn Paula hier wäre – «

»Aber was ist geschehen?« rief er. Er verdächtigte sie, den schlechten Nachrichten, die sie möglicherweise für ihn bereithielt, ihre Schärfe nehmen zu wollen.

»Ich versuche ja, es dir zu erklären. Es geht um eine alte Geschichte, die sich vor mehr als dreißig Jahren, noch vor deiner Geburt, in unserer Familie zugetragen hat.«

»Was ist damals geschehen?«

»Da war etwas ... wir haben nie darüber gesprochen ... Paula und ich hatten, nein haben – vor wenigen Stunden erfuhr ich, daß sie noch lebt ... wir waren uns beinahe sicher, daß sie gestorben sei ... wir hatten ... wir haben eine Schwester – «

»Die mit einem Christen fortgegangen ist, Nele.«

Lidia Moskat saß wie versteinert im Sessel und fragte mit brüchiger Stimme: »Woher kennst du ihren Namen?«

»Von Sakki, Lewis Sohn.«

»Hat er dir das geschrieben?«

»Nein, er hat es mir erzählt.«

»Aber er ist schon seit fünfzehn Jahren in Palästina!«

»Und seit fünfzehn Jahren kenne ich die Geschichte. Er hat sie mir eine Woche vor seiner Abreise erzählt.«

»Dann hast du es all die Jahre gewußt«, sagte sie, während sie die Dinge in ihrer Vorstellung neu ordnete. »Wenn das so ist, hör zu ... Also, sie ging fort, ließ sich taufen und heiratete einen Christen – das weißt du bereits. Doch einige Jahre nach ihrem Fortgehen tauchte sie plötzlich mit ihrem kleinen Sohn wieder auf und erkundigte sich ihres Kindes wegen nach Doktor Cohen. Ihr Sohn litt unter einer schweren Bronchitis. Das liegt jetzt dreißig Jahre zurück. Seit damals haben wir nichts mehr von ihr gehört. Wir glaubten, sie wäre tot. Aber heute nachmittag um zwei Uhr ging Betti die Tür öffnen, und da stand plötzlich – «

»Nele.« Er flüsterte den Namen wie eine Beschwörungsformel, und ein Hauch des süßen Schauders, der ihn in seiner Kindheit verfolgte, wenn er sie auf den Straßen unter fremden Frauen suchte, ergriff wieder Besitz von ihm.

»Nicht Nele – Neles Tochter. Sie heißt Sonja.«

Und als probiere er einen Zauberspruch, wiederholte er: »Sonja.« Auch der Klang dieses Namens bereitete ihm Genuß.

»Fühlst du dich nicht wohl, Albert?« fragte seine Mutter und beugte sich voller Sorge zu ihm hinüber.

Er aber sammelte sich und entgegnete: »Alles in Ordnung.«

»Du siehst sehr müde aus.«

»Ja, das bin ich. Neles Tochter ist also heute nachmittag um zwei eingetroffen.«

»Ja, um zwei Uhr. Sie ist ein wenig ... primitiv – wenn man so sagen kann. Ich habe nicht alles, was sie mir erzählte, verstanden.«

»Lebt Nele noch?«

»Ja, sie lebt. Ich habe mich von der ganzen Geschichte noch nicht erholt. Als vor ungefähr fünfundzwanzig Jahren dein Großvater starb, schickten wir ihr einen Brief, doch haben wir nie eine Antwort bekommen. Wir dachten, sie wäre tot, und heute ist plötzlich ihre Tochter bei uns und – «

»Wie ist sie hergekommen?«

»Ich habe sie gefragt, aber ihre Antwort nicht richtig verstanden. Im Zug, mit Pferdewagen und zu Fuß. Als sie ihre Stiefel auszog, wäre sie fast in Ohnmacht gefallen. Ihre Füße sind ganz dick vor lauter Schwielen. Unglaublich, daß sie sich überhaupt auf den Beinen halten konnte.«

»Und weshalb ist sie gekommen?«

»Sie erklärt, ihre Mutter habe sie hergeschickt, damit sie sich hier verstecke. Sie fürchtet, die Deutschen könnten in die Dörfer der Grenzregion einmarschieren. Sie haben gehört, daß sie zuerst Jagd auf die Juden machen.«

»Ist ihr Vater nicht Christ?«

»Aber ihre Mutter ist Jüdin, und das ist bekannt. In solch kleinen Dörfern haben die Leute monatelang nicht viel zu tun, und dann erzählen sie gerne Geschichten. Zweifellos kennt man sie in allen Dörfern der Gegend.«

»Sie scheinen große Angst zu haben, wenn sie sie hierher schicken.«

»Ja. Das Mädchen erzählt, die Lage dort sei äußerst prekär.«

»Das Mädchen? Wie alt ist sie?«

»Vierzehn.«

»Und sie ist allein hergekommen?«

»Ganz allein. Und du müßtest sehen, wie! Ohne Kleider, ohne Geld, ohne alles!«

»Hat ihre Mutter sie so losgeschickt?«

»Bei den Christen ist das nicht wie bei uns. Nele scheint eine richtige Christin geworden zu sein.«

»Was soll das heißen: nicht wie bei uns?« rief er aufbrausend. »Lieben sie ihre Kinder etwa nicht?«

»Bei ihnen verhält es sich anders. Du wirst das Mädchen ja sehen. Sie spricht unverständliches Zeug ... sie ist primitiv, wie ich schon sagte. Sie kann kaum lesen. Den Straßennamen an der Hauswand konnte sie nicht entziffern. Jemand hat sie bis vor die Tür geführt anhand der Adresse, die man ihr auf einen Zettel geschrieben hatte.«

»Wo ist sie jetzt?«

»In Ninis Zimmer. Sie kam hier an wie ein Waldbewohner, in einem Fell und einem Kleid, das aus einem Sack geschneidert ist. Ich habe ihr alte Kleider von Nini gegeben, und Betti bereitet für sie etwas zu essen und Badewasser vor. Sie hat seit drei Tagen nicht geschlafen, ist mit ihren geschwollenen Füßen die ganze Zeit unterwegs gewesen. Ich habe ihr alte Hausschuhe gegeben. Wahrscheinlich schläft sie sich erst einmal aus.«

Albert schwieg.

Nach einer Weile fragte seine Mutter erschrocken: »Was ist los mit dir?«

»Ich versuche nachzudenken. Vielleicht stimmt das alles überhaupt nicht.«

»Was stimmt nicht?«

»Die ganze Geschichte. Du hast dreißig Jahre nichts von ihrer Mutter gehört, und sie ist erst vierzehn. Wie kannst du da sicher sein, daß sie diejenige ist, als die sie sich ausgibt? Du wußtest doch gar nichts von ihrer Existenz.«

»Sie sieht genauso aus, wie ihre Mutter in diesem Alter ausgesehen hat. Unter Tausenden würde ich sie erkennen.«

»In welcher Frage soll ich dich nun beraten?

»Ich weiß nicht, wohin ich sie schicken soll.«

»Weshalb sollte man sie fortschicken?«

»Albert!« rief seine Mutter entrüstet. »Du glaubst doch nicht, wir könnten sie hier im Haus behalten!«

»Weshalb nicht? Wir haben doch genug Zimmer.«

»Das hat nichts mit den Zimmern zu tun. Das Problem ist folgendes: Als was sollen wir sie den Leuten vorstellen? Sie ist deine Cousine, Albert, und sie ist eine Analphabetin, die nur fünf Jahre eine Schule besucht hat. Schlimmer als Betti!«

»Aber Mama!« sagte er bestürzt. »Ihre Mutter – deine Schwester – läßt sie einen so gefahrvollen Weg gehen, damit du ihr Schutz gewährst, und du redest nur von der Frage, wie wir sie den Leuten vorstellen!«

»Du begreifst die Situation nicht. Sie ist die Tochter von Christen!«

»Sie ist auch die Tochter deiner Schwester!«

»Es ist uns sogar gesetzlich verboten, sie in unserem Haus zu behalten.«

»Jetzt liegt es also am Gesetz? Die Ausrede zieht hier nicht. Dem Gesetz nach dürften wir auch Betti längst nicht mehr bei uns haben.«

»Für Betti haben wir eine Ausnahmegenehmigung bekommen. Aber mittlerweile ist es unmöglich, derartiges zu arrangieren. Es wäre viel zu gefährlich.«

Als sich Lidia Moskat erhob, vermied sie es, ihrem Sohn in die Augen zu blicken. Sie wußte, daß sie durchschaut worden war, und so bemühte sie sich, so aufrecht wie möglich aus dem Zimmer zu gehen.

»Morgen kommt Paula zurück, dann werden wir darüber sprechen und eine Entscheidung fällen. Auch du wirst anders reden, wenn du morgen das Mädchen gesehen hast.«

Noch bevor ich sie zum erstenmal sah, noch bevor sie für mich zur lebenspendenden Quelle wurde, hatte ich begonnen, für sie zu kämpfen – würde er viele Jahre später zu seiner Rechtfertigung sagen. Sie war nur fünf Jahre älter als sein Sohn, und doch hatte er sie bereits in jenem Moment zu lieben begonnen.

Er wartete nicht bis zum Morgen. Noch in derselben Nacht ging er zu ihr. Mitternacht war schon vorüber – in Bettis Kammer herrschte längst Dunkelheit, und im Zimmer seiner Mutter war das Licht der Leselampe kurze Zeit zuvor erloschen. Er schlich in das Zimmer, in dem seine Schwester Nini gewohnt hatte, bis sie heiratete und mit der Familie ihres Mannes nach Südfrankreich zog. Vor der Tür blieb er stehen und blickte durch den Spalt auf das Mädchen. Der fünfzehnjährige Junge, der in ihm wohnte und der nichts sehnlicher wünschte, als die Zauberin, die Girlanden auf ihn herabregnen ließ, oder das blitzespeiende Ungeheuer zu sehen, war wach geblieben, bis das Licht in den anderen Zimmern erloschen war, und hatte ihn an jene Tür geführt.

Der schwache Schein der Korridorleuchte, die seit seiner Kindheit jede Nacht brannte, genügte, um einen Teil ihres weißen Halses und das Haar, das um ihr blasses Gesicht fiel, zu erkennen. Vorsichtig trat er an ihr Bett und beugte sich über sie, um sie besser sehen zu können: jugendfrische Haut, ein skeptisches Mädchengesicht, wulstige Lippen, eine sanft atmende Nase und eine fleischige Hand, die auf dem Kissen neben dem Kopf ruhte. Februar – sagte er zu sich – seit August ... schon seit sieben Monaten war er von seiner Frau getrennt. Und während des Jahres zuvor hatten sie in einem Zimmer mit ihrem Sohn gewohnt; seit der Kleine eines Nachts aufgewacht war und sie gefragt hatte, was sie da täten, hatten sie sich nur noch hastig und ohne einen Laut von sich zu geben geliebt. Demnach ein Jahr und sieben Monate ... und schon seit Jahren hatte er keine derartige Erregung in seinen Lenden gespürt und nicht die Glut, die schweigend zu seiner Brust hinaufkroch und ihm den Atem benahm. Ihn überkam das Verlangen, die Decke des Mädchens zu lüften und sich im warmen Dunkel an sie zu schmiegen, ihre weichen Glieder zu fühlen, den Hauch ihres Atems auf seinem Gesicht, sie zu berühren, mit seinen Fingern den Frauenkörper zu tasten, der sich unter dem gelben, im Dämmerschein glänzenden Satinstoff abzeichnete, und ihn mitzureißen in seine anschwellende Lust.

Das Mädchen erzitterte und zog sich die Decke bis über die

Augen, als verstecke es sich. Albert erschrak; plötzlich begriff er, was er dort tat, und fürchtete, sie könnte mit einem Schrei aus dem Schlaf schrecken. Er verweilte noch einen Augenblick, um sich zu vergewissern, daß er sie nicht geweckt hatte, dann verließ er das Zimmer mit leisen, eiligen Schritten.

Die ganze Nacht träumte er von der Liebe. Das Bild seiner Frau verquickte sich mit dem Anblick seiner bäuerlichen Cousine, deren Wärme jetzt Ninis Bett erfüllte, und der Erinnerung an ein Mädchen, das er in seiner Jugend verehrt und das ihn zurückgewiesen hatte. Was er im Zustand des Wachens mit den Frauen nie zu tun gewagt hätte, vollzog er in seinen Träumen. Die ganze Nacht brannte sein Körper, als stehe er in Flammen. Als er am anderen Morgen erwachte, aufgewühlt von den Bildern der Nacht, mit steifen Gliedern und vor Verlangen schmerzenden Lenden, trug ein Luftzug einen ungewohnten Duft in sein Zimmer. Er hob seinen Nacken aus dem Kissen und überlegte verwundert, woher der Duft stammte, der ihm den Geruch von geschnittenem Gras und von reifen, bereits fauligen Birnen in Erinnerung rief.

Er fand seine Mutter und das Mädchen im Eßzimmer in der unteren Etage, in deutlicher Distanz zueinander an beiden Enden der Tafel sitzend.

»Albert, komm und geselle dich zu uns«, rief seine Mutter in einer Sprache, die noch gepflegter klang als gewöhnlich, und in einem lauten, süßlich und gekünstelt wirkenden Ton, dessen sie sich in Anwesenheit der Dienstboten oder anderer zum niederen Volk zählender Leute bediente, »ich möchte dir Sonja vorstellen.« Und zu dem Mädchen sagte sie, indem sie ihre Nase in die Höhe reckte: »Das ist Albert, mein Sohn. Ich habe ihm von deiner Ankunft erzählt.«

Von der Tür aus begrüßte er sie mit einem übertriebenen, freudigen Nicken, bei dem sein Kinn seine Brust berührte. Als er zu ihr aufschaute, bemerkte er ihre vor Scham geröteten Wangen und das Blitzen in ihren Augen. Auch sah er den wütenden Blick seiner Mutter, die sagte: »Setz dich zu uns, Albert«, und ihren

Arm mit einer manierierten Bewegung zu dem Stuhl neben sich führte.

Er näherte sich und setzte sich zu ihnen, den Blick auf das Mädchen geheftet wie auf ein Beutetier: Sie trug einen Fransenpullover von Nini, dessen wollene Fasern sich über ihren breiten Schultern und großen Brüsten spannten. Auf ihrem Gesicht lag der unschuldige, erschrockene Ausdruck eines kleinen Kindes, das sich unter Fremde verirrt hat. Die hellen Vorhänge, die sein Vater eine Woche vor seinem Tod aus Paris mitgebracht hatte und die hinter dem Stuhl des Mädchens hingen, ließen die kronengleiche Silhouette der dicken, hochgesteckten Bäuerinnenzöpfe deutlich hervortreten.

»Sonja ist vierzehn Jahre alt«, sagte seine Mutter mit schneidender Stimme, und er bemerkte den Tadel, der in ihren Worten schwang, so als wolle sie sagen: »Sie ist zu jung für dich.« In lauterem Ton fuhr sie fort: »Sie ist mit Pferdewagen, dem Zug und zu Fuß von ihrem Dorf zu uns gekommen. Erzähle Albert alles, was du auch mir erzählt hast, Sonja.«

Er verabscheute die hochmütige Intonation, deren seine Mutter sich dem Mädchen gegenüber bediente. Sonja senkte den Blick, denn sie fühlte sich unterlegen; sie wußte, daß sie im Gespräch mit diesen Leuten Fehler begehen würde. Nicht einmal im Traum hatte sie ein Haus wie dieses gesehen, und die Ausdrucksweise seiner Bewohner schien ihr so verschieden von der Mundart ihres Dorfes, als redeten sie eine andere Sprache. Die ganze Zeit spürte er die Angst, die das Mädchen erzittern ließ vor den Leuten, deren Gnade es nun unterworfen war.

Mit einer kindlichen Stimme, die angesichts der Reife ihres Körpers Überraschung hervorrief, und in wirren Sätzen voll Fehlern, die einem gemeinhin schon im Kindesalter abgewöhnt werden, berichtete sie von ihrem kranken Vater, von ihrer Mutter, die sich um ihn kümmere, und von Gerüchten, die immer häufiger zu hören seien und die besagten, daß deutsche Soldaten auf der Suche nach Pferden die Dörfer nahe der Grenze durchkämmten. Im Nachbarort, der auf der anderen Seite der Grenze liege, seien sie durch einen Zufall auf eine Familie gestoßen, die vor vielen Generationen einen jüdischen Vorfahren gehabt habe. Die meisten Bewohner des Dorfes hätten nichts davon gewußt. Doch aufgrund eines Eisenschildes am Türsturz des Hauses hätten es die Deutschen herausgefunden. Sogleich sei ein Militärfahrzeug gekommen, und die ganze Familie sei auf den Wagen verfrachtet worden. Einige Tage später habe ein Bauer, der auf die Jagd ging, ihre Leichname in einer Lichtung unweit des Dorfes gefunden. Alle, selbst die Kinder, hätten in einer Reihe gelegen, die Gesichter zur Erde gewandt. Und allen sei ein Kopfschuß verpaßt worden. Das habe ihre Mutter sehr erschreckt. Schließlich wisse jeder in dieser Gegend von ihrer jüdischen Herkunft. Und der Dorflehrer habe ihr gesagt, ihre Bekehrung zum Christentum sei für die Deutschen bedeutungslos. Wenn sie auf der Suche nach Pferden ins Dorf kämen, würden sie sie leicht finden. Ihre älteste Schwester, die bereits Kinder habe, sei zur Familie ihrer Schwägerin in ein Dorf, das weit von der Grenze entfernt sei, gezogen. Ihre beiden Brüder hätten sich im Wald ein Versteck gebaut und könnten jederzeit durch den Keller, der zu den Maisfeldern hinter dem Haus hinausgehe, entweichen. Und was sie selbst betreffe, so habe ihre Mutter nach langem Zögern beschlossen, daß es das Beste sei, sie zu ihrer jüdischen Familie nach Sofia zu schicken. Den Reichen würden die Deutschen nichts tun, habe sie gesagt, und ihre Familie sei sehr vermögend. Sie habe nie etwas von ihren Angehörigen verlangt, bis auf einmal, als sie sich mit ihrem kranken Sohn, der schon seit vielen Jahren tot war, zu ihnen begeben habe, um ihn von einem jüdischen Arzt untersuchen zu lassen. Wenn ihre kleine Tochter in die Hände der Deutschen fiele, würden sie ihr schreckliche Dinge antun. Im Traum sei ihrer Mutter die Großmutter erschienen, und die habe ihr befohlen, Sonja im Morgengrauen fortzuschicken. Aber erst als die Großmutter versprochen hatte, auch ihre beiden anderen Töchter im Traum zu besuchen und ihnen aufzutragen, sich um Sonja zu kümmern, als wäre sie ihr eigen Fleisch und Blut, sei sie bereit gewesen, dem Befehl der Großmutter zu folgen.

Albert betrachtete ihre Lippen, die so rot waren, als seien sie mit Farbe bestrichen, und die die Wörter nur mit Mühe formten. Ihre Lider hielt sie die meiste Zeit zu den Narzissen auf dem Tischtuch gesenkt. Bei jedem Fehler, den sie beging, verzog Lidia Moskat den Mund und sah ihrem Sohn ins Gesicht, als wolle sie herausfinden, ob er endlich verstand, weshalb das Mädchen unwürdig war, in ihrem Haus zu wohnen.

Als er an diesem Morgen zur Arbeit aufbrach, begleitete ihn seine Mutter zur Tür und sagte flüsternd auf deutsch, der Sprache, in der sie zu ihm sprach, wenn sie mit ihm allein war: »Verstehst du jetzt, was ich gestern meinte?«

»Nein«, sagte er und setzte seinen Hut auf, »was meintest du?«

»Seit dein Urgroßvater dieses Haus baute, haben die Wände nicht einmal von der Dienerschaft je solche Fehler gehört«, antwortete sie scharf.

Er küßte sie wie stets auf die Wangen und sagte: »Mama, Wände haben keine Ohren.«

Während des ganzen Tages spürte er eine große Anspannung in seinem Körper. Auf seinem Kontrollgang durch das Holzlager, in den hohen grauen Räumen, blitzten immer wieder Bilder vor ihm auf: Bald sah er ihre blasse, weiche Hand, die, fleischig wie der Fuß eines Säuglings, auf ihrem Oberschenkel ruhte, während der Stoff des Kleides sich spannte und ihr rundliches Knie nachzeichnete, bald ihre furchigen dunklen Lippen und ihre zitternden Lider.

Am Nachmittag, auf dem Heimweg, fühlte er in seinem Innern das Erwachen einer Begierde, die derjenigen glich, die er in den ersten Tagen seiner Ehe empfunden hatte. Dieses Verlangen nach Sonjas Körper ging mit dem Aufkeimen eines Triebes einher, der sich oft in ihm geregt hatte, als er seinen kleinen Sohn an sich drückte: Er verspürte den dringenden Wunsch, sie zu beschützen – vor seiner Mutter, vor seiner Tante und vor den Deutschen. Abends, so plante er voll Begeisterung, würde er heimlich zu ihr gehen, um ihr einen Geldschein in die Hand zu drücken und um ihr zu sagen: Wenn meine Mutter dich aus dem Haus weist oder dir Geld gibt und befiehlt, dir eine andere Unterkunft zu suchen, darfst du nicht weiter gehen als bis ans Ende der Straße, wo du meine Rückkehr abwarten mußt. Sei unbesorgt, niemand wird dir in meinem Haus etwas Böses tun.

Von fern schaute er zum Haus, in der Hoffnung, ihr Bild zu erhaschen, wenn sie am Fenster ihres Zimmers vorbeiginge. Er hielt einen Augenblick inne, doch konnte er von draußen nichts sehen. Auch im Innern des Hauses blieb sie seinem Auge verborgen; kein Laut war zu hören. Wie ein Spion schlich er durch das Gebäude.

Im Salon entdeckte er seine Mutter und seine Tante, die dasaßen und erregt diskutierten: Die eine hielt sich beim Sprechen die Hand vor den Mund, die andere faßte sich an die Brust. Als Alberts Großvater gestorben war, waren Tante Paula und ihr Mann, die keine Kinder hatten, in dessen Wohnung gezogen. Da die Schwestern nun Nachbarinnen waren, saßen sie oft beieinander, um endlose Gespräche zu führen; und während der Reisen von Paulas Mann, dessen Kuraufenthalte am Schwarzen Meer von Mal zu Mal länger ausfielen, nahmen sie auch die Mahlzeiten gemeinsam ein.

Als Albert in den Salon trat, eilten sie ihm entgegen und redeten beide gleichzeitig auf ihn ein. Sie zerrten ihn zu dem großen Sofa und ließen sich rechts und links von ihm nieder. Paula wiederholte in hektischem Ton die Geschichten, die sie bei ihrer Cousine, der Frau von Kantor Iacobov, gehört hatte: Der Sohn des Synagogendieners Recanati sei als gebrochener Mann aus der Arbeitskolonne heimgekehrt. Er habe sich in sein Zimmer eingeschlossen und jaule in der Nacht wie eine junge Katze. Er weigere sich, jemanden zu sich hereinzulassen; selbst seine Eltern wolle er nicht sehen. Daher habe man, wie bei einem Aussätzigen, ein Loch in seine Tür gesägt, um ihm Nahrung hereinreichen zu können. Bereits im Frühling vorletzten Jahres sei er einmal von einer Arbeitskolonne rekrutiert worden, aber damals hätten die jüdischen Offiziere noch die Position eines Kommandanten einnehmen dürfen. Diesmal sei er ein einfacher Arbeiter gewesen, habe in der Soldatenküche essen und im Zelt schlafen müssen. Schließlich habe er einen Zusammenbruch erlitten.

Auf dem Platz vor dem Königsschloß kontrollierten Soldaten die Ausweise von Leuten, die jüdisch aussahen und keinen gelben Stern am Mantelrevers trugen. Auch die Zwillinge von Farhi, dem Apotheker, seien in eine Kontrolle geraten; doch sie würden erst in einigen Monaten zehn Jahre alt und seien noch nicht verpflichtet, gemäß den Bestimmungen des Erlasses Nummer siebzig den Stern zu tragen. Sogar am Eingang zum Opernhaus und an den Heilbrunnen stünden Polizisten, die Juden den Zugang versagten. Baruch Asseo, der von der Nationalbühne entlassene Schauspieler, organisiere Theater für die Angehörigen der jüdischen Gemeinde. Und Rafael, der Französischlehrer, der Mann von Victoria, der jüngsten Tochter des Augenarztes, höre heimlich die Programme des englischen Rundfunks. Seit es den Juden verboten sei, Radio zu hören, habe er einen Empfänger auf dem Dachboden installiert, und sein Hund bewache den Eingang, wenn er hinaufgehe, um zu hören, was die Engländer über den Krieg sagten. Moscu Cohen, der seine Stelle verloren habe, hätte nach Paragraph neunundzwanzig Sofia verlassen und in eine Stadt auf dem Land ziehen müssen; doch er habe sich geweigert, sein Haus aufzugeben. So habe er sich die Papiere eines an Ruhr gestorbenen Verwandten seiner Frau angeeignet und lebe nun unter dem Namen des Toten.

»Was sagst du dazu, Albert? Könnte die Situation schlimmer sein?«

Von beiden Seiten drängten sie gegen seinen Körper. Und zum erstenmal fühlte er, welch schwere Last er zu tragen hatte: für seine Frau und seinen Sohn, für seine Cousine und nun auch für seine Mutter und seine Tante.

»Ich werde Erkundigungen einholen«, sagte er erschrocken, und seine Tante atmete auf, als wären all ihre Probleme mit einem Schlag gelöst.

»Nun, was hältst du von unserem Gast?« fragte sie mit einem

streitlustigen Unterton, und Albert war verblüfft ob der Munterkeit, die sie trotz der Dinge, die sie soeben berichtet hatte, an den Tag legte.

»Sehr nett«, sagte er und fühlte, wie ihn eine heiße Woge umspülte.

»Nett!« rief sie und wandte den Kopf zu ihrer Schwester, so als tadle sie sie wegen der mangelhaften Erziehung, die sie ihrem Sohn hatte angedeihen lassen. »Sie ist durch und durch primitiv. Genau wie die Leute, die in den Wäldern hausen. Heute haben wir ihr zeigen müssen, wie man auf der Toilette die Spülung betätigt. Sie wußte nicht, was sie tun sollte; Betti hat es ihr schließlich erklärt. In ihrem Dorf machen die Leute das auf dem Feld. Selbst Betti hat sich vor Lachen kaum halten können!«

»In einem Haus, in dem hochmütige Herrschaften wohnen, ist es kein Wunder, daß auch die Diener hochmütig sind«, gab er kühl zurück. Seit er ein kleiner Junge war, stritt er mit seiner Tante ununterbrochen.

»Albert, auf der Stelle entschuldigst du dich!« schalt seine Mutter ihn.

»Ich entschuldige mich«, sagte er ohne ein Zögern, wohl wissend, daß sein rasches Einlenken die Tante beleidigen würde.

Im selben Moment erschien Betti hinter der Glastür, und seine Mutter sagte: »Da kommt Betti, um uns zu sagen, daß das Essen fertig ist. Albert, wir gehen heute in die Oper.«

Sein Herz schlug vor Mitleid schneller, als er begriff, daß seine Mutter sich in die veränderte Situation noch nicht eingefunden hatte.

»In die Oper?«

»Entschuldige«, sagte sie beschämt, als habe sie einen schweren Fehler begangen. »Zur Aufführung. Zu Asseos Aufführung. Im Saal der jüdischen Gemeinde.«

Während die anderen Platz nahmen und seine Mutter ihnen zur Eröffnung des Mahls einen guten Appetit wünschte, starrte Albert zur Tür. Schließlich fragte er in beiläufigem Ton: »Ist Sonja im Haus?«

»Ja, sie ist im Haus«, antwortete seine Mutter übertrieben gedehnt.

»Fühlt sie sich unwohl?«

»Weshalb fragst du?« Seine Tante wollte mit der Suppe beginnen; sie hielt bereits den schweren Silberlöffel in ihrer Hand.

»Weil sie nichts ißt.«

»Oh, sie ißt ganz hervorragend, wenn man bedenkt, was sie heute nachmittag gefuttert hat.«

Albert sah rasch zu ihr auf. Das Wort »futtern« benutzten sie nur, wenn von Tieren die Rede war.

»Und deshalb bekommt sie kein Abendessen?«

»Mach dir keine Sorgen um sie. Sie wird später essen.«

»Allein?«

»Nicht allein. Mit Betti.«

»Mit dem Dienstmädchen!« rief er und ließ seinen Löffel auf den Tisch knallen.

»Mit dem Dienstmädchen«, wiederholte seine Tante spöttisch, indem sie den Kopf hin und her schüttelte. »Sie kann noch eine Menge vom Dienstmädchen lernen.«

»Ist das unsere Aufgabe – sie maßregeln?«

»Albert, du bist sehr nervös in letzter Zeit«, versuchte seine Mutter einen versöhnlicheren Ton anzuschlagen. »In dieser Angelegenheit mußt du die Entscheidung deiner Tante und mir überlassen. Auch mußt du verstehen, daß sie selbst sich nicht wohl fühlt bei uns. Du hast mit eigenen Augen gesehen, wie unangenehm es ihr heute morgen war. Sie versteht nicht, das Besteck richtig zu halten, mit einer Serviette umzugehen oder sich etwas einzugießen. Du hast es doch selbst gesehen!«

»Weil man bei ihr daheim nicht so ißt. Du kannst nicht erwarten, daß sie Dinge versteht, die sie noch nie gesehen hat. Aber sie ist imstande zu lernen. Sie ist nicht geistig zurückgeblieben. Außerdem ist es nicht besonders schwer zu verstehen, wie man sich eine Serviette auf den Schoß legt.«

»Auch wir fühlen uns nicht wohl in ihrer Anwesenheit«, sagte seine Mutter und drückte ihre Serviette mit dem Zeige- und dem

Mittelfinger an ihre Lippen. »Wir können uns nicht ungezwungen unterhalten.«

»Aber sie gehört zur Familie!« rief er. »Und wir reden nicht über Staatsgeheimnisse während der Mahlzeiten!«

»Das ist nicht ganz richtig, Albert, und das weißt du genau. Sie fühlt sich wohler bei Betti, und sie ist an das Essen, das Betti sich kocht, gewöhnt. Vergiß nicht, daß sie als Katholikin aufgewachsen ist. Die mögen koscheres Essen nicht.«

»Wenn man es darauf anlegt, ist es nicht schwer, Ausflüchte zu finden. Soll auch ich in der Küche essen gehen? Vielleicht schmeckt mir das Essen dort besser.«

»Albert!« schrie seine Mutter in einem Ton, über den sie ebenso überrascht war wie die übrigen Anwesenden. Sie räusperte sich, als seien ihre Stimmbänder defekt, und sagte beherrscht, mit sehr leiser Stimme: »Hör auf damit, Albert. Die Situation ist auch so verwirrend genug.«

Als es Abend wurde, wußte er, was er zu tun hatte. Nachdem er vom Fenster aus beobachtet hatte, wie seine Mutter und seine Tante vom Dämmer der Straße verschluckt wurden, ging er unverzüglich zu Sonjas Zimmer hinunter und klopfte an ihre Tür. In seinen Ohren mischte sich das Geräusch des gekrümmten Fingers, der auf die hölzerne Fläche schlug, mit dem Hämmern seines pochenden Herzens. Stundenlang hatte er nachgedacht, wie er Sonja versöhnen könnte nach der Kränkung, die sie ihr zugefügt hatten, indem sie sie vom gemeinsamen Mahl ausschlossen: Die Sätze, die ihn reinwaschen würden, lagen bereit. Noch während er klopfte, öffnete sie die Tür. Sie stand in der Öffnung, ihm gegenüber, und lächelte, als habe sie ihn erwartet. Ihr Lächeln entblößte kleine blitzweiße Zähne und einen Rand rosa Zahnfleischs; ihr ganzes Gesicht schien zu leuchten.

»Du bist fröhlich«, sagte er erleichtert, da er ihr Gesicht zum erstenmal sorgenfrei sah.

»Sieh her, was mir deine Mutter geschenkt hat«, sagte sie und zeigte aufs Bett. Auf der wollenen Tagesdecke stapelten sich hübsche Kartons voller Kleider; ein Teil lag feinsäuberlich aufeinandergeschichtet, andere waren an den Rand des Bettes gerutscht. Vorsichtig wie jemand, der sich des Wertes der Kleidungsstücke bewußt war, hob sie einzelne in die Höhe und führte sie ihm anmutig vor, einer Verkäuferin gleich, die eine Kundin zum Kauf zu verführen suchte: eine bestickte Bluse, Knäuel von schwarzen Perlenketten, einen chinesischen Seidenumhang mit einem grünen Drachen auf der Vorderseite, der seine gewundene rote Zunge zum Kragen ausstreckte, einen grauen Wollrock mit Falten, die nach unten hin breiter wurden, ein blaues Damenjackett mit gepolsterten Schultern und einer doppelten Reihe versilberter Knöpfe, ein rosa Hemd mit hauchdünnen Rüschen am Saum, eine helle Bluse aus feinem Mohair, die auf der Brust mit roten Wollblüten bestickt war, einen moosgrünen Rock mit einer breiten Falte am Rücken, eine dünne graue Bluse mit Perlenknöpfen und einem Kragen, der sich Blütenblättern gleich öffnete, einen hellen Seidenrock, der mit einem violetten Volant besetzt war.

Einige Kleidungsstücke waren ihm bekannt: Der Seidenumhang war seiner Mutter als Geschenk zugeschickt worden; als sie ihn aus der Verpackung befreit hatte, hatte der Drachen mit dem aufgerissenen Schlund sie zu Tode erschreckt; sie hatte das Kleidungsstück zu Boden fallen lassen, und alle Anwesenden hatten laut gelacht. Das blaue Wolljackett hatte er seiner Frau während eines Aufenthaltes in London gekauft, wo mitten in den Sommer ein Wintertag fiel; sie hatte es auf ihrer Schottlandreise getragen, und auf einem Waldspaziergang war ein Knopf verloren gegangen, den sie nach langem Suchen in einem Strauch wiederfanden, dessen Blüten er zum Verwechseln ähnlich sah.

»Freust du dich?« fragte er sie.

»Ich hab noch nie so gute Kleider gehabt. Bei uns im Dorf gibt's sowas nicht.«

»Hast du sie anprobiert?«

»Nein«, sagte sie traurig. »Ich seh schon, daß ein paar sind zu klein.«

»Daß einige zu klein sind«, sagte er.

Sie schaute ihn verwundert an.

»Man sagt: Ich sehe, daß einige zu klein sind.«

»Einige zu klein sind«, wiederholte sie folgsam.

»Komm!« Als er die helle Mohairbluse hochhielt, schien es ihm, als sehe er sich mit den Augen einer anderen Person, die erschrocken war über die Kühnheit, die er unversehens an den Tag legte. »Versuch dies hier. Ich möchte sehen, ob es wirklich zu klein ist.«

Sie neigte ihren Kopf, als überlege sie.

»Nur zu!« sagte er lächelnd und drückte ihr die Bluse in die Hand.

»Ich schäm mich«, entgegnete sie kopfschüttelnd.

»Ich schaue nicht hin«, versprach er und versuchte die Kurzatmigkeit, die ihn befiel, in den Griff zu bekommen.

Sie streifte sich die Bluse über den Oberkörper und zerrte den Saum über ihre Hüften.

»Ich seh schon«, sagte sie. »Zu klein ist.«

»... ist zu klein«, verbesserte er. »Die Bluse ist zu klein.«

»Die Bluse ist zu klein«, sprach sie ihm sofort nach.

»Gibt es eine Schule in eurem Dorf?« fragte er.

»Fünfte Klassen«, antwortete sie und lächelte zur Entschuldigung das bezwingende Lächeln, das so typisch für sie war. Diesmal korrigierte er sie nicht.

Doch als er sie aufforderte, die Bluse mit den schwarzen Perlschnüren anzuziehen, gab sie seinem Drängen nicht nach. Mit zwischen ihren Lippen hervorlugender Zunge strich sie behutsam den Stoff glatt und faltete die Kleider sorgfältig zusammen. Er half ihr, die gestapelten Kleiderkartons in die Schrankfächer zu legen. Anschließend lud er sie ein, sich mit ihm in den Salon zu begeben. Aber sie zögerte. Sie glaubt, sagte er sich, in Gegenwart ihrer Tanten würde ich sie nicht dazu auffordern. Als sie endlich gemeinsam in den Salon traten, betrachtete sie mit Neugier die niedrige Glasvitrine, in deren Spiegelwänden sich die Kristallkelche zu endlosen Reihen formierten, und ließ ihre Fingerkuppen über die hölzernen Leisten des Möbelstücks gleiten. Albert schob die Glasscheibe, die sie von den kolonnenartig geordneten

Flaschen trennte, zur Seite, und ihre Finger hüpften über die goldenen und purpurfarbenen Verschlüsse und das spiralförmige Schnitzwerk, auf dem die Stellflächen ruhten.

»Alles bei euch sieht aus wie im Haus von einer Königin«, flüsterte sie.

Während sie noch die Vitrine betrachtete, füllte er zwei Gläser und sagte: »Dann lade ich die Prinzessin jetzt ein, mit mir zu trinken.« Und obwohl er nur ihren Nacken sah, bemerkte er, wie sie errötete. Sie trank und schloß die Augen, als träume sie. Sie fuhr sich mit der Zungenspitze über die Unterlippe, und als sie die Augen öffnete, sah sie, daß das Glas leer war.

»Kann ich noch etwas kriegen?« fragte sie.

Er schmunzelte.

»Man nimmt nur wenig davon, wenn man sich nicht betrinken will«, sagte er. »Das ist ein kräftiger Tropfen, doch man spürt ihn erst nach einer Weile.«

Sie drehte sich wie eine Tänzerin, das Weinglas in ihrer Hand, um zu beweisen, daß sie nicht betrunken war.

»Guck, ich fall nicht um«, rief sie. »Mein Vater macht selbst immer Wein, und ich und meine Brüder stibitzen aus den Flaschen.«

»Du wirst dich betrinken«, lachte er, als sie die vierte Sorte probierte. »Man darf sie nicht gleichzeitig trinken.«

»Dann eben morgen!«

Sie lächelte und schaute ihm in die Augen, und er versprach: »Ja, morgen.«

Als sie anfing, kichernd ihren Kopf hin und her zu schwenken, lud er sie ein, seine Sammlung alter Gewehre, die im Keller aufbewahrt war, zu besichtigen. Und als er ihr die Treppen hinabfolgte und ihre ungelenken Schritte bemerkte, konnte er seine Scham über die schändlichen Dinge, die er mit dem unschuldigen Mädchen trieb, nicht länger unterdrücken. Er erinnerte sich, daß sie kaum fünf Jahre älter war als sein Sohn: Erst gebe ich ihr zu trinken, um ihre Sinne zu trüben, und danach locke ich sie hinterlistig in den dunklen Keller!

Er nahm nacheinander die wohlgeformten Waffen von den Haken, welche schon sein Vater vom Großvater geerbt und welche er, als er ein kleiner Junge war, manchmal mit seinem Vater hatte reinigen dürfen. »Das hier ist das einzige, was du putzen mußt«, hatte sein Vater ihm stolz erklärt, »das ist wichtiger als Schuheputzen.«

Zärtlich strich er über das kostbare Holz und den schönen metallenen Lauf einer Waffe, über die ziselierten Silberbeschläge und den Kolben, der kunstvoll wie ein Schmuckstück gearbeitet war. Wie einst sein Vater sprach er mit leiser Stimme vom florentinischen Handwerker Lorenzoni, der mit großer Hingabe Gewehre hergestellt hatte. Seine Finger glitten die Einkerbungen des Gerätes entlang, und erst als er ihr erklärte, daß diese Gewehre wegen des Pulvers, dessen gesamte Ladung auf einmal verbrennen könne, besonders gefährlich seien, bemerkte er, daß er nur zu sich selbst sprach; er hob seinen Blick und sah Sonja an.

Sie hielt sich an der Wand fest, um sicher zu stehen, und beobachtete konzentriert, wie sein Finger den Gewehrlauf entlangglitt. Ihre Knie zitterten – das war für ihn deutlich erkennbar.

»Kann man einen umbringen mit dem?« fragte sie, und über ihr Gesicht huschten Schatten.

»Wenn man Kugeln einfüllt ...«, antwortete er und erinnerte sich, wie er die gleichen Worte zu seinem Sohn gesagt hatte.

»Gibt's hier Kugeln?«

»Irgendwo waren welche«, antwortete er und schaute im Kellerraum umher. »Aber ich entsinne mich nicht, wo genau. Ich habe mich lange nicht mit den Gewehren beschäftigt. Lange Zeit bin ich überhaupt nicht hier heruntergekommen.«

»Und warum bist du heute heruntergekommen?«

Er näherte sich ihr, bis er ihr Gesicht nicht mehr sehen konnte. Ihre Lider zuckten, als sich seine Brust an ihr Gesicht drückte.

»Fürchtest du dich vor mir, Sonja?« fragte er leise.

Sie zog den Kopf von seiner Brust zurück, aber ihr Körper blieb regungslos. »Ein bißchen.«

»Weshalb, Sonja?«

»Weiß nicht.«

»Sag: Ich weiß es nicht, Albert.«

»Ich weiß es nicht, Albert«, sprach sie ihm sofort nach, und sie hörten beide das Zittern in ihrer Stimme.

»Du darfst keine Angst haben, Sonja«, flüsterte er, nahezu ohne seine Lippen zu bewegen, »ich würde dir nie etwas tun. Dieses Haus ist dein Zuhause, bis du eines Tages beschließt fortzugehen. Ich will dich von nun an beschützen.«

Einen Augenblick reagierte sie nicht, als seien seine Worte nicht bei ihr angekommen; dann aber lächelte sie unversehens, und ihre Zähne blitzten im Dunkeln.

»Ich glaub, ich fall gleich um«, sagte sie.

Er umfaßte ihre Hüften und führte sie zu dem Sofa, das in einer Ecke des Kellerraums stand; es war das alte Sofa aus dem Salon, an das er sich noch aus seiner Kindheit erinnerte. Sie kauerte sich zusammen und hielt, wie zum Schutz, die Hände vor der Brust gekreuzt. Er indes saß still an ihrer Seite, denn er wußte, daß der Augenblick noch nicht gekommen war.

»Mutter hat für mich von diesem Zimmer erzählt«, sagte sie mit geschlossenen Lidern.

»Was hat sie gesagt?« fragte er erschrocken

»Sie hat gesagt, es gibt im Haus ein Zimmer unter der Erde.«

»Vielleicht sollten wir deiner Mutter schreiben, daß du gut angekommen bist und daß es dir hier gut geht.«

»Brauchen wir nicht«, sagte sie.

»Sie ist gewiß sehr beunruhigt.« Plötzlich regte sich ein Gefühl aufrichtiger Besorgnis in ihm.

»Mutter hat keine Angst um mich. Sie weiß alles.«

»Sie weiß alles? Wie ist das möglich?« fragte er beinah ängstlich. Ihm fielen die Geschichten ein, die er als kleiner Junge gehört hatte, von Hexen, die in entlegenen Bergdörfern leben und jede Nacht durch die Wälder streifen, um giftige Kräuter zu pflücken und scheinbar harmlose Wurzeln zu sammeln, deren Geruch allein bereits kleine Kinder verhext und in Schakale verwandelt.

»Wegen den Träumen«, sagte Sonja und öffnete ihre Augen. »Sie sieht nachts die Träume und weiß alles wegen den Träumen.«

»Und weiß sie auch, daß du Wein getrunken hast?« versuchte er seine Erschütterung in Heiterkeit zu verkehren.

»Sie weiß alles«, sagte sie mit ernsthafter Miene und lehnte sich ins Sofa zurück.

Ein großes Mißbehagen erfüllte ihn. Mit einemmal schien es ihm, als wisse ihre Mutter auch über seine Taten Bescheid, als lese sie seine üblen Gedanken und strafe ihn aus weiter Ferne für das, was ihrer Tochter um seinetwillen bevorstand.

Als sie sich drei Wochen später abermals allein im Haus befanden, wußte er, daß nun der richtige Augenblick da war. Er schenkte ihr aus den Likörflaschen ein und erzählte ihr von seinem besten Freund, der im Kindesalter an einer Bluterkrankung gestorben war. Als Sonja ihm mit verschleiertem Blick von dem Viehhändler erzählte, der, als sie ein kleines Mädchen war, ihren Körper betastet hatte, brach sie unvermittelt in Tränen aus. Um sie zu trösten, nahm Albert sie in seine Arme, und sie verharrte lange Zeit schluchzend, indem sie ihr Gesicht an den Kragen seines teuren Wolljacketts drückte. Schließlich führte er sie in den Keller, und auf dem Sofa, das ihm aus Kindertagen vertraut war, schlief er mit ihr. Alle Sehnsucht nach einer Frau, die sich nicht erst seit seiner einsamen Rückkehr aus Madrid in ihm staute, sondern seit dem Augenblick, in dem er als siebenjähriger Junge dem Dienstmädchen beim Baden zugeschaut hatte, wich von ihm und ergoß sich in Sonjas Körper.

Ob sie sich ihm freiwillig hingab oder infolge der Verwirrung, die der Alkohol ausgelöst hatte, konnte er am folgenden Tag nicht mehr feststellen. Doch er wußte, daß sie noch Jungfrau gewesen war. Um Mitternacht klopfte er von neuem an ihre Zimmertür. Sie begrüßte ihn freundlich, mit dem schüchternen, unschuldigen Lächeln einer Frau, die ein Geheimnis verbirgt. Mit Ausnahme ihrer Bitte, er möge sich vorsehen, damit ihr Tun nicht zu einer Schwangerschaft führe, wechselten sie kein Wort. Auch an den folgenden Tagen ging er mittags oder um Mitternacht zu ihr, und jedesmal war sie bereit, ihn zu empfangen, so daß seine Besuche sich zu einem alltäglichen Brauch entwickelten, der auf einer stillschweigenden Übereinkunft beruhte. Aus alter Gewohnheit sprach er beim Liebesakt manchmal Sätze, die ihr ewige Zuneigung und Treue verhießen.

Als sie ihn aber eines Nachts fragte: »Heiratest du mich?«, schrak er zurück. Wie ein Blitz traf ihn der Gedanke, daß sie von der Existenz seiner Frau und seines Sohnes nichts wußte; plötzlich erkannte er, wie verworren seine Situation war.

»Nach dem Krieg«, sagte er schließlich und bewahrte sich auf betrügerische Weise den Schatz, der ihm gesandt worden war und von dem er wußte, daß er ihn nicht aufgeben könnte. »Wir müssen bis nach dem Krieg warten.«

»Warum?«

»Wir müssen deiner Mutter und deinem Vater Bescheid geben.« Die Lüge kam ihm schwerelos über die Lippen.

In einer der folgenden Nächte sagte sie zu ihm, als er befriedigt neben ihr lag: »Mutter sagt, du heiratest mich jetzt, und mein Name ist Sonja Moskat.«

»Woher weißt du, was sie sagt?« fragte er mißtrauisch und ein wenig ärgerlich.

»Mutter kommt in der Nacht und redet mit mir im Traum.«

»Wenn der Krieg vorüber ist«, sagte er noch einmal und fühlte, wie ihm das Herz sank. Sie aber sagte: »Sonja Moskat ist ein schöner Name. Das meint auch Mutter.«

In jenen Monaten mußten sie, jeder Hoffnung beraubt, mit ansehen, wie nach und nach ihre Welt zerbrach. Ihr Besitz, der über Generationen Bestand gehabt hatte, wurde immer geringer. Die Summen, die ihnen die Behörden von ihrem Bankkonto abzuheben gestatteten, reichten für ihre Bedürfnisse nicht aus, und die Boten, die von Familienmitgliedern im Ausland Geld gebracht hatten, kamen nicht mehr. Die Briefe, die ihnen die Verwandten aus London schickten, rieten ihnen, Bulgarien so schnell wie möglich illegal zu verlassen, ehe die Deutschen in Sofia einzögen. Als keine Post mehr von seiner Frau kam, war Albert zutiefst beunruhigt. In panischem Schrecken telegrafierte er mehrmals seiner Schwester und bat sie herauszufinden, was seiner Frau und seinem Sohn widerfahren war; aber er erhielt keine Antwort, und so kam zu all den anderen Sorgen noch die Sorge um Nini und ihren Mann. Während mehrerer Wochen hielt Albert sich Sonja gegenüber zurück. Und er beruhigte sich, indem er sich sagte, seine Schwester und seine Frau hätten sich gewiß in einem Dorf in Südfrankreich versteckt, so wie es verabredet war, und ließen nichts von sich hören aus Furcht, ihre Briefe würden abgefangen und die Leute, die um ihretwillen ihr Leben aufs Spiel setzten, würden entdeckt. Nach den Berichten der BBC-Kommentatoren ginge der Krieg bald zu Ende; dann fände sie einen Weg, um ihm ihren Verbleib mitzuteilen. Doch vermied er es, sich die Frage zu stellen, was er danach unternähme, denn er hätte sich klarwerden müssen, wie er Sonja alles erklären würde.

Zu Beginn des Winters des Jahres 1943 gingen sie nur noch selten auf die Straße; sie verschanzten sich im Haus, als ahnten sie, was über sie hereinbrechen würde, und als müßten sie sich auf das Kommende vorbereiten. Das Holzwerk und die Zukkerlager, die seit sechs Monaten auf den Namen des christlichen Kompagnons, Danilow, eingetragen waren, waren gemäß den Bestimmungen des Öffentlichen Bulletins Nummer 192, das Albert ausgebreitet unter die Glasplatte seines Schreibtischs gelegt hatte, geschlossen und die Fenster mit dicken Holzkreuzen vernagelt. Die sich überschlagenden Nachrichten, die seine Mutter und seine Tante von den Treffen im Gemeindesaal mitbrachten und die Albert wie ein geschmackloser Witz erschienen, erwiesen sich als wahre Geschichten: Juden aus ihrem Bekanntenkreis versuchten mittels Bestechungsgeldern, die sie den Beamten zusteckten, aus Bulgarien zu fliehen; jede Woche hörten sie von einer Familie, die ihren gesamten Besitz zurückgelassen oder ihn ihren christlichen Bekannten anvertraut und anschließend die Grenze nach Rußland überschritten hatte. Man flüsterte sich die Namen von ganzen Familien zu, die im letzten Moment an Kirchtoren angeklopft und darum nachgesucht hatten, den

Glauben zu wechseln, obwohl Abschnitt 33 des Gesetzes zum Schutze der Nation, das zwei Jahre zuvor bekanntgemacht worden war, die Konversion ausdrücklich verbot. Viele Juden versuchten auch ihre Kinder, vor allem die kleinsten, christlichen Familien zur Adoption zu übergeben.

Als Betti eines Tages nicht kam, erlitt Lidia Moskat einen Schwächeanfall; seit sie geboren war, hatte es in ihrem Haus immer Dienstboten gegeben. Als Betti später bei ihnen anrief, sagte sie mit zitternder Stimme, ihre Nachbarn wüßten, daß sie noch zwei Jahre nach der Bekanntgabe des Gesetzes, das Christen jegliche Tätigkeit im Haus von Juden verbot, bei ihnen gearbeitet habe. Nach einem Streit mit den Nachbarn hätten diese ihr angedroht, sie würden zur Polizei gehen und dort von ihren Umtrieben berichten. Deshalb könne sie trotz der Zuneigung und der Dankbarkeit, die sie für sie empfinde, nicht mehr zu ihnen kommen. Lidia Moskat, die von Kindesbeinen an dazu erzogen war, im Umgang mit Dienstboten Haltung zu zeigen, begann zu schreien und sie zu beschuldigen, daß sie verhungerten, wenn sie nicht mehr zu ihnen käme, da sie nicht wüßten, woher sie Lebensmittel beziehen sollten. Überrascht und verängstigt sagte Betti hastig, sie könne nicht länger sprechen, da sie von der Hauptpost anrufe, aber noch in derselben Woche wolle sie ihren alten Onkel vorbeischicken, der sich um ihre Versorgung kümmern würde.

Zwei Tage danach erschien Bettis Onkel, ein buckliger Mann, der, wann immer sie ihn anschauten, ihrem Blick auswich und liebevoll die kleinen Skulpturen auf der Kommode betrachtete. Er besuchte sie jeden zweiten Tag; mühsamen Schrittes erklomm er die große Marmortreppe, die zum Hauptportal führte, nahm das Geld entgegen, zählte es mehrere Male, entfernte sich und kam Stunden später mit dem, was er ergattert hatte, zurück: Zucker, Mehl, Reis. Wenn in der Mitte des Monats ihr Geld verbraucht war und sie erst am Ersten des folgenden Monats wieder eine Rate von der Bank holen konnten, gaben sie ihm kostbare alte Ringe, Edelsteine und andere wertvolle Dinge.

Seit Betti nicht mehr zu ihnen kam, wurde das Haus nicht mehr geputzt. Auf dem hölzernen Treppengeländer, das, soweit Lidia zurückdenken konnte, schon in ihrer Kindheit immer spiegelblank poliert war, sammelte sich eine weißliche Staubschicht, und ein übler Geruch drang aus den Zimmern und der Küche.

Ohne daß sie ausdrücklich dazu aufgefordert worden wäre, begann Sonja, den Platz Bettis, des Dienstmädchens, einzunehmen. Sie ging zur Tür, wenn der Alte kam, nahm den Einkaufskorb aus seinen Händen, trug ihn in die Küche, bereitete ihnen ein kärgliches Mittagessen und deckte den Tisch im Speisezimmer. Doch aß sie nie mit ihnen zusammen, und sie fragten sie nicht, ob sie bereits in der Küche gegessen habe oder ob sie erst essen würde, wenn sie ihre Mahlzeit beendet hätten. Albert, der den Verdacht hegte, seine Mutter und seine Tante wüßten über seine Besuche bei Sonja Bescheid, wollte kein Gespräch über sie anfangen, und so ließ er den Dingen freien Lauf.

Die Lage in Sofia verschlechterte sich drastisch. Das Lebensmittelangebot wurde immer geringer, denn die meisten Waren wurden zurückgehalten und gegen hohe Summen Geldes verkauft. Die Geschäfte, in denen sich die Juden versorgen durften, waren die meiste Zeit leer und verschlossen. Die Leute erzählten sich, daß die Juden von Sofia in Städte auf dem Land gebracht werden sollten.

An einem Februartag klopften zwei Polizisten ans Hauptportal: Ihre Rockknöpfe blinkten, und unter dem Arm trugen sie eine Aktenmappe. Ungeduldig hämmerten sie gegen die Tür, dann traten sie ein und stapften mit ihren Stiefeln über den kostbaren chinesischen Teppich, den selbst die Kinder gelernt hatten beim Herumtollen nicht zu betreten. Albert, seine Mutter und seine Tante bewahrten ihr ruhiges Äußeres, während die Polizisten Fragen stellten und die persönlichen Daten jedes Hausbewohners in speziellen Formularen vermerkten. Nachdem sie gegangen waren, ließ Alberts Mutter sich in den Sessel fallen und sagte mit gedämpfter Stimme: »Zum Glück haben sie nicht die Zimmer durchsucht und sie nicht gefunden.« Und seine Tante, deren

Gesicht kreidebleich war und straff wirkte, als wäre die Haut mit Hammerschlägen aufs Fleisch gemeißelt, flüsterte: »Wir müssen uns mit Danilow verabreden.«

Danilow, ein frommer Christ, war ein Freund der Familie; er war mit Lidia Moskat zusammen aufgewachsen wie ein gleichaltriger Bruder. Seit zwei Generationen waren ihre Familien einander durch ihre geschäftliche Partnerschaft in Treue verbunden; nie hatte jemand böse Absichten gehegt, nie war ein böses Wort zwischen ihnen gefallen. Jedes Jahr fuhren die Familien zum gemeinsamen Sommerurlaub in die Berge, und als die Kinder geheiratet hatten und beinahe gleichzeitig Enkelkinder zur Welt kamen, begründeten die Familienoberhäupter den Brauch, auch die Geburtstage der Nachkommenschaft gemeinschaftlich zu begehen.

Als am Abend jenes Tages ihr christlicher Freund erschien, der ein auf seinem Gebiet bekannter Rechtsanwalt war und eine Stellung im Justizministerium bekleidete, schlossen die beiden alten Frauen und Albert sich mit ihrem Gast im Salon ein und vernahmen seine Berichte über Gerüchte, die er von Leuten aus polizei- und regierungsnahen Kreisen erfahren hatte: Die Deutschen töteten die Juden Europas; in Viehwaggons transportierten sie sie ins Innere Polens und brachten dort alle um, Männer, Frauen, Kinder und Alte. Lidia Moskat begann zu weinen. Albert blickte sie verblüfft an; er hatte seine Mutter nie Tränen vergießen sehen, und ihr Wimmern klang ungewohnt und schrecklich für ihn. Sekundenlang ruhte der Blick des Christen auf Lidia Moskat: Da er begriff, daß der Schutz der Freunde von nun an in seiner Hand lag, entschied er statt ihrer mit entschlossen skandierender Stimme, was sie zu tun hätten. In solchen Zeiten bedeute es für Juden eine große Gefahr, auf die Straße zu gehen; alle Juden Thrakiens und Makedoniens hätten bereits den Bescheid erhalten, daß sie abtransportiert würden; in den Städten seien schon ganze Familien in Konzentrationslager gesperrt. In Dobreniza, Gorna Zomja und anderen Orten seien Arbeiter rekrutiert worden, die Tag und Nacht schufteten, um

Lager zu errichten. Und in der Stadt Plowdiw – so sei am Vormittag bekannt geworden – hätten die Juden sich in den Schulgebäuden versammeln müssen; bei Tagesanbruch seien sie aus dem Schlaf gerissen worden und hätten den Befehl erhalten, eine halbe Stunde später auf der Hauptstraße am Bahnhof bereit zu stehen. Doch als Erwachsene und Kinder die Waggons bereits bestiegen hatten, sei ein vom König unterzeichneter Befehl zur Annullierung der Aktion eingetroffen, und die Leute seien wieder nach Hause gegangen. Auch in Sofia erwarte man den Abtransport aller Juden. Danilow hatte am Vortag mit einem Anwalt gesprochen, der im Büro des Kommissars für jüdische Angelegenheiten beschäftigt war, der habe gesagt, bald würden alle Juden Sofias ins Ausland gebracht – so hätten es die Deutschen befohlen. Er selbst, sagte Danilow, indem er sich die Hand auf die Brust legte, habe sofort an die Familie seines Freundes gedacht, doch wolle er sie nicht in Panik versetzen; er beabsichtige nachzuprüfen, ob die Information stimme. Er habe mit dem entscheidenden Mann noch nicht gesprochen, aber es scheine, als sei das, was er gehört habe, wahr. Doch habe ihm der Anwalt aus dem Büro des Kommissars für jüdische Angelegenheiten noch mehr erzählt. Jeden Tag kämen Leute ins Büro, um Juden anzuzeigen: Der und der fahre noch mit seinem Auto; der und der beschäftige noch ein christliches Hausmädchen; der und der lebe ohne Trauschein mit seiner christlichen Geliebten zusammen; und der und der besitze unter einem anderen Namen ein Haus auf dem Land.

Die Juden befänden sich momentan in großer Gefahr, sagte Danilow noch einmal, und der Dämmer, der im Zimmer herrschte, sammelte sich in den Falten auf seiner Stirn. Wenn der Befehl zum Abtransport käme, würden alle Juden gleichzeitig ihren Besitz zum Kauf anbieten, und sie erhielten nicht ein Zehntel des Werts.

»Was schlägst du vor, was sollen wir unternehmen, Danilow? Wir werden tun, was du sagst.«

Lidia Moskats Stimme klang brüchig, einem Jaulen gleich, das sich ihrer Kehle entrang. Und Danilow, der zu verstehen schien, daß sich die Ordnung der Dinge verkehrt hatte, wandte sich Albert zu, schaute ihn an und sagte, er empfehle ihnen etwas, das ihnen seltsam vorkommen würde, aber er sehe keinen anderen Weg: Es sei das Beste, sie schlössen sich im Haus ein und täten so, als seien sie über Nacht fortgezogen. Das Gebäude würde beschlagnahmt, sobald bekannt wäre, daß sie die Stadt verlassen hätten. Dann könnte er dafür sorgen, daß es der Amtsgewalt seines Büros unterstellt würde ... Nach jedem Satz hielt er zögernd inne, wie jemand, der einen Plan entwirft: Er ließe nur einen Teil der Zimmer nutzen und gäbe den Befehl, die anderen Räume nicht zu betreten. Er würde das Haus in einen Speicher verwandeln, so daß nur wenige Leute Zugang zu ihm hätten, und er ließe regelmäßig Lagergut herbringen, damit die Mitarbeiter im Büro sähen, daß das Gebäude genutzt werde. Abgesehen von den wenigen Tagen, an denen die Lieferungen einträfen, käme niemand hierher. So wie er sich die Angelegenheit vorstelle, dürften sie sich zu den allgemeinen Bürozeiten im Haus nicht bewegen. Er selbst werde gleich morgen dafür sorgen, daß die Nachricht von ihrer Abreise verbreitet werde. Dann würde das Haus noch am selben Tage beschlagnahmt; binnen weniger Stunden würden die Fenster der Vorderseite vernagelt und ein Eisenschloß an der Tür angebracht. Ob der alte Dienstbote, Bettis Onkel, noch bei ihnen arbeite ... Von nun an werde er jeden dritten Tag kommen, er werde das Haus in einiger Entfernung umgehen und sich danach, zur Übergabe der Nahrungsmittel, an der Hintertür einfinden. Auf diese Weise wäre es ihnen möglich, die kommenden Monate zu überstehen. Die Lage werde sich in nächster Zeit zuspitzen, doch das Ende der Deutschen rücke näher und näher. England und Amerika bombardierten Deutschland von Westen, Rußland übe von Osten her Druck aus. Vorläufig müßten sie sich auf eine schwere Zeit vorbereiten, doch am Ende wären sie gerettet. Sie dürften keinen Lärm verursachen und nicht ans Fenster treten, damit ihr Schatten um Himmels willen nicht von draußen zu sehen wäre. Jede Woche, donnerstags zwischen sechs und sieben Uhr abends, werde er sie anrufen. Doch werde er das Telefonat nie von zu Hause oder seinem Büro aus erledigen, damit kein Angestellter und kein Familienmitglied in Verdacht gerate. Zur vereinbarten Zeit sollten sie am Telefon sitzen, das sie mit einer Decke zugedeckt hätten, um das Klingelgeräusch zu ersticken, und beim ersten Klingeln den Hörer abnehmen. Sicherheitshalber würden sie das Gespräch in einer Geheimsprache führen. Und wenn er einmal zu einer anderen als der verabredeten Zeit mit ihnen sprechen müsse, werde er es dreimal läuten lassen und sofort wieder auflegen; für den Fall, daß die Leitung gestört wäre, träte er durch Bettis Onkel mit ihnen in Verbindung. Morgen müßten sie in den Keller gehen und den ganzen Tag darin bleiben. Am Vormittag würde ein Arbeiter geschickt, um die Fenster zu vernageln und den Haupteingang zu verriegeln. Erst in der Nacht dürften sie wieder heraufkommen, doch sollten sie nie in einem Raum, der ein Fenster besitze, Licht machen. Am besten richteten sie sich im Keller, im Bibliothekszimmer oder in der Dienstbotenkammer ein, empfahl Danilow, ehe er die für den Katastrophenfall verabredeten Kodewörter auf einen Zettel schrieb.

Stunden später küßte er den Frauen die Hand und klopfte Albert zum Abschied auf die Schulter, danach senkte sich Stille über das Haus. Sie begleiteten ihn zur Hintertür und schauten zu, wie er im Schatten der Bäume verschwand. Sie wußten, daß nun neue Zeiten anbrachen. Alles, was einst Gültigkeit hatte und dem seit zwei Jahren bereits der Zusammenbruch drohte, all die Überbleibsel, die Erinnerungen aus vergangenen Epochen glichen den adligen Sitten einer Dame, die einst schön, deren Schönheit jedoch verbraucht war: Übrig waren nur die Gebärden, auf groteske, erschreckende Weise entleert; alles andere war für immer verloren. Eine neue Welt mit neuen Gesetzen tat sich vor ihnen auf.

Mit wenigen Worten einigten sie sich, daß die beiden Frauen im Keller wohnen würden und Albert und Sonja in den beiden Zimmern, die in unmittelbarer Nähe des Kellers lagen: er in der Bibliothek, deren von schwarzen Vorhängen verschlossene Fenster zum rückwärtigen Garten hinausgingen; sie in der fensterlosen Dienstbotenkammer. Albert und Sonja schleppten die Matratzen seiner Mutter und seiner Tante in den Keller hinunter, legten sie an die beiden Enden des Raumes, auf einen Teppich, und schoben das Sofa als Trennwand dazwischen.

Einen langen Augenblick standen die Schwestern reglos und starrten auf die Matratzen, die auf den Fußboden gelegt wurden und ihnen wie ein Symbol ihres neuen Standes erschienen. Niemand in diesem Haus hatte je auf einer Matratze auf dem Fußboden geschlafen. Sogar die Dienstboten hatten bequeme Betten gehabt, und es war der Stolz der Herrinnen des Hauses gewesen, daß stets ein Zimmer verfügbar war, in dem selbst unerwartete Gäste untergebracht werden konnten.

Den ganzen Vormittag des darauffolgenden Tages verbrachten sie zu viert in den Kellerraum eingeschlossen. Paula hatte sich rechtzeitig mit Büchern eingedeckt und saß auf der Bank unter dem hohen Fenster, um den Lichtstreifen, der zwischen zwei Sprossen der Jalousie hereinflutete, nicht zu verfehlen. Sie schaute kein einziges Mal auf und las, bis ihr vor Anstrengung der Kopf schmerzte. Albert nahm die Gewehre von der Wand, legte sie vor sich hin und reinigte sie mit Lumpen aus alten Wolldecken. Sonja saß in eine Ecke gekauert, den Blick auf Alberts Finger gerichtet, die sie auftauchen und in der Dunkelheit wieder verschwinden sah. Lidia verbrachte die meisten Stunden des Tages schlafend, indem sie ihren Kopf unter der Decke verbarg.

Die Situation kam ihnen seltsam vor. Das Theater, das sich ein jeder in den vergangenen Monaten vorgespielt hatte, als könnte alles in kurzer Zeit zu seinem früheren Zustand zurückkehren, erwies sich nun als grotesk. Sie erkannten, daß ihnen schwere Prüfungen bevorstanden, denen jeder auf seine Weise entgegenträte: Kälte, Hunger, Schmutz, die Ungewißheit und ein hartnäckiges Schweigen.

An jenem Tag waren all ihre Sinne auf das Geschehen außerhalb des Kellers gerichtet. Offenbar hatte Danilow dafür gesorgt, daß sein Plan Wirklichkeit würde: Ein Hämmern war von oben zu hören und der Hall sich nähernder und entfernender Schritte.

Abends, Stunden nachdem die Geräusche verstummt waren, schlich Albert hinauf, um zu sehen, was mit seinem Haus angestellt worden war. Seine Tante zögerte eine Weile an der Kellertür, dann faßte sie Mut und folgte ihm. Auch Sonja erhob sich, doch hielt sie in der Tür inne und überlegte, ob sie ohne Erlaubnis hinausgehen dürfe; auch sie spürte, daß sich ihre Stellung gewandelt hatte, und glaubte, daß sie niemanden um Zustimmung bitten müsse. Lidia Moskat indes hob ihren Kopf aus den Kissen, doch sank er sogleich wieder zurück.

Als Albert und seine Tante in den Keller zurückkamen, versuchten sie gemeinsam die Situation einzuschätzen: Offenbar war eine Hälfte des Hauses in ein Lager verwandelt. Danilow hatte den Leuten genau erklärt, welche Türen verschlossen werden sollten, und Sorge getragen, daß, wie sie verabredet hatten, die Küche, das Bad, die Bibliothek und Bettis Kammer vom Keller aus bequem zu erreichen waren. Der Zugang zur Halle, die in den hinteren Teil des Hauses führte, war versperrt. Doch schien eine Möglichkeit zu bestehen, sich zwischen Keller und Küche unbemerkt hin und her zu bewegen, selbst wenn sich Leute in dem zum Lager umfunktionierten Gebäudeteil aufhielten.

In dieser Nacht, sagte Albert zu seiner Tante, könne er ohne Befürchtungen in der Bibliothek schlafen und Sonja in Bettis Bett in der Dienstbotenkammer. Doch in Wirklichkeit wußte er, daß Sonja nur selten dort schliefe; die meisten Nächte verbrächte sie in seinem Bett. Seine Tante schaute zu Boden und schwieg.

Jede Woche am vereinbarten Tag zur vereinbarten Stunde versammelten sie sich um den Telefonapparat, der im alten Arbeitszimmer stand. Albert setzte sich unter ein dickes Federbett, das Telefon auf dem Fußboden zwischen seinen Beinen, und hielt sich bereit, den Hörer abzuheben und seiner Tante zu überreichen, sobald das erste Läuten erklang. Jedesmal nahm bereits Stunden vor dem vereinbarten Zeitpunkt ein besonderes Vorbereitungsritual seinen Anfang. Eines Tages beobachtete Albert tief erschüttert, wie seine Mutter eines ihrer besten Kleider anzog und Rouge auflegte, so wie sie es immer getan hatte, bevor sie ausging.

Überhaupt schien es, als habe sich während der zurückliegenden Monate eine große Schwäche ihrer bemächtigt und als sei ihr ganzes Benehmen von Fremdheit durchdrungen. Das kurze Telefongespräch wurde stets von seiner Tante geführt. Derweilen versuchte seine Mutter ihr Ohr an die Rückseite des Hörers zu legen, um ein Geräusch aus jener Welt einzufangen, die von ihnen losgelöst war. Im Eingang des Zimmers stand Sonja, an den Türrahmen gelehnt; von dort aus konnte sie rasch fortlaufen und sich verstecken, wenn seine Tante ihr mit einem Wedeln der Hand bedeutete, sie solle verschwinden.

Die Momente, die dem heimlichen Telefonat folgten, waren die bittersten. Paula, die im Lauf des Gesprächs in hastigen, einer Geheimschrift gleichenden Buchstaben den Inhalt des Gesagten notiert hatte, näherte das Blatt ihren Augen und las flüsternd vor: Die Juden Sofias hatten den Befehl zum Aufbruch erhalten. In den Straßen der Stadt häuften sie ihren Besitz auf, und von den Dörfern strömten Bauern herbei, um ihn zum halben Preis aufzukaufen. Die Führer der Juden hatten versucht, eine Zusammenkunft mit dem König in die Wege zu leiten, aber der König hatte Sofia verlassen. Die Hand der Behörden wog schwer auf den Schultern der Juden. Ihre Bankkonten waren gesperrt. In den Straßen im Zentrum waren Volksküchen eröffnet worden, die Hungerrationen verteilten: täglich Lebensmittel im Wert von achtzehn Lev pro Person. Der kommunistische Untergrund verbreitete illegal Flugblätter, die die Juden aufforderten, sich den Partisanen anzuschließen und mit ihnen gemeinsam Brücken und Depots der Armee anzugreifen. Am Morgen war Rudi Alkalais Leichnam im Park hinter dem Polizeipräsidium entdeckt worden. Auch war ein Brief von Alfons Abraham aus einem Lager in Deutschland eingetroffen; er enthielt beruhigende Worte über die Situation des verschleppten Mannes, doch war neben seinen Namen ein Zeichen gesetzt, das er mit seinen Brüdern vereinbart hatte und das bedeutete, daß sie dem Geschriebenen nicht glauben dürften. Der Mann, von dem Danilow das alles erfahren hatte, hatte diesen gefragt, weshalb er sich für die Juden interessiere. In Zukunft würde sich Danilow nicht mehr an ihn wenden. Sie bräuchten sich keine Sorgen zu machen.

Starr standen Albert und seine Mutter zu beiden Seiten von Paulas Sessel. Als sie aufgehört hatte vorzulesen, wagte niemand, das Schweigen zu brechen. Still tranken sie den Tee, den Sonja zubereitet hatte, und begaben sich früh zu Bett.

Hundert Tage nachdem sie sich im Haus eingeschlossen hatten – als ihre Ohren sich an Laute gewöhnt, die ihnen früher verborgen waren, und ihre Augen in dem spärlichen Licht zu sehen gelernt hatten, toste die Welt draußen los und entzündete sich in einem großen Brand. Die Fensterscheiben an der Vorderseite des Hauses lösten sich klirrend aus ihren Holzrahmen. Am Ende der Straße stand eine Reihe kahler Bäume in Flammen und loderte wie eine Fackel, bis der Regen, der um Mitternacht einsetzte, das Feuer löschte. Während ihres wöchentlichen Gesprächs sagte Danilow, die Bulgaren glaubten, daß die Amerikaner bei den Christen Rache nähmen für die Vertreibung der Juden. Am Morgen, als Leute losgeschickt wurden, um das Maß der Schäden zu schätzen, hatte sich herausgestellt, daß die Viertel, in denen einst Juden wohnten, vollständig erhalten waren.

Und wäre nicht Sonja gewesen, sollte Albert Moskat viele Jahre später sagen, hätten die Langeweile, die Stille und die Machtlosigkeit sein Ende bedeutet. Nachts kam sie leise in sein Bett, um, warm und hingebungsvoll, alle Lust aus ihm herauszupressen und Ruhe und Wohlgefühl in ihn einströmen zu lassen, so daß er sein Gefängnis vergaß und sich um seine Frau und den Jungen, die er in seinen Träumen ermordet auf einer Brücke liegen sah, keine Gedanke mehr machte. In dieser Zeit hielt er Sonja mit all seiner Kraft und zwang sie, ihm Tochter, Schwester, Geliebte und Mutter zu sein, da er außer ihr nichts besaß. Er mochte ihr erfrischendes Lachen, das sie, die Hände vor den Mund haltend, drosselte, damit es im Kellerraum nicht zu hören war, und er fand Gefallen an ihrer Art, ihn voll Ehrfurcht und Bewunderung anzuschauen, so als bedeute es für sie ein unglaubliches Glück, bei ihm zu sein, aus seinem Mund die wunderbaren Wörter zu hören, die man im Dorf ihrer Kindheit nicht kannte, und ihn zu betrachten, während er im Schein der Öllampe die Seiten seines Tagebuchs mit schönen Schriftzeichen füllte. Wenn er ihren Körper umfing, mußte er ihr wieder und wieder versprechen, daß er sie nach dem Krieg heiraten würde; danach erst fühlte er, daß sie ruhiger wurde. Eines Nachts jedoch sah er im Schein der Lampe, daß ihr Gesicht traurig war, und er fragte sie nach dem Grund.

»Ich hab die Damen gehört«, sagte sie. Doch ihre Angewohnheit, die Tanten Damen zu nennen, amüsierte ihn diesmal nicht.

»Was hast du gehört?«

»Sie wollen, daß ich anderswo hingeh.«

»Du hast dich gewiß verhört.«

»Die Dame, deine Tante, sagt, ich esse zuviel.« Sie brach in Tränen aus. »Das ist nicht wahr. Ich esse nicht vom guten Essen. Das ist für euch. Ich esse nur die Schalen und was ihr auf dem Teller laßt, nur die Schalen und was ihr wegwerfen wollt.«

Außer sich vor Wut, verletzt durch die Kränkung, die ihr zugefügt worden war, nahm er ihren Kopf in seine Hände und sagte: »Genug, Sonja, genug. Weine nicht. Niemand kann dich aus diesem Haus weisen, denn es ist mein Haus. Ich werde nicht zulassen, daß du fortgehst. Was du gesagt hast, tut mir sehr leid. Ich wußte nicht, was du ißt. Von nun an wirst du die Mahlzeiten jeden Tag mit uns gemeinsam im Keller einnehmen. Und du bekommst das gleiche wie wir. Du sollst keine Abfälle essen.«

»Nein«, sagte sie und hörte unvermittelt zu weinen auf. »Ich kann nicht mit euch essen. Ich esse immer sowas. Das ist kein Essen für euch, aber für mich reicht das aus. Da bleibt viel übrig, und ich bin nicht hungrig. Ich will nur nicht fortgehen von hier. Ich hab Angst vor da draußen. Deine Tante sagt, der Krieg ist bald zu Ende. Du hast gesagt, nach dem Krieg – «

»Nach dem Krieg ...«, sagte er.

Eines Tages, nachdem sie acht Monate im Haus gefangen saßen, warteten sie vergebens auf Bettis Onkel. Anfangs sorgten sie sich um ihn, dann aber wurden sie wütend, daß er sie im Stich gelassen hatte, und nach einer Weile erfaßte sie Furcht angesichts der Dinge, die nun auf sie zukämen. Lidia Moskat machte sich heftige Vorwürfe, weil sie ihm bei seinem letzten Besuch eine wertvolle alte Goldkette gegeben hatte, die einst ihrer Großmutter gehörte. Vielleicht hatte der bedürftige Mann der Versuchung nicht widerstanden, hatte sie an sich genommen und sich davongemacht, wohl wissend, daß sie ihn nicht suchen würden.

Sieben Tage warteten sie, die Lebensmittelvorräte gingen allmählich zu Ende. Sie hofften, ihr christlicher Freund werde ihnen im Lauf ihrer wöchentlichen Unterredung Hilfe anbieten, doch er bat sie, eine weitere Woche auf den alten Diener zu warten – vielleicht leide der Mann an einer der Krankheiten, die in der Stadt grassierten, und werde, sobald er wieder gesund wäre, wie früher zu ihnen kommen. Neun Tage später hatten sie nichts mehr zu essen.

Dann aber, ohne ein Wort zu sagen, als handle es sich um eine Sache, die ihrem einfachen Gemüt selbstverständlich erschien – mit derselben Natürlichkeit, mit der sie es zuließ, daß Albert sie in sein Bett nahm, nahm Sonja den Korb, zog ihren schweren Mantel über, stopfte die Papiere, die bewiesen, daß sie Christin war, in ihre Rocktasche, verpackte sorgfältig den Ring, den ihre Tante ihr überreicht hatte, und trat auf die Straße. Als sie nach einigen Stunden zurückkehrte, stellte sie den Korb auf die kleine Kommode, die neben der Hintertür stand, und holte eine große Rübe, vier Kartoffeln und eine Tüte Mehl heraus.

Von nun an wurden Sonjas Ausflüge zu einem festen Bestandteil des alltäglichen Lebens im Hause Moskat. Jeden Tag bewies sie größeres Geschick beim Ergattern von Nahrungsmitteln; sie lernte rasch, bei welchen Händlern sie einen angemessenen Gegenwert für den Schmuck und die alten Münzen erhielt. Nach einigen Wochen kannte sie die besten Orte, um Tee und Zucker zu kaufen. Als sie eines Tages einen Riegel Schokolade mitbrachte, riß Lidia Moskat ihn ihr aus der Hand und verschlang ihn. In den verlassen daliegenden öffentlichen Parks, die so groß wie Wälder waren, pflückte Sonja, wie die Dorfbewohner es zu tun pflegten, Früchte von den Sträuchern und kochte daraus Marmelade. Sie sammelte auch Kräuter, die die Städter nicht kannten und die sie zerstieß, um den Geschmack der kargen Kost zu verbessern.

Wenn sie das Haus verlassen hatte, betete Lidia Moskat für ihr Heil und erwartete ihre Rückkehr ängstlich wie ein Küken, dessen Mutter ausgeflogen war. Sobald sie das geheime Klopfzeichen an der Hintertür hörte, eilte sie, um ihr zu öffnen, und begrüßte sie freudig, indes sie den Korb untersuchte, als wäre es ihre Beute. Danach, im Keller, scharten sich alle um das Mädchen, und es schilderte in fehlerhafter, bäuerlicher Sprache, was es in der Stadt gesehen hatte: Auf den Straßen drängten sich viele Menschen, die Lumpen trugen wie die Leute, die sie aus ihrem Dorf kannte, und das Viertel am anderen Ende des Parks, an dessen Eingang eine Pferdestatue stand, war von den Bombenangriffen völlig zerstört. Schwarze Häuserskelette säumten die Straßen, und doch gab es Leute, die fein gekleidet in Automobilen und Droschken umherfuhren, als seien sie zu einem Ball ins Königsschloß eingeladen.

Kein einziges Mal dankten die beiden Frauen dem Mädchen, aber jeder im Haus wußte, daß ihr Los längst besiegelt wäre, hätte nicht eine glückliche Fügung Sonja zu ihnen geführt. Einmal kehrte sie erst nach mehreren Stunden zurück, da sie auf einen Bauern, der Kartoffeln in die Stadt brachte, hatte warten müssen. Lidia Moskat stürzte sich auf das Mädchen und schlug mit Fäusten auf es ein; später jedoch legte sie ihren Kopf heulend auf Sonjas Schulter und flehte sie an, ihr zu verzeihen.

Zu Beginn des Monats September, als sie sich an die neue Lebensweise gewöhnt und das Leben, das sie früher gekannt hatten, die vielen Menschen, die Stimmen, der Anblick der Straße, ihnen wie ein Traum aus fernen Zeiten erschien, verkündete ihr christlicher Freund ihnen am Telefon, die Rettung stehe vor der Tür. Möglicherweise wären sie zu den jüdischen Feiertagen, die bald kämen, schon frei. Und als er sie fünf Tage danach zu ungewohnter Stunde von neuem anrief, vergaß Albert die Anweisung, daß er den Hörer außer zum vereinbarten Zeitpunkt nicht abheben dürfe, und in das Schweigen des Kellers schallte der Ruf: Bulgarien ist frei! Die Russen haben die Donau überquert und Bulgarien befreit! Dann herrschte einen kurzen Moment Stille, und mit tränenerstickter Stimme fuhr ihr Freund fort, er hoffe, daß er sie durch seinen überraschenden Anruf nicht in Angst und Schrecken versetzt habe. Die Leute seien außer sich vor Freude. Doch sollten sie noch einige Tage vergehen lassen, ehe sie in den Trubel, der auf den Straßen herrsche, hinausträten. Durch die Stadt irrten Menschen, die die schwere Zeit um den Verstand gebracht habe; daher sei es ratsam, zu Hause zu bleiben. Auch sollten sie das Mädchen vorläufig nicht zum Essenholen ausschicken. Wenn sie nicht genug Lebensmittel im Haus hätten, würde er dafür sorgen, daß ihnen etwas gebracht würde.

Erst als sich am Abend des folgenden Tages die Dämmerung herabsenkte, faßten sie Mut und näherten sich den Fenstern, um, im Schutz des Fenstersturzes sich verbergend, durch die Ritzen zu lugen und einen Streifen ölverschmierten Gehsteigs vor ihrem Haus zu erspähen. Hunderte Soldaten überquerten die Fahrbahn, sie wurden im Vorbeimarsch vom Lichtkreis der einzigen intakten Laterne beleuchtet. Leute kamen vorüber, die Möbel und verschnürte Pakete hinter sich herzogen; Kinderstimmen erklangen, als schallten sie aus einem Märchen, das Albert einst Sonja vorgelesen hatte.

Eines Nachmittags brach Albert eins der vernagelten Fenster auf. Er, seine Tante und seine Mutter, deren Knie zitterten und deren Gesicht blasser schien als das der anderen, näherten sich vorsichtig der breiten Fensterbank und versperrten Sonja, die im Hintergrund blieb, den Blick hinaus. Sie atmeten die beißende Luft und hielten die Hand schützend über ihre Augen, die von dem ungewohnten Licht schmerzten. Einen Augenblick später sah Paula, wie Sonja sich aus dem Fenster beugte: Sie tat es auf die gleiche Art wie einst Nele, wenn sie den Kopf wütend zu den Kindern hinausstreckte, die sich auf dem gepflasterten Platz vor dem Haus zankten. Paulas Herz pochte und wurde von Trauer erfüllt wegen der vielen Jahre, die seitdem vergangen, und wegen der Wechselfälle des Schicksals, die die Welt unterdessen erlebt hatte; Vergangenheit und Gegenwart wurden eins im Ausdruck, der in den Augen der Tochter aufschien wie einst in den Augen der Mutter. Albert nahm sein Jagdfernrohr, kletterte auf das Dach und kehrte nach einer Weile zurück, tief bewegt von den Bildern, die er gesehen hatte: Viele Häuser seien bis auf die Grundmauern zerstört, von manchen stünden noch rußige Ruinen. Doch die Leute auf den Straßen seien außer sich vor Freude. Mit roten Fahnen und mit der Fahne Bulgariens geschmückte Wagen führen hupend umher. An Strommasten, Schaufenstern und Häuserwänden seien große Plakate angebracht, die Hammer und Sichel darstellten. Gruppen von Soldaten zögen vorüber, und Leute umringten sie und jubelten ihnen zu. Er habe gesehen, wie ein Junge auf eine Säule kletterte, um das Hakenkreuz, das oben flatterte, herabzureißen und eine rote Fahne aufzupflanzen.

Sonjas Körper begann sich in jenem Monat unübersehbar zu runden. Eher beiläufig fiel Albert auf, wie sehr sie bereits an den Rand seines Blickfelds gerückt war. Mit aller Macht regte sich seine Sehnsucht nach seiner Frau und seinem Sohn – mit der Kraft, die einem lange Zeit unterdrückten Verlangen entspringt. Seine ganze Aufmerksamkeit war auf die Dinge gerichtet, die draußen geschahen. Unversehens verlor er jedes Interesse an Sonja, und als sie eines Nachts in sein Zimmer kam, stellte er sich schlafend. Jetzt, da er sie mit anderen Augen sah, schien es ihm, als sei ihr Gang schwerfällig und als werde sie um die Hüften zu fett. Manchmal beobachtete er sie, wenn sie mit den Schüsseln ins Eßzimmer kam, dessen sie sich wieder furchtlos bedienten, und hatte den Eindruck, sie sei behäbig und bewege sich ohne Anmut. Und wenn sie die Küchenarbeit verrichtete, hörte er sie zuweilen laut schnaufen.

Am dreizehnten September neunzehnhundertvierundvierzig verließ Sonja das Haus; sie ging durch die Hintertür, da das Hauptportal noch von außen versperrt war.

»Dir wird nichts geschehen«, hörte er seine Tante sagen und erkannte den Tonfall und die Art der Worte, deren sie sich vor dem Krieg im Umgang mit den Hausangestellten bedient hatte, »der Rechtsanwalt hat alles arrangiert, alles wird ordnungsgemäß ablaufen. Du bleibst anschließend dort und ruhst dich bis zum Abend aus. Und wenn es notwendig ist und die Frau es dir befiehlt, übernachtest du dort. Wenn du morgen zurückkommst, wirst du einige Tage ruhen, bis es dir besser geht. Wir haben Vorräte für vierzehn Tage, das reicht aus. Mach dir keine Sorgen. Es tut nicht weh. Du kommst darüber hinweg. Du wirst nicht das Geringste spüren. Im Umschlag befindet sich genügend Geld; die Frau ist sehr erfahren. Gib nur acht auf die Adresse, damit du nicht verloren gehst.«

Zum erstenmal küßte Sonja ihn in Anwesenheit seiner Mutter und seiner Tante, dann sagte sie leise: »Es gibt genug Essen. Du brauchst um mich keine Angst haben. Der Krieg ist ja zu Ende.«

Wenn er sie viele Jahre später aus seiner Erinnerung zu verscheuchen suchte, klang ihm das Echo dieser Worte verzerrt, und er stellte sich vor, es besitze einen giftigen Stachel. Und dennoch wußte er: Sie waren erfüllt von all ihrer Unschuld und all der Liebe, die sie für ihn empfunden hatte, und von einem ungetrübten Vertrauen in seine Taten.

Bis zu seinem achtzigsten Lebensjahr hatte Albert nie gefragt, was Sonja, seiner Cousine vom Lande, seiner kleinen Geliebten während der langen Kriegsmonate, widerfahren war – und als er danach fragen wollte, war niemand mehr da, der ihm hätte antworten können.

... außer Sonja, dachte er, wenn er am Fenster stand und Rachel erblickte, die manchmal wie vom Teufel verfolgt über das Brennnesselfeld jagte. Seit ihre Mutter tot war, rannte sie über das Feld, als sei sie von Sinnen. Am Vortag war ihre Schwester, die immer Zigeunerkleider trug und ihre Tochter wie eine kleine Wilde hinter sich herzog, bei ihr zu Besuch gewesen. Er wußte, Rachel würde bis ans Ende des Feldes laufen, denn er kannte all ihre Gewohnheiten; vom Fenster aus konnte er nur ihren Rücken erkennen, doch wußte er um den Blick ihrer Augen, die starrten, als sähen sie einen schrecklichen Traum. Lange würde sie dasitzen und aufs Haus schauen; danach würde sie, von seinen Blicken begleitet, zum Tor zurückkehren und es mit ihren Fäusten zur Seite stoßen. Minuten später wäre ihr leichter ums Herz.

Und am Ende würde auch ihm Erleichterung zuteil. Denn siehe, da kommt seine Sonja, die bald fünfzehn Jahre alt wird. Sie überschreitet den Feldrain – ihr Lachen ist klar, und der Korb wiegt schwer in ihren kräftigen Armen. Gleich hat sie das flache Gelände zwischen der Grundstücksbegrenzung des Hauses und dem Feld überquert. Dann nimmt er sie auf den Schoß und legt seinen Kopf in die dichte Haarwolke, die Erd- und Kräuterdüfte verströmt, streicht über die marmorweißen Schultern, die großen Brüste, den weichen Bauch, die runden Schenkel, und als habe sie eben noch mit ihm das Lager geteilt, erkennen seine wandernden Hände alle Wölbungen ihres Körpers. Sie lacht ihr herzliches Lachen, das ihre Zähne und die rosa Linie ihres Zahnfleischs entblößt, faltet die Hände in ihrem Nacken und gewährt ihm Verzeihung. Und er, der in ihren warmen Schoß taucht, entspannt die Muskeln seines Körpers, die von den Jahrzehnten des Versuchs zu vergessen und den wenigen Jahren des Bemühens um Erinnerung schmerzen, und gleitet hinüber in ein sanftes, wohliges Schweben, dessen Süße für seine Glieder wie der Schlaf der Erlösung ist.

Kahlschlag

Als Hanja die spitze Schere aus dem grünen Kunststoffetui zog, auf das ein tranchiertes Huhn aufgeprägt war, schien ihr Blick mit einemmal glasig, und als sie die Hand nach dem Kopf ihrer Enkeltochter ausstreckte, mit gespreizten Fingern durch deren goldglänzendes Haar strich und unter dem Geklapper der blitzenden Klingen wellige Strähnen zu Boden sanken, war ihr Gesicht schon zur Maske erstarrt.

»Komm nah ans Fenster, Mammele, damit Oma besser sieht und dir nicht wehtut. Oma hat dich sehr lieb und will nicht, daß dir je ein Leid geschieht. Und halte den Kopf etwas tiefer, damit Oma es richtig macht.«

Hanja sprach hastig, und die Kleine, die spürte, daß etwas Wichtiges mit ihr geschah, stand lange Zeit gehorsam und still, mit gesenktem Kopf, beide Hände hinter die Gürtelschnalle ihres kurzen Kleides geschoben, und starrte auf die langen blonden Strähnen, die herabfielen und sich um ihre Sandalen häuften.

»Wir werden es ganz, ganz gut machen«, sagte Hanja verheißungsvoll flüsternd zu dem zerbrechlichen blassen Nacken, der nun dem Licht ausgesetzt war. »Nichts soll zurückbleiben auf dem hübschen Köpfchen, alles Ungeziefer soll verschwinden.«

Indes ihr Oberkörper sich bogengleich über den Kopf des Enkelkinds neigte, grub ihre Linke sich in das Haar, das für die Größe des Mädchens auffallend lang war, und bewegte ihre Rechte mit großer Geschwindigkeit die Klingen der Schere.

Sie arbeitete wie besessen, mit starrem Blick. Auf ungestüme Art nahm die Bresche zwischen den beiden goldenen Vorhängen immer größere Ausmaße an, bis der Kopf rundum geschoren war und sich kurze Stoppeln gleich gemähtem Gras über dem bleichen Schädel erhoben und die zarte weiße Haut hervortreten ließen, auf die seit dem ersten Haarwuchs kein Licht mehr gefallen war.

Hanja keuchte, ihr Körper wurde von einem krampfartigen Zucken hin und her geschüttelt. Sie steckte die Schere in das Etui zurück und sank wie nach großer Anstrengung auf einen Stuhl. Dann zog sie ihre Enkeltochter heran, drückte sie mit aller Kraft an sich und küßte wieder und wieder den Nacken des Mädchens, als nehme sie Abschied von ihr. Trotz des Sturms, der sie erfaßt hatte, klang ihre Stimme beruhigend: »Jetzt wird alles gut, Mammele. Du brauchst keine Angst mehr zu haben.«

Als die Kleine sich an den Kopf faßte, erschrak sie von dem neuen Gefühl, das sich ihren tastenden Händchen mitteilte. Sie blickte auf den Haufen Haare, der auf dem Fußboden lag, und als sie wieder aufschaute, war ihr Gesicht vom Weinen gerötet.

»Du hast mir alle Haare abgeschnitten. Jetzt seh ich aus wie ein Junge.«

Hanja zog die Kleine erneut an sich, drückte sie an ihr Herz und trocknete das zur Grimasse verzerrte Gesicht ihrer Enkeltochter.

»Wir mußten das unbedingt tun, Mammele.«

»Warum?«

»Wegen des Zettels von der Kindergärtnerin. Du erinnerst dich doch, daß die Kindergärtnerin dir einen Zettel mit einer Nadel am Kragen festgesteckt hat? Da hat es draufgestanden. Aber jetzt wird alles gut. Die Haare werden ganz schnell nachwachsen und ganz sauber sein.«

Die Kleine rannte zum großen Spiegel im Schlafzimmer ihrer Eltern und kam schluchzend zu ihrer Großmutter zurück: »Ich seh gar nicht schön aus ohne meine Haare. So will ich nicht in den Kindergarten. Alle werden mich auslachen, weil das überhaupt nicht schön ist. Das ist noch kürzer als bei Chedwa. Ich werd Mama sagen, was du mit mir gemacht hast. Dann wird sie böse auf dich und klebt mir alles wieder an.«

Hinter dem glasigen Blick begannen Hanjas Pupillen unruhig zu tanzen.

»Komm her, Mammele, komm zu Oma. Ganz nah an Oma heran. Oma will dir etwas erzählen. Morgen hast du Geburtstag, nicht? Und du bist schon ein großes Mädchen, das viele Dinge wie die Großen versteht. Ich werde dir etwas erzählen, das nur große Kinder verstehen, und du wirst einsehen, daß wir das tun mußten ...«

Als erster sah es Zwi. Einen Moment lang stand er verblüfft da, den Kopf leicht geneigt, als habe ihm jemand eine Ohrfeige verpaßt. Kurz darauf zogen sich seine Lippen zusammen und verfinsterte sich sein Blick, so daß man glauben konnte, er würde gleich losheulen. Er ließ den Karton, den er in seinen Armen hielt, langsam herunter und setzte ihn auf die Bank im Flur, ohne den Blick von der Kleinen zu wenden, die in der Umarmung der Großmutter gefangen war. Anscheinend versuchte er zu verstehen, was dieses fremde Kind in seinem Haus und auf dem Schoß seiner Mutter verloren hatte. Als sein Blick auf den goldschimmernden Haarhaufen fiel, faßte er sich mit beiden Händen an den Kopf und strich sich über die Schläfen.

Die Kleine befreite sich aus den Armen der Großmutter, rannte auf den Vater zu und sagte unter Tränen, indem sie mit ihrem Händchen über ihren Schädel fuhr: »Papa, guck, was Oma mit mir gemacht hat. Die ganzen Haare hat sie mir abgeschnitten. Das ist gar nicht schön. Alle Kinder werden sagen, ich seh aus wie ein Affe.«

Hanja erhob sich mit einer energischen Bewegung vom Stuhl und wandte sich an ihren Sohn, wie sie es oft getan hatte, als er ein kleiner Junge war: »Zwika, komm her. Ich möchte dir etwas zeigen.«

Zwi legte die Hand auf den Kopf seiner Tochter und strich, behutsam wie ein Blinder, über die stachligen Stoppeln.

»Mama, ich versteh nicht, was in dich gefahren ist. Diesmal bist du völlig übergeschnappt.«

»Sieh her, was hier steht«, entgegnete sie und hielt ihm den Zettel vor die Nase. »Lies selbst und sag, ob es nicht eine Schande ist, daß so etwas in unserer Familie vorkommt.«

Zwi schaute auf den Zettel und faßte sich an die Stirn wie jemand, der plötzlich von einem heftigen Kopfschmerz befallen wird.

»Der Zettel ist von der Kindergärtnerin«, sagte er, ohne zu lesen. »Alle Kinder bekommen freitags so einen Zettel.«

»Du hast nicht gelesen, Zwika! Lies erst mal. Schau gut hin, was dort geschrieben steht.«

»Ich weiß auswendig, was da steht. Jeden Freitag, wenn ich Miri vom Kindergarten abhole, ist so ein Zettel an ihrem Kragen festgesteckt. Und jedesmal steht das gleiche drauf.«

»Zwika! Da steht, daß sie Läuse hat!«

»Ich weiß.«

»Was soll das heißen: Du weißt?! Als sei es normal, daß so etwas bei uns in der Familie vorkommt – die Kindergärtnerin weiß es, und jeder andere, der den Zettel an Miris Kragen sieht, weiß es auch. Alle reden darüber ... hier gibt es Leute, die mich noch aus Europa kennen!«

»Mama, diesmal hast du völlig den Verstand verloren!« rief er, und die Kleine, vom Geschrei ihres Vaters und ihrer Großmutter erschreckt, fing laut zu schluchzen an. Sie drückte ihre Wange fest an den Oberschenkel des Vaters und streckte ihre Hände in die Höhe, um seine Hüfte zu umklammern.

»Sieh doch, was du ihr angetan hast! Sie hatte das schönste Haar im ganzen Kindergarten. Wir haben es nicht geschnitten, seit sie geboren wurde – das weißt du genau. Du warst doch stolz auf ihr Haar. Wie konntest du ihr so etwas antun? Erklär es mir, wie?!«

»Aber Zwika, sie hat Läuse!« Ihre Augen weiteten sich zu zwei schwarzen Rädern. »Was spielt es für eine Rolle, ob das Haar schön ist oder nicht, wenn sie Läuse hat?«

»Und du diskutierst auch noch! Du willst einfach nicht verstehen, was du angerichtet hast, statt dessen debattierst du und fühlst dich im Recht. Begreif doch: Alle Kinder in diesem Land haben Läuse. Das ist eine Staatsplage. Du selbst hast mir erzählt, daß vor einem Monat im Fernsehen gesagt worden sei, man müßte eine landesweite Aktion starten und allen Kindern am selben Tag den Kopf waschen, damit sie sich nie mehr gegenseitig anstecken können. Siwa wäscht ihr jede Woche den Kopf mit einem besonderen Mittel, aber im Kindergarten holt sie sich immer wieder Läuse.«

»Zwika, hör mir zu. Ich weiß, was für meine Kinder gut ist. Ich bin genug herumgekommen, um es zu wissen. Wenn jemand Läuse hat, helfen weder besondere Mittel noch Haarwäschen, noch sonst irgend etwas. Am besten schert man den Kopf sofort kahl. Stündlich gibt es mehr Eier, und jede Minute zählt.«

»Aber muß man die Haare *so* abschneiden?« fragte er, den Tränen nahe, und zeigte auf den Kopf, der gegen seinen Oberschenkel gepreßt war. »Wenn man sich schon zum Abschneiden entschließt, muß es dann *so* sein, wild drauflos?! Geht's nicht beim Frisör, schön gerade, damit es wenigstens hübsch aussieht?«

Hanja schaute ihre Enkeltochter an, als sehe sie sie zum erstenmal: die kurzen Haarstoppeln; der Kopf, der auf einmal verkleinert schien; der zarte Nacken, der an ein gerupftes Huhn erinnerte. Als sie sich, wie um etwas zu erklären, erneut über das Kind beugte, drang plötzlich ein seltsames Geheul aus ihrer Kehle – als gehöre sie zu den Menschen, die, ohne die Fähigkeit zu weinen geboren, gelernt haben, so zu tun als ob, um die Kluft zu ihren Mitmenschen zu überbrücken.

»Es ist wirklich nicht schön geworden«, jammerte sie. »Ich hätte gerader schneiden müssen. Aber ich war so aufgeregt, da habe ich nicht achtgegeben. Mammele, verzeihst du Oma, daß sie dir das Haar so unschön geschnitten hat? Verzeihst du Oma? Du weißt doch, daß Oma nur das Allerbeste für dich will und daß sie auf der ganzen Welt nur einen Zwika und ein Mirale hat?«

Die Kleine senkte den Blick, um ihre Großmutter nicht anschauen zu müssen; einen Moment später drehte sie den Kopf zur anderen Seite, klammerte sich noch fester an die Hüfte ihres Vaters und vergrub das Gesicht im Stoff seiner Hose. Als die

Großmutter mit der Hand zärtlich über den geschorenen Schädel strich, zuckte der kleine Körper zusammen, als würde er versengt.

»Es wird ganz, ganz schnell nachwachsen, Mammele«, versprach Hanja, die einen Krampf in ihrer Brust fühlte, als die Kleine unter ihrer Berührung zusammenzuckte. »Dann hast du wieder die schönsten Haare, die's gibt. Und vor allem sind dann die Läuse weg.«

Zwi, die Augen auf das helle, abgeschorene Haar gerichtet, das wie Lichtflocken vor dem Fenster auf dem Fußboden lag, sagte mit gedämpfter Stimme: »Ich weiß wirklich nicht, was wir jetzt tun sollen. Geh erstmal ins andere Zimmer, Mama. Gleich kommt Siwa nach Hause, sie ist nur eine Geburtstagstorte bestellen gegangen. Ich weiß nicht, wie sie reagieren wird, wenn sie das hier sieht. Sie wird außer sich sein. Es ist besser, wenn du nicht dabei bist. Geh ins andere Zimmer. Wenn Siwa zurück ist, bringe ich dich so schnell wie möglich heim.«

Während sie im Arbeitszimmer ihres Sohnes saß und in die Dunkelheit starrte, hörte Hanja, wie ihre Schwiegertochter zu schreien anfing, während ihre Enkelin jammerte und ihr Sohn erfolglos versuchte, sich Gehör zu verschaffen und die Situation zu erklären.

»Was geht mich das an?!« hörte sie ihre Schwiegertochter keifen. »So hat man das also vor fünfundvierzig Jahren im Lager gemacht. Aber die Welt hat sich seitdem ein bißchen weiterentwickelt, wir sind nicht mehr in den Lagern. Schau doch, wie deine Tochter aussieht! Schau sie dir an! Morgen hat sie Geburtstag. Guck, auf dieser Seite ist sie ganz kahl. Und hier hat sie einen Kratzer. Sie hat ihr in die Haut geschnitten! Man müßte ihr beide Hände abhacken, damit sie ihr Leben lang keine Schere mehr in die Hand nimmt! Schaff mir diese Frau aus dem Haus, sonst bring ich sie um. Und sag ihr, sie soll es nicht wagen, noch einmal hierherzukommen. Ich will ihr Gesicht nie mehr sehen! Nie mehr – solange ich lebe!«

Für die Dauer eines Augenblicks gelang es Zwis Stimme, sich laut und vernehmbar über das Geschrei zu erheben und Stille zu fordern; doch Siwa übertönte ihn sogleich wieder: »Schluß damit! Ich sage dir, das nützt gar nichts! Es regt mich nur noch mehr auf. Kein Wort mehr darüber! Diese Geschichten sind doch prähistorisch! Ich habe dir ja gesagt, du sollst sie nicht mehr herholen und auf die Kleine aufpassen lassen. Sie ist verrückt. Merk dir das: Deine Mutter ist verrückt. Das habe ich dir schon vor langer Zeit gesagt. Im Lager haben sich in ihrem Kopf ein paar Schrauben gelockert. Sieh doch, was für eine Katastrophe sie angerichtet hat! Eine Katastrophe! Ich werde es nicht zulassen, daß sie sich meiner Tochter noch einmal nähert. Ich will nicht, daß sie je wieder herkommt. Wenn du sie sehen willst, kannst du sie in ihrer Wohnung besuchen. Diese Frau ist nicht normal! Du solltest sie ins Irrenhaus bringen. Jeder Arzt würde sie sofort einweisen. Sieh her, was sie unserem Kind angetan hat. Du erinnerst dich, daß du ein hübsches Kind hattest? Dann schau es dir jetzt an! Ein Leben lang wird sie darunter leiden. Schau hier ... und hier. Dreh dich um, Miri, damit dein Vater es sieht. Wie kann man ein Kind so auf die Straße schicken? Was sollen wir nur mit ihr machen? Ihr eine Perücke aufsetzen? Sie kahlscheren? Es dauert mindestens ein Jahr, bis das wieder in Ordnung ist. Ich will, daß deine Mutter auf der Stelle mein Haus verläßt; ich will nicht, daß sie zum Geburtstag bleibt. Überhaupt müssen wir den Geburtstag absagen.«

Dann brach das Gezeter unversehens ab, und Hanja hörte Miris hohes Stimmchen, das Sekunden später in Tränen erstickte.

»Hörst du, was deine Tochter sagt?« zeterte Siwa abermals los. »Begreifst du, was hier geschieht? Sie weiß, was die Läuse taten, wenn im Lager jemand gestorben war! Muß man einem vierjährigen Kind so etwas erzählen? Ich frage dich: Ist das eine passende Geschichte für ihr Alter? Ich will, daß man meiner Tochter von Aschenputtel erzählt, nicht von Auschwitz!«

Als der Disput vor der Tür zum Arbeitszimmer endete, war Hanja längst in eine tiefe Stille eingetaucht. Das Röcheln des Jungen, den man am Durchgang vom Frauen- zum Männerlager an den Füßen aufgehängt hatte, war seit einer Stunde verstummt; nur Hundegebell und das Rascheln der Blätter brachen hin und wieder die Stille. Auf einer Pritsche am Ende der Baracke, nahe dem einzigen Fenster, das auf die Wälder jenseits des elektrischen Zauns hinausging, wälzte sich eine Frau und stöhnte im Traum. Ihre Nachbarin drehte sich seufzend um, um sich an den warmen Körper, der neben ihr lag, zu drücken und zu vermeiden, daß sie unter dem Sack, der ihnen als Decke diente, hervorrutschte. Hanja streckte die Hand aus und kratzte sich mit ihren nagellosen Fingern die Kopfhaut. Dabei entstand ein scharrendes Geräusch, als werde ein Holzfußboden mit einer harten Bürste gescheuert. Ihr Schädel war zerstochen, ihre Nackenhaut juckte, und unter den Achseln spürte sie winzige Bisse. Am anderen Morgen stellte sich heraus, das die Nachbarin von gegenüber, die schon vor vielen Wochen zu träumen aufgehört hatte, im Schlaf gestorben war. Seit Wochen war ihr Gesicht das Gesicht einer Toten, jetzt aber, am Morgen ihres Todes, schien sie lebendiger als zuvor – sie war vollkommen ruhig, doch ihre Augen betrachteten fast neugierig die hölzerne Decke. Als die Frauen wie jeden Morgen hinaushasteten, um sich vor der Baracke in einer Reihe aufzustellen, verließen die Läuse schon den leblosen Körper; zu einer schwarzen Schraffierung formiert, die die Stirn der Toten durchschnitt, tasteten sie sich, auf der Suche nach neuem Leben, zu einem anderen Leib.

Erklärung einiger Namen und Begriffe

Äpfel mit Honig: Zum jüdischen Neujahrsfest im Herbst ißt man als Zeichen der Hoffnung und Zuversicht Äpfel mit Honig, damit das beginnende Jahr so süß werde wie diese.

Der Neunte Av: Der neunte Tag des elften Monats im jüdischen Jahr (etwa Juli/August) ist ein Fasten- und Trauertag zur Erinnerung an die Zerstörung des Tempels in Jerusalem.

Bar-Mizwa: Mit vollendetem dreizehntem Lebensjahr wird jeder jüdische Junge ein Bar-Mizwa (hebr. wörtlich: Sohn des Gesetzes) und in religiöser Hinsicht erwachsen. Zur Feier des Tages darf er zum erstenmal in der Synagoge aus der Bibel vorlesen.

Bne Braq: von orthodoxen Juden bewohnter Vorort von Tel Aviv.

Chaim Brenner: hebräischer Schriftsteller (1881–1921), der großen Einfluß auf die zionistische Arbeiterbewegung ausübte; Übersetzer der Werke Hauptmanns, Dostojewskis u. a. ins Hebräische.

Chanukka: das im November/Dezember gefeierte sogenannte Lichterfest zum Gedenken an die Weihe des Zweiten Tempels, das acht Tage dauert und in dessen Verlauf jeden Tag eine weitere Kerze des Chanukkaleuchters entzündet wird.

Chassid: frommer Jude.

Findschan: kleiner Topf, der zur Zubereitung türkischen oder arabischen Kaffees verwendet wird.

Giberet: mit arabischem Akzent ausgesprochene hebräische Anrede »gweret«: Dame, Frau.

Heiratsvermittler: Orthodoxe Eltern engagieren auch heute noch oft Heiratsvermittler, wenn sie ihre Kinder verheiraten wollen.

Jeschiwa: orthodoxe Religionsschule.

Kohen (Mehrzahl: *Kohanim*): Priester. Die Kohanim sind strengeren religiösen Bestimmungen unterworfen als »gewöhnliche« Juden.

Me'a Sche'arim: streng orthodoxes Viertel in Jerusalem.

Mesusa (Mehrzahl: *Mesusot*): am Türpfosten befestigte Kapsel mit einer kleinen Pergamentrolle, auf der Deuteronomium 4,4–9 und 11,13–21 geschrieben stehen.

Mischna: Der »Naschim« (»Frauen«) betitelte Teil der Mischna, der bedeutenden jüdischen Gesetzessammlung aus dem 1./2. Jahrhundert n. Chr. enthält wesentliche strafrechtliche und rituelle Bestimmungen über die Beziehungen der Geschlechter zueinander.

Newe Midbar: hebr. für Oase, wörtlich: Wüsten-Aue.

Purim: jüdischer Karneval zum Gedenken an die Rettung der Juden durch die Königin Esther.

Ramat Aviv: Vorort von Tel Aviv, in dem sich die Universität befindet.

Schaufäden: vier am Gebetsschal befestigte Fäden; vgl. dazu Numeri 15,37–41 und Deuteronomium 22,12.

Schma' Israel: »Höre, Israel«, das wichtigste jüdische Gebet.

Schomer Ha-Za'-ir: »Der junge Wächter«, im Jahre 1916 in Europa entstandene Jugendorganisation zionistisch-sozialistischer Ausrichtung.

Wadi: aus dem Arabischen stammende Bezeichnung für ein ausgetrocknetes Flußbett.

Editorische Notiz

Die ersten sieben Erzählungen stammen aus dem Band *Tappuchim min ha-midbar (Apples from the Desert)*, der 1986 im Verlag Sifriat Po'alim, Tel Aviv, erschien. Die deutsche Übersetzung basiert auf der dritten Auflage von 1989.

Die letzten drei Erzählungen stammen aus dem Band *Sussim 'al kwisch hega (Horses on the Highway)*, der 1988 im gleichen Verlag erschien. Auch hier basiert die deutsche Übersetzung auf der dritten Auflage von 1989.

Inhalt

Chajutas Verlobungsfest *5*

Auf der Linie des Kreises *20*

Äpfel aus der Wüste *33*

Ein Grenzfall *44*

Ein Zimmer auf dem Dach *56*

Die Tauben *89*

Vergebliche Worte *135*

Violette Wiesen *155*

Sonja Moskat *224*

Kahlschlag *280*

Erklärung einiger Namen und Begriffe *289*

Editorische Notiz *291*

W. G. Sebald

Die Ausgewanderten
Vier lange Erzählungen
Band 12056
Melancholische Erzählungen der Trauer und Erinnerung, über Entwurzelung, Verzweiflung und Tod. Sein Thema ist der Schmerz der davongekommenen europäischen Juden, die im Alter von Depressionen eingeholt werden und oft genug den Freitod suchen.

Die Beschreibung des Unglücks
Zur österreichischen Literatur von Stifter bis Handke
Band 12151
»Selten dürfte über problembeladene Lebensläufe in so brillanter Weise berichtet worden sein.«
Germanistik

Unheimliche Heimat
Essays zur österreichischen Literatur
Band 12150
In neun Studien zu den Werken von Charles Sealsfield bis Peter Handke untersucht Sebald den Themenkomplex Heimat und Exil, der für die österreichische Literatur des 19. und 20. Jahrhunderts so charakteristisch ist.

Schwindel. Gefühle.
Band 12054
In vier außergewöhnlichen Erzählungen verknüpft Sebald autobiographische Bekenntnisse, Kindheitserinnerungen, Reiseberichte, ja sogar Fotodokumente mit Lebensläufen und Erlebnissen anderer Autoren und webt alles zu einem rätselhaften, kunstvollen Ganzen.

Valentin Senger
Die Buchsweilers
Roman

Band 11382

Valentin Senger, der mit seiner autobiographischen Überlebensgeschichte ›Kaiserhofstraße 12‹ (1978) viel Anerkennung gefunden hat, nimmt sich in seinem Roman ›Die Buchsweilers‹ eines Themas an, das bislang von der Literatur noch nicht behandelt worden ist: die Wanderjuden im Deutschland des vergangenen Jahrhunderts. Sie mußten Tag für Tag von einer Judenherberge zur anderen ziehen, durften nie länger als eine Nacht in einer Stadt zubringen. Im Falle David Buchsweiler kam noch eine Verschärfung hinzu. Er war mit einem marodierenden Soldaten in Streit geraten und wurde, obwohl unschuldig, zu Kerker verurteilt. Nach Verbüßen seiner Strafe verlor er auch die geringsten sozialen Rechte. Mit Gleichgesinnten schließt er sich zu einer Judenbande zusammen, die ihre Familienangehörigen durch Raub und Diebstahl durchbringt. Gestützt auf ausgiebiges Quellenstudium, zeichnet Senger ein facettenreiches Zeitgemälde, in dem von Stetl-Romantik nicht viel zu entdecken ist. Es geht ums nackte Überleben unter entwürdigenden Umständen. Weite Passagen lesen sich freilich wie Teile eines besonders farbigen Abenteuerromans.

Fischer Taschenbuch Verlag

fi 596 / 5

Danièle Sallenave

Ein kalter Frühling

Erzählungen

Aus dem Französischen von Barbara Paul

Band 10848

Danièle Sallenave geht von alltäglichen Dispositionen aus, die sie zu Gleichnissen über die Sprachlosigkeit vieler Menschen unserer Tage vertieft. Sie stellt vor den Leser körperliche, kreatürliche Gestalten, an denen er Anteil nehmen, in denen er sich wiederfinden kann. Sie zwingt überredend zu Sympathie mit ihren Figuren, schreibt verhalten, deswegen überzeugend, nimmt ein für sich durch ihre Intensität und Genauigkeit. Deutsche Leser sind eingeladen, eine Entdeckung zu machen.

»Das Werk von Danièle Sallenave, das läßt sich heute schon sagen, wird überdauern; in gewisser Weise in der Nachfolge von Marguerite Duras und Nathalie Sarraute schreibt sie eindringlich und sparsam, nimmt aufmerksam die leisen Töne des unmittelbaren Augenblicks auf, das Ungewöhnliche des alltäglichen Lebens.«

Monde

Fischer Taschenbuch Verlag

fi 2016 / 2

Sylvia Plath

Zungen aus Stein

Erzählungen

Aus dem Amerikanischen
von Julia Bachstein und Susanne Levin

Band 10783

Die amerikanische Schriftstellerin Sylvia Plath, »eine der beunruhigendsten, wichtigsten Poetinnen dieses Jahrhunderts« (Eva Demski), schreibt in den 16 Erzählungen aus den Jahren 1949-1962 von Frauen und weiblichem Bewußtsein. Kleine Mädchen mit einem frühen Gefühl der Trauer über das Unwiederbringliche, junge Mädchen in der Erfahrung von Krankheit und Einsamkeit, oder, wie in ›Einführung‹, inmitten des Gruppenterrors einer High-School-Verbindung; komplizierte Beziehungen zwischen Mann und Frau, mit den Schrecken des Unausgesprochenen und ihren schlimmen Ritualen, aber immer wieder auch unerwarteten Glücksmomenten – in welche Situationen Sylvia Plath ihre Heldinnen auch stellt, immer scheint sie selbst anwesend, nicht nur mit ihrem melancholischen Temperament und ihrer Sensibilität, sondern auch mit ihrer konkreten Lebenserfahrung. »Sylvia Plath weiß souverän zu erzählen. Ihre Geschichten sind bisweilen auch komisch, ja satirisch; sie sind spannend, und sie sind vor allem eines: aus einer gut beobachteten Realität intelligent übertragen in eine mehrdimensionale und vieldeutige Fiktion. Mehr können Erzählungen nicht leisten, als von der Wirklichkeit abzuweichen, um diese noch genauer wiederzugeben.« (Süddeutsche Zeitung)

Fischer Taschenbuch Verlag

fi 1582 / 3

Marga Minco

Das bittere Kraut

Erzählung

Band 12379

Das zwölfjährige Mädchen Selma kann gar nicht fassen und auch nicht einordnen, was rundum vorgeht. Es freut sich zum Beispiel darüber, daß es als Schmuck auf seinem Mantel einen gelben Stern tragen darf. Im *Bitteren Kraut* erzählt die Autorin die Geschichte der Verfolgung und Ausrottung ihrer eigenen Familie zur Zeit der deutschen Besetzung der Niederlande. In der Sprache eines arglosen Kindes beschreibt sie das tägliche Herumgestoßenwerden durch die anderen, nichtjüdischen Kinder, die illusionären Hoffnungen der Eltern (»siehst du, sie tun uns nichts«), ihr Untertauchen und das zerstörte Leben derjenigen, die die Befreiung 1945 erlebten. Während die Eltern und Geschwister der Ich-Erzählerin deportiert werden, gelingt es ihr selbst, sich zu Bauern durchzuschlagen, die sie verstecken, mit einer anderen Identität ausstatten und ihr zum Überleben verhelfen. Der Titel der Erzählung leitet sich von dem Brauch her, daß am Sederabend zum ungesäuerten Brot als Erinnerung an den Auszug aus Ägypten auch bittere Kräuter gereicht werden, »damit wir es schmecken würden – bis an's Ende aller Tage«.

Fischer Taschenbuch Verlag

fi 2015 / 2

Natalia Ginzburg

Nie sollst Du mich befragen

Erzählungen

Aus dem Italienischen von Maja Pflug

Band 12330

Alle in diesem Band versammelten Erzählungen sind ursprünglich in den Beilagen wichtiger italienischer Zeitungen erschienen (wie *Stampa*, *Il Giorno* und *Corriere de la Sera*). Seit jeher räumen Italiens Zeitungen den Autoren dieses Landes viel Platz ein. Es sind kleine, präzis gearbeitete Geschichten, die erst nachträglich zu einem Band vereinigt wurden. Jeder Text ist eine kleine Kostbarkeit für sich. Die Sujets sind: Wohnungssuche in Rom, frühe Schuleindrücke, Gymnasialzeit, Besuch beim Enkel, Bemerkungen zur Literatur (und zur Literaturkritik). Die Titelgeschichte handelt von Opernbesuchen, spielt natürlich auf *Lohengrin* an, nur – Natalia Ginzburg mag keine Opern; sie schläft in den Vorstellungen immer ein. Die scheinbar lakonischen Notate aus dem Alltagsleben von Natalia Ginzburg sind Facettenstücke einer nie geschriebenen Autobiographie. Sie verknappt aufs unumgänglich Wesentliche, setzt Wörter hin, die dann einfach »stimmen«. Natalia Ginzburg schreibt, wie der späte Matisse gemalt hat: reduziert, ausdrucksstark, sicher. Ihre große Kunst: Sie unterhält den Leser durch Wiedererkennen und erklärt ihm zugleich die Welt.

Fischer Taschenbuch Verlag

fi 2008 / 2

Janice Galloway

Liebe in sich wandelnder Umgebung

Erzählungen

Aus dem Englischen von Christine Frick-Gerke

Band 12152

Ein junges rothaariges Mädchen beim Zahnarzt, hilflos der lauten Jovialität des Arztes ausgeliefert, der ihr einen Zahn ziehen wird... Ein Liebespaar, das sich in einer Kammer über einer Bäckerei einmietet, im Duft der frischen Brötchen, der *apple-pies* und *scones* die Tage auf einzigartige Weise vergehen läßt, bis der Bäcker eines Tages seinen Laden aufgeben muß und ein Metzger ihn übernimmt... Eine Frau, die einem alten betrunkenen Mann zu Hilfe eilt, der auf die Straße gestürzt ist, als er seinen Bus erreichen wollte... Janice Galloways Erzählungen spielen mit dem unsichtbaren Grauen, dem unvermuteten Schrecken in den kleinen Szenen des Alltags. Minimalistisch erfaßte Augenblicke, Bilder von oft bedrohlicher Schärfe, von seltener Bannkraft, manchmal rührender Anmut. Die Welt, in der ihre Figuren stehen, ist eine Welt des ›So ist es‹, keine Illusionen, keine Beschönigungen. Und doch gibt es Momente, die durchdrungen sind von jenem Zauber, den die gewahrte Würde des einzelnen zu entfalten vermag.

Fischer Taschenbuch Verlag

fi 2040 / 2

Ariel Dorfman

Der letzte Gesang des Manuel Sendero

Roman

Aus dem Amerikanischen
von Anne Steeb und Bernd Müller

Band 11978

In einem offensichtlich von einer Diktatur beherrschten Land bricht eine Rebellion besonderer Art aus: Die ungeborenen Kinder in den Leibern ihrer Mütter weigern sich, zur Welt zu kommen. Die Föten streiken: Bevor die Erwachsenen ihre von Gewalt und Terror geprägte Welt nicht in Ordnung gebracht haben, bleiben die Babys, wo sie sind. Der chilenische Autor Ariel Dorfman kehrt die altbekannte Frage, ob man in unsere schlechteste aller möglichen Welten noch Kinder setzen sollte, um und verleiht jenen eine Stimme, die sonst nicht gefragt werden. Die Ungeborenen debattieren zwar viel, bleiben jedoch untätig, während das Elend der Welt seinen Lauf nimmt. Der Allende-Anhänger Dorfman findet hier eine treffende Metapher für die Situation des Exilierten, der dazu verdammt ist, von außen den Ereignissen im eigenen Land zuzusehen, ohne durch konkretes Handeln eingreifen zu können. So geht es auch auf zwei weiteren Erzählebenen, die Dorfman kunstvoll in die erste einschiebt, um die Frage politischer Verantwortung insbesondere in einem totalitären System – macht man sich allein schon dadurch schuldig, daß man in einer Diktatur lebt? Dorfmans Plädoyer für Widerspruchsgeist und Hoffnung kommt klug und mit erzählerischer Leichtigkeit daher; er persifliert die diktatorischen Machthaber u.a. als Comic-Figuren. Ein kritisches Bewußtsein angelsächsischer Erzähltradition und die lateinamerikanische Lust am Fabulieren verbinden sich in diesem Roman auf glückliche Weise.

Fischer Taschenbuch Verlag

fi 561 / 3

Kay Boyle

Der rauchende Berg

Geschichten aus dem Nachkriegsdeutschland

Aus dem Amerikanischen von
Hannah Harders
Band 11820

Hannah Arendts weltberühmtes Buch ›Eichmann in Jerusalem‹ (1963) hat ein Vorbild. Ebenfalls im Auftrag des *New Yorker* beobachtete die amerikanische Erzählerin und Publizistin Kay Boyle bereits 1950 in Frankfurt am Main den Prozeß gegen den früheren Gestapo-Mitarbeiter Heinrich Baab, der für den Tod von 56 Juden persönlich verantwortlich gemacht worden war. Hier wie dort, bei Eichmann wie bei Baab, dieselbe Konstellation: ein Träger des Nazi-Systems und aktiver Mittäter vermag sein Unrecht nicht einzusehen, habe er doch seine Pflicht getan, sich an die ehemals verbindlichen Bestimmungen und Aufträge gehalten. Boyles Bericht erschien später als langes Einleitungskapitel zu ihrem Buch ›The Smoking Mountain‹ (1951). Dieses Buch enthält neun weitere erzählende Skizzen aus der früheren Nachkriegszeit im besetzten Deutschland. Und immer wieder die Befunde über die »Unfähigkeit zu trauern«, über die schier unüberbrückbare Verständnislosigkeit zwischen den frisch aus den USA gekommenen Besatzungssoldaten (mit ihren Zivilangehörigen) und den Deutschen, die gerade überlebt hatten. Mit vierzigjähriger Verspätung kommen diese ausgezeichneten Stimmungsbilder in deutscher Übersetzung in dieses Land. Immer noch nicht zu spät. Wenn es um Dinge geht wie Nichtwissen-Wollen, gespielte Ahnungslosigkeit, Verstocktheit oder Naivität – Boyles Reportagen können gerade für die Diskurse unserer Tage hilfreich sein. Es gilt überdies, eine gewichtige amerikanische Autorin hierzulande zu entdecken.

Katja Behrens

Salomo und die anderen

Jüdische Geschichten

Band 12374

Arthur Mayer war Arzt, ein uneigennütziger und deshalb sehr verehrter Helfer seiner Mitbürger in der deutschen Gemeinde S. – aber er war auch Jude und wurde deshalb in Auschwitz ermordet. Von einer Woche auf die andere mied man seine Praxis, vergaß, ihn auf der Straße zu grüßen, und keiner rührte auch nur eine Hand, als er nach Frankreich fliehen mußte, wo er während des Krieges mit seiner Frau von deutschen Soldaten gestellt und »abgeholt« wurde. Unter anderem von Arthur Mayers Leben erzählt Katja Behrens in ihrem Prosaband. Er umfaßt sieben Geschichten, die von jüdischen Schicksalen erzählen. Sie richtet ihren Blick nicht so sehr auf das Geschehene als vielmehr auf die Gegenwart. Sie zeigt, mit wieviel Verständnis die Täter heute rechnen können und mit wie wenig Mitgefühl die Opfer. Katja Behrens schreibt nüchtern, unsentimental und präzise. Es geht ihr nicht darum, Mitleid zu heischen, sondern sie lotet mit literarischen Mitteln eine nach wie vor spannungsgeladene soziale Situation in unserem Land aus. Alle Erzählungen haben eines gemeinsam: Sie zeigen, daß Täter oder Opfer gleichermaßen von der Vergangenheit eingeholt werden können, wenn sie sich ihr nicht rechtzeitig stellen.

Fischer Taschenbuch Verlag

fi 1563 / 4